U0115470

國立中央圖書館出版品預行編目資料

中越關係史論文集 / 張秀民著. -- 初版. --
臺北市 : 文史哲, 民81
面 ; 公分. -- (文史哲學集成 ; 255)
ISBN 957-547-115-6(平裝)

1. 中國 - 外交關係 - 越南 2. 越南 -
外交關係 - 中國

643.8307 81001296

255 文史哲學集成

中越關係史論文集

著者：張秀民
出版者：文史哲出版社
登記證字號：行政院新聞局局版臺業字五三三七號
發行人：彭正雄
發行所：文史哲出版社
印刷者：文史哲出版社
台北市羅斯福路一段七十二巷四號
郵撥〇五一二八八一二彭正雄帳戶
電話：三五一一〇二八
實價新台幣四八〇元
中華民國八十一年三月初版

版權所有・翻印必究

ISBN 957-547-115-6

文史哲學集成

張秀民著

中越關係史論文集

文史哲出版社印行

中越關係史論文集 目錄

作者住屋——百年古厝前景

作者住屋庭院

作者寫作書房(一)

作者寫作書房(二)

自序

余在陳嘉庚先生創辦之厦門大學肄業時，即喜閱中外板本目錄之書。一九三一年畢業後，進北平（北京）圖書館，仍繼續鑽研，立志要寫出印刷史，以雪中國的印刷史由外國人代庖之恥。經過半個世紀之努力，一九八九年九月拙著「中國印刷史」總算出版了。

一九三七年蘆溝橋日本侵略軍炮聲，震動了我的心靈，認爲版本印刷，是書皮之學，無補危亡。而安南與我山川相連，在地理上、歷史上、政治上、經濟上、文化上、血統上，都與我國有特殊的關係。而國人漠然視之。乃不自量，利用館中豐富中外文獻，不顧精神上與物質生活之痛苦，費十多年心血，完成「安南內屬時期職官表」與「立功安南偉人傳」（舊名「安南內屬時期名宦傳」又名「交阯名宦傳」）兩書。四十餘年來因種種原因，始終未能出版。（「偉人傳」今年臺灣虹遠公司將出版）先後發表者不過零星論文二十餘篇而已。

論文中「從歷史上看中越關係」，證明胡志明主席所說「我們中越兩民族數千年來血統相通，文化共同，……中越原是一家人。」「安南王朝多爲華裔創建考略」述安南獨立後九個王朝中，黎、李、陳、胡（即黎季犛）莫、舊阮六朝，及後黎朝掌握實權之執政鄭氏，均爲福建、浙江、廣東、廣西人之後。

「明代交阯人在中國之貢獻」，建議我們應紀念明太監交阯人阮安（阿留），爲我們設計營建了明永樂、正統兩朝的北京城池、宮殿、（即今故宮乾清、坤寧兩宮，太和、中和、保和三大殿的前身。）九門城樓、五府六部、國子監。大虞國王子黎澄，督造兵仗局火器，被明軍中祭祀爲火器之神，官至工部尚書。

「明代交阯人移入中國內地考」（過去未發表）略述明初有數萬交阯各種人才工匠及官兵移居內地。漕運總督陳儒修築揚州、如皐、泰興、海門、瓜州等城以防倭，並擊退倭寇，保全了全國重要的糧賦。陝西巡撫阮勤修築甘肅慶陽長城，創立了浙江太平縣（今溫嶺縣），奏修周公、諸葛亮、范仲淹等墳墓祠堂。貴州解元孫應鰲發展貴州文化有功，爲近世黔人所推崇。彈劾逆黨魏忠賢二十四大罪之楊漣等名人，其上世均由交阯移來。交阯人子孫今散居於江蘇江陰、湖北隨州、應山、安徽等處者甚衆，有的已忘其所自來矣。

又很早介紹了安南傑出之政治家、文學家、唐宰相姜公輔之生平後裔與祠墓。

根據本人收藏之安南古錢百餘枚，略述安南陳朝用唐宋時錢，廣南阮氏用清康熙錢。道光初，廣東、福建流通景興錢、光中錢，與我制錢混合行使十居六七。安南北圻銅礦全由二三萬華人開采，鑄錢也由客商（即華裔）董其事。又永樂時李彬鎮交阯，鑄「交阯通寶」錢。港口國王鄭天錫（或作莫天賜，又作鄭天賜）于乾隆元年（一七三六）開鑄錢局，所鑄稱「安法元寶」。可見中越錢幣相互流通之密切。惟清代古錢收藏家，因不明越史及其年號，每有述及錯誤最多，已爲改正。

安南書籍中有所謂「安南志原」者，本來無此書名。實爲清高熊徵「安南志」（即安南志紀要）與明「交州總志」抄訂在一起，被法國漢學家誤題，以致以訛傳訛。不知它的後三卷是永樂交阯布政司所修之地方志。

「永樂大典本交州記」實爲完全抄自宋樂史「太平寰宇記」之交州部分，並非古代之「交州記」。又首次介紹了安南「醫聖」黎有卓的名著「懶翁心領」。他的書完全發揮清初海鹽馮兆張「錦囊祕錄」的學說。馮氏在國內不知名，而最爲黎氏所崇拜。

四十年前余撰有「安南書目提要」七十種，發表者僅三篇。有元黎崱「安南志略」，清澎湖蔡廷蘭「海南雜著」。註明前者有法文譯本。後者有俄文譯本，又有法文譯本，改名「安南紀程」。又介紹了清初釋大汕記廣南阮氏之「海外紀事」康熙刻本。

漢末初平中（一九〇—一九三）日南郡象林縣功曹姓區，有子名連攻殺縣令，自號爲王，是爲林邑建國之始。林邑人「深目高鼻，髮拳色黑」，雖屬馬來羣島人種，受印度文化洗禮，而與中國之關係亦甚巨。「水經注」引「江東舊事」稱「林邑王范文爲揚州人」「漢魏流播咸爲其用」。林邑強盛，爲交州巨患者數百年。唐至德（七五六—七五八）後更號「環王」，一曰「占不勞」，亦曰「占婆」。後北寇安南，爲都護張舟以水陸之師所擊破，受創最巨。乾符四年（八七七）改名「占城國」。宋元明初，屢破安南、眞臘之師。蒙古雖嘗于其地設立「占城行省」，未能行使職權。明永樂于其地設「升華府」。至成化七年（一四七一）安南王黎灝（越稱聖宗）俘其國王槃羅茶全。從此淪爲安南附庸。後爲廣南阮氏所併，越南明命十四年（一八三三）改土歸流，占城全亡。

林邑、占城獨立後，仍受中國册封。宋代占城入貢五十一次，明初至嘉靖入貢多至七十八次（連林邑進貢共二百十次）。洪武十九、二十年兩次貢象至一百五頭，象牙或至二百枝。其他有犀角、伽南香、沉香等貴重香料。回賜則有鍍金銀印「大統曆」、銀、鈔、綾、絹、羅、紗、衣服、瓷器等重賞。厚往薄來，以致連年入貢，夾帶商貨，勿徵其稅。進貢可獲厚利，故明雖有「三年一貢」之詔，而不遵。

古代記林邑之專書，不過兩三種，明陳第藏「占城國錄」，亦不傳。國人至今未有占城史。河內舊有「占城考」一本，未得見。法人馬伯樂名著「占城王國」（馮承鈞譯本删去書中附注，改稱「占婆史」）闕略謬誤，引用漢籍亦不免有誤解處。一九四四年余略述占城國王世系大略，占城之疆域、物產、風俗、宋明之册封與入貢，成「占城考」（過去未發表）（註）「占城人 Chams 移入中國考」，略敍北宋即有占城人移入海南島，宋末石文光借占城兵保衞廣東增城縣。元初瓊州海口浦有占城兵、占城營（舊稱南番兵、南番營）以廂林爲世襲總管，子孫爲漁民。受人崇敬之明代清官海瑞，亦可能爲占城裔。

元初重要之歷史人物泉州人蒲壽庚，亦爲占城人。非如日本桑原隲藏博士所考定之爲阿拉伯人。

所發表的論文對海內外發生影響者，如「明代交阯人在中國之貢獻」，一九六八年即被臺灣收入「明史論叢之七」「明代國際關係」一書中。「永樂大典本交州記」被越南史學家陳文玾先生介紹于越文「越南歷史」雜志中。

其中有幾篇謬承當代學者之好評，如著名越史家年逾九十之陳修和先生，看了「安南王朝多爲華裔創建考」的草稿後，來信說：「尊著旁徵博引，論證精確，解決中越歷史上長期存在之缺陷，將於中越史學上作出重要貢獻。」

戴可來教授來函稱「大作『張輔傳』的發表，對于敝刊（中國東南亞研究會通訊）增光不少，許多同志來信索取本期『會訊』。」

北圖老友著名歷史地理學家譚其驤教授來信稱「大作（指永樂交阯總志的發現）指出河內本『安南志原』書名之誤，發現後三卷保存了明初永樂年間許多原始史料，這是一大功績，值得撰文，宣揚一下。最好能引起學術界、出版界的重視，將此三卷重印一下，廣爲流布。」越史家北大陳玉龍教授來信云「多年來法國漢學家張冠李戴，在其所謂東方研究中，謬論甚多。尊著正本清源，還其本來面目，可謂一大貢獻。」不虞之譽，愧不敢當。

朱傑勤教授看了「蒲壽庚爲占城人非阿拉伯人說」來信云「尊說愈於桑原舊說，不過國人先入爲主，仍有相信他是阿拉伯人。」據韓琦甥告知，著名史學家臺灣方豪神甫已采用拙說云。

因之對於這些論文，也就敝帚自珍，仿已出的「印刷史論文集」例，輯而存之，目之曰「張秀民安南史論文集」，而以占城史論文附於後。或可供研究中越關係史者之參考。

此集先後發表時，賴大妹秀英、次妹全瑛之膾清複寫，及韓琦甥之查找複製，抄錄校對，均出力不少。其尤當感謝者，爲臺灣文史哲出版社社長彭正雄先生，將此「論文集」與「安南內屬時期職官表」同時出版。彭先生夫婦與其令愛以三人之力，十餘年內出版了古今有益之文學、藝術、歷史、諸子，及英文李雅各譯「四書」、「五經」等約四百廿二種（見一九八五年文史哲出版社書目）誠海內外出版界之奇才也。

一九九〇年三月三日張秀民書于嵊縣瞻山廿八都老家時年八十三歲

（註）：一九四三年又寫有「林邑考」，至今猶存鉛筆草稿一册，無暇膳清。

從歷史上看中越關係

越南我國舊稱「安南」，古稱「交阯」或「交州」。越南人自稱爲「大越」或「安南國」，「越南國」之名最晚，起自清嘉慶帝（一八〇三）之改定。

越南與我國廣西、雲南山同脈，水同源。歷史上曾爲中國之郡縣。顓頊之世交阯砥屬，唐堯虞舜均「南撫交阯」雖爲傳說，而古書所記相同（註一）自亦可信。交阯即越南也。然則中國撫有交阯，遠在四千餘年前矣。周成王十年（約公元前十一世紀）「越裳氏重九譯而至，獻白雉於周公」。此爲最早之使節往來。周赧王五十八年（西元前二五七年）蜀王子泮併文郎國，改國號曰「甌貉」，即越史所謂「安陽王」。

至秦始皇三十三年（西元前二一四年）「略定揚越，置桂林、南海、象郡」，象郡即越南也。爲秦所有。秦亡，河北眞定人趙佗據嶺南，併象郡，滅安陽王，自立爲南越王。越人比之箕子，泰伯，稱爲「我越倡始帝王之業，其功可謂大矣！」趙氏傳五世，至趙建德，爲漢武帝所滅。

漢武帝平南越，開設九郡，設交阯刺史，乃正式收入版圖，同于內地，時爲元鼎六年（西元前一一一年），比之臺灣、雲南不知早多少世紀。九郡中有三郡設在今越南，即交阯（今河內一帶，越舊稱北圻）九眞（今越南清化、義安、河靜三省），日南（今爲廣南以南，平定富安等七省，越舊稱中圻）三郡也。漢代三郡人口共九十八萬餘，比之廣東、廣西的合浦、南海、玉林、蒼梧四郡，多一倍有餘，然漢之交州，實指今廣東、廣西、海南島及越南北方之全部而言。吳黃武五年（二二六年）孫權始分合浦以北屬廣州，南屬交州，于是交州、廣州始分爲二。自唐初調露元年（六七九年）改交州都督府爲安南都護府，于是安南之名稱獨著。北宋初始建立國家。至明永樂五年（一四〇七年）三十三歲之青年將軍英國公張輔以八個月內，平定安南，順從越人之請，開設交阯布政使司，安南又成爲中國之一省（交阯省）者二十年。

自漢元鼎六年至五代天福四年（九三九年），明永樂五年至宣德三年（一四二八年）放棄，越南爲中國郡縣者凡一千一百餘年。較之自丁部領等獨立以後，自建王朝九百十餘年時間還長，在郡縣時代越南之地位固與今江蘇、浙江等省無異。其人民生活在中國版圖內，都是同胞。越史舊稱爲「內屬時代」或「北屬時代」。在內屬時代于其地，立城邑，設衙門，派遣官吏爲數至多，至今有姓名可考者獲得二千餘人（註二）。其中最受越南人崇敬者有「本頭公」（實即漢伏波將軍馬援）士王（吳交阯太守士燮，先入越南歷代帝王廟，後改入孔廟），高王（唐安南都護高駢）。士燮與高駢爲普通之官吏，而并被越人尊呼爲「王者」，以士燮開學校爲「南交學祖」，有功文化。越南史學家黃高啓云「交南文獻與朝鮮埒，士王功也。」而高氏筑大羅城（即今河內城）擊退南詔之殺掠，出越民于水火有大功于安南也。其中値得指出的又有一日本人朝衡（晁衡）受唐帝之命，亦爲安南都護。朝衡爲詩人李白、王維之友，即阿倍仲磨呂也。

中國人往交州任職，越南人也入仕內地。相傳一丈三尺長之李翁仲，爲秦始皇守臨洮，威震匈奴，翁仲死，以銅鑄象，立宮門外，此即今日十三陵等陵墓前石雕翁仲之由來。高駢爲翁仲立廟，今其家鄉河內附近慈廉縣仍有翁仲廟。漢以交州茂才一人爲夏陽令，孝廉一人爲六合長。李琴宿衞在臺，仕至司隸校尉，并詔爲梁建康（今南京）廣陽門郎。唐代福建一帶中進士及爲大官者尚少，而安南詩人廖有方與姜公輔、公復兄弟均爲進士，公輔且爲唐德宗之宰相。明永樂宣德中交阯人遷入內地者數萬，其中有官至尚書侍郎者，爲各省地方官者尤衆（註三）。今其子孫在江蘇、湖北及各省者仍不少，如明代著名畫家南京陳芹爲安南陳王後，江陰鄧氏數千人爲安南國王李公蘊之後。

越南今日號稱有五千一百萬人，以越族占絕大多數（越族今被改稱爲京族）其他數十個少數民族只約一百餘萬人。

越南人周曰「駱越」，秦曰「西甌」，故曰「甌越」。與古代浙江會稽之「越」，溫州之東甌，福建之閩越，廣東、廣西之南粵（即越），百越，同屬越族。法國漢學家沙畹說：「越南族爲中國百越族之一。」法人福郎亦承認越南人與中國人同出一源。法人鄂盧梭論安南民族之起源曰：「我敢斷言今日的安南人（越南人）直接系出紀元前三三三年（周顯王三十六年）滅亡的越國之遺民。而其祖先在紀元前六世紀時，立國于今日浙水流域之浙江省。」他又說：「旣同越種，旣同芊姓，旣同風俗，則應斷言安南人出于紹興一帶的越國。」越人始祖出于浙江之越，也見于法印學務局所出歷史教科書。可見浙江紹興一帶的越人與越南人特別有血緣關係。

黎正甫《郡縣時代之安南》云：「安南自古爲中國之領土，乃我等祖宗遺產之一部。其士民與浙，閩、粵等省之士民同其源流。」厦門大學創辦人陳嘉庚先生《南僑回憶錄》稱：「安南人民與中國古時閩，浙，兩粵（粵即越）之人民同屬越族。而閩浙兩粵之越人即爲構成漢族之一要素。故安南人與中國人爲同種。且安南之文化亦屬于中國系統。……其風俗習慣亦相同，故從民族及文化言之，安南與中國最爲密切也。」陳修和先生的名著《越南古史及其民族文化之研究》云：「夫越南民族大半爲吾漢人之子孫，其土地又爲吾祖先所開發。」又稱「越南原爲中國之省區，越人原爲中國之人民，史迹與事實俱在。」以上三家所說都是有根據的。後者幷提出越人大半爲吾漢族。

黎朝最著名之史學家吳士連認爲大越「始祖出于神農氏之後，乃天啓眞主也。」《越南四字經》云：「自鴻龐氏，曰涇陽王，系出神農，首肇封疆。」黃帝族與炎帝族爲華族始祖，故我中華民族一向稱爲炎黃子孫。而越南人亦自認爲炎帝神農氏子孫，阮朝的歷代帝王廟，正中伏羲氏，左神農，右黃帝，左一室涇陽王、士王。又先醫廟正中祀太昊伏羲氏神位，而設炎帝神農氏神位于左，黃帝軒轅氏神位于右。即使在偏僻的南方平順省禾多縣也建立了神農廟，祀炎帝、黃帝，后稷三位。他們公認神農爲始祖，所以特別建廟，示不忘本。

近代越南史學家明崢（原名屈帷箭，曾與面談）說：「……後來屬于越族的京人，是從中國南部移居過來的。」周亮講話稱「越南民族由中國遷來」。（一九五一年八月三日講話時周任越南駐華代表一等秘書）故過去越南人自稱爲「華民」或「漢民」，以別於少數民族的土人及唐人（中國人）。阮文梅《南越史略》稱「越族與漢族本同源」。黃高啓《越史要》（又名越南史要）云：「我南民族蓋即漢族，無可疑矣。」說的十分肯定。根據以上諸家說法，越人與我華夏民族同出一源，不是很清楚了嗎？

《越史考》（不署作者名。二次世界大戰前載越南南風雜誌）論越南人種有二種。一爲「古種」，即交阯族。……自漢族南來，而古種日就澌滅，其孑遺一二者，即今上游土人是也。一爲「新種」，……中國秦始皇命任囂，趙佗發五十萬人戍五嶺，則漢人此時已多南徙矣。……自屬漢時，漢武帝開設九郡，設刺史，太守，漢人南來日以益衆，而交阯舊族融化略盡，遂成今日之越南人種。……嗟呼！堂堂漢族，誅蚩尤，放三苗，竄荊蠻，逐漸發達，始於黃河，繼而揚子江，又繼而西江，以及於斯土（指越南）。有文明之性質，有競爭之能力，其能收占城，占眞臘，定諸蠻，征服一切舊種，而儼然爲斯土之主人翁也宜哉！」文中不以越人同化於漢族爲諱，幷以自居堂堂漢族爲榮。漢族南來，交阯舊族退居上游山區，成爲今日之少數民族。而漢族由黃河，長江，西江，而紅河，遂成爲越南之主人翁。至於稱「占城豬犬之種，老撾蛇豕之輩」，自詡滅占城，侵柬埔寨，征服各少數民族之功，則成爲十足之大民族擴張至義矣！

越南人與中華民族有共同的民族淵源，又可從姓氏方面得到證明，柬埔寨人無姓氏，而越人每人有漢姓，且多至一百左右。凡我國百家姓中之姓，幾乎均有。而其大姓實不過十數，尤以阮姓爲最多。據法國人谷露在河內附近北寧省（過去一省相當於我之一縣或地區）之調查，一九三一年北寧全省七六、三〇〇戶四五〇、〇〇〇人口中，阮姓四一、二〇二戶占百分之五十四。次爲陳、黎、各三千餘戶，武、吳、杜各二千餘戶。次爲黃、陶、鄧、楊、丁各一千餘戶。此十一姓共六五、〇〇〇戶，占總人口百分之八十五。又朱、裴、張、鄭、潘、劉、謝等七姓，戶不及千，其他姓更少，此雖爲北寧一省之調查統計，而窺豹一斑，其他三十五省（舊爲六十餘省）亦可類推。所惜者所有漢姓改成拼音，如 Nguyen 阮，Tran 陳，Le 黎，Pham 范，Vu 武，Ngo 吳，不能如使用漢字時之一目瞭然了。

最多之阮姓、陳姓、黎姓皆爲國姓。前黎黎桓，相傳爲廣西人，阮姓爲李氏王朝始祖福建人李公蘊之後，李氏傳世兩百十餘年，後爲福建人陳日照所篡代，稱陳朝。陳朝爲鞏固政權，杜絕人民懷念李氏，凡李氏宗族及齊民姓李者，一律改爲阮，連李翁仲也被改爲阮翁仲。陳朝傳一百七十餘年，爲外戚五代演州太守浙江人胡興逸之後黎季犛所篡奪，黎氏得國後復姓胡，自認爲大舜胡公滿之後，改國號爲「大虞」。莫朝爲廣東東莞人莫登庸所創立。舊阮朝及後黎朝世世掌實權的執政鄭王，相傳亦出自中國。越南獨立後，經過九朝，而六朝均中國人爲王。第一個反對梁朝統治企圖獨立的李賁，「其先北人（即中國人），西漢末苦於征伐，避居南土，七世遂爲南人。」黎桓的太師洪獻，阮朝末年的宰相陳踐誠，范富庶，主修《欽定越史通鑑綱目》與《大南列傳正編》之史學家潘清簡，以及最早反對法帝殖民統治而犧牲的阮誠憲、朱書同其先均爲中國人。這些王朝與上層人士，子孫繁衍，均成爲越人，至於一般經商或避難逃越之閩廣人更多，越史自然不可能記錄其姓名。

秦王滅蜀，蜀王子率領蜀民三萬人逃入越北，自稱安陽王，是爲華人大規模入越之始，秦始皇遷徙內地五十萬人，戍五嶺與越人雜居，當時也有移入象郡的。三國時薛綜稱漢武帝後「頗徙中國罪人雜居其間，使學書，粗知言語。」東漢馬援平定二徵叛亂，留下了一部分士兵，被稱爲「馬留人」。三國時內地混亂，而交阯在太守士燮統治下四十年，得享太平，往依避難之士人百數。漢唐以來中國官吏軍士仕宦交州及被流放貶謫之官吏，自然有一部分人以交州爲家定居下來，如東晉交州刺史阮敷的後人，有改姓黎的。而武姓相傳爲唐武則天之侄仕安南者之後裔。

南宋鄭竦《安南紀略》云：「其國土人極少，半是省民」。可見當時安南北方有一半是中國人。宋人爲避蒙古兵火，乘海船三十艘，載其妻子貨物至安南。明亡廣東總兵楊彥迪、陳尙川、（字勝才）等，不肯降清，引兵三千，船五十，至越南南方。開拓原屬眞臘（柬埔寨）的嘉定，邊和等省。（越舊稱南圻）廣東雷州人莫玖，莫天錫父子，開闢河仙（亦舊屬柬埔寨）被稱爲「港口國王」，流通自鑄「安法元寶」銅錢。化荒原爲膏腴，使堤岸西貢（胡志明市）一帶變爲糧倉，並成爲繁榮之都市，多我華人胼手胝足，披荊斬棘之勞動成果也。清代廣東礦工數萬在越北開發銀礦、銅礦，最著名之鴻基煤礦也由華僑最早開掘，使越南增加財富。鄭竦云：「又有秀才僧道技術及配隸亡命逃奔之者甚多。」此種情況不但南宋如此，清代道光間仍如此。蔡廷蘭《海南雜著》云「其巫祝醫命星卜算術諸家，皆唐人爲之。海船至，則各色人俱備。」這些知識分子、醫生、和尙、道士以及各種技藝人，成了越南社會生活中不可缺少的部分。

清康熙初大汕和尚《海外紀事》云「會安……（今峴港東南）直街長三四里，名『大唐街』。夾道行肆，比櫛而居，悉閩人，仍先朝（指明朝）服飾。婦人貿易，凡客此者，必娶一婦以便交易。」這與元代在眞臘的華僑，必先納一眞臘婦以「利其能買賣。」相同。蔡廷蘭又云「好納唐人爲婿」，他們歡喜和中國人通婚，因此越南人中不但有純粹的漢人血統，也有很多中越混血的親戚。過去越人爲表示對中國人的友誼和尊敬，呼中國人爲「叔」，自阮朝直至第二次大戰期間，仍稱爲「我的叔叔。」由此可見，兩國人民不但如胡志明主席所說的「同志加兄弟」，又兼有叔侄之誼，可謂至親。所以我說不能把越南人和柬埔寨人、老撾人相提並論，中越兩國好比兄弟分居，獨立門戶，同爲炎黃子孫，骨肉至親。胡主席就任臨時政府主席致華僑兄弟書中說：「我們中越兩民族數千年來，血統相通，文化共同，在歷史上素稱兄弟之邦。……過去華僑兄弟與越南人民和平共處，婚媾互通，貿易往來，情如手足。……中越原是一家人」。

阮福映引狼入室，引進法帝。一八八五年中法戰爭後，越南全部淪爲法帝殖民地者六十年，始與中國脫離藩屬關係。法帝占越後，廢棄漢字，提倡拉丁拼音（今越南文），閹割越南文化。法帝又挑撥中越感情，一九三九年海防華僑和越人的互相殘殺，即由法人海防市長製造的。現在越南當局爲了私利又引熊入室，受其挑撥離間，爲虎作倀，瘋狂反華排華，逼逐華僑，引起全世界輿論之譴責，也完全違背了胡主席的教導。越南人民是勇敢的，但不能把兄弟叔叔的中國人當作頭號敵人啊！讓我們兩國人民共同起來，對付世界最凶惡的共同敵人罷。

安南王朝多爲華裔創建考

秦始皇略定揚越，置桂林、南海、象郡。象郡設在今越南中部。自漢武帝平南越，開設九郡，其中交阯、九眞、日南三郡，也在今越南北部和中部。自秦始皇三十三年（前二一四）至五代天福三年（九三八），明永樂五年（一四〇七）至宣德二年（一四二七），交阯爲中國郡縣者凡一一七二年。越史稱爲「北屬時代」。自丁部領獨立後，自建王朝九百十餘年，然對中國仍保持封貢關係，稱爲「藩屬時期。」越南獨立後所建立的王朝，其統治者大多數是中國血統，現略述於下：

黎　桓前黎朝（九八一—一〇〇九，宋太平興國六年至大中祥符二年）傳三世，二十九年。陳修和先生說：「黎桓究竟是何處人？查閱我國《廣西通志》，得一解答，該書二百三十八卷勝迹：桂林府陽朔縣，宋黎桓祖墓，在縣東南面寨江東一里。桓五代時遁入交阯，宋初封郡王」。根據中越文獻記載，黎桓的父母肯定是廣西人，他隨父母流浪越南，曾住過愛州與青廉，因而說他也是這兩個地方的人，就不足爲奇了」。（註一）

康熙《陽朔縣志》卷二也記載：「黎氏墓在白面寨江東一里，五代中遁入交阯爲酋長。宋初，有黎桓者篡（丁氏）而廢之，僞作璇上表，令桓代之。太祖（當作太宗）封桓爲王，安南爲黎氏所有始此，三傳二十年（當作二十九年）爲李公所奪」。

黎桓代丁朝爲前黎蘊朝，《廣西通志》《陽朔縣志》所載，自當有所本。

李公蘊（太祖）李朝（一〇一〇——一二二五，宋大中祥符三年至寶慶元年）傳九世，二一六年。

宋沈括《夢溪筆談》卷二十五：「景德元年（一〇〇四年），土人黎威（即黎桓，宋人避諱）殺丁璉自立（註二）。三年威死，安南大亂，久無酋長。其後國人共立閩人李公蘊爲王，由華閭，遷都升龍城（即今河內）。《續資治通鑑長編》卷二七三：「嶺南進士徐伯祥，屢舉不中第，陰遺交阯書曰，大王先世本閩人，聞今交阯公卿貴人多閩人也，伯祥才略不在人後，而不用於中國，願得佐大王下風。今中國欲大舉以滅交阯，兵法先人有奪人之心，不若先舉兵入寇，伯祥請爲內應。於是交阯大發兵入寇，陷欽、廉、邕三州。」宋周去非《嶺外代答》卷二作廣西白州進士徐伯祥有功於州，不得官，導李乾德（公蘊曾孫、稱仁宗）陷邕，欽，廉三州。

案：徐氏所言最爲可信，若非閩人，他當然不敢胡說。徐氏賣國求榮，引敵入寇，兩廣遭塗炭，僅邕州（今廣西南寧）即被屠殺五萬餘人，並欽州、廉州死者十萬人。漢奸之罪可耻可恨。

宋鄭竦《安南紀略》說：「相傳其祖公蘊，亦本閩人」。又說：「其人少通文墨，閩商附海舶至者，必厚遇之，因命之官，資以決事」。因其爲閩人，故重用福建同鄉。

明江陰李詡《戒庵老人漫筆》卷六安南鄧尚書條：「按譜公本李姓，爲唐宗室，有諱公蘊者，宋封南平王。八傳至昊旵無主，以女昭聖主國事。閩人陳京入爲國婿，生子威晃，執國柄，殲滅李族。李嬪方妊，潛歸其父鄧氏，生子名蕚，遂從鄧姓，長仕防禦使。蕚生𣈶，觀察使。」

民國十七年鄧可權《江陰鄧氏家乘修譜緣起》與李氏所引，大致相同。又清王士禎《池北偶談》卷十七引李宗誠《鄧彰甫（耀）傳》亦大致類似。有「其先世爲唐宗人，罹武曌之亂，避地日南。迄宋大中時，遂君其國。……始從避女主而逋，終以立女主而亡。」

元黎崱《安南志略》卷十二：「李公蘊，交州人，或謂閩人，非也。」然據以上沈括、鄭竦、《續通鑑長編》等確證，則李公蘊之爲閩人，可以信而無疑。現代越南史學家陳文玾先生亦告余「李公蘊、陳日煚都是福建人。」（陳先生之先世也是福建人。）

安南陳朝時，凡李氏宗族與齊民姓李者，令更爲阮，以絕民望。今日越南人以阮姓最爲大姓，如一九三一年北寧全省四十五萬人口中，阮姓占百分之五十四（註三）。其中自然有李氏王族在內，其子孫一部分明初又移入內地，今江陰鄧氏數千人皆其子孫也。

陳日照（太宗）陳朝（一二二五——一四〇〇，宋寶慶元年至明建文二年）傳十二世，一七五年。

宋周密《齊東野語》卷十九：「安南國王陳日照者，本福州長樂邑人，姓名爲謝升卿。少有大志，不屑爲舉子業，間爲歌詩，有云：「池魚便作鵾鵬化，燕雀安知鴻鵠心？」類多不羈語。好與博徒豪俠游，屢竊其家所有，以資妄用，遂失愛於父。其叔乃特異之，每加回護。會兄家有姻集，羅列器皿頗盛，至夜悉席卷而去，往依族人之仕於湘者。至半途，呼渡，舟子所須未滿，毆之，中其要害，舟遽離岸。謝立津頭以俟。聞人言舟子殂，因變姓名逃去，至衡，爲人所逮。適主者亦閩人，遂陰縱之。至永州，久而無聊，授生徒自給。永守林亦同里，頗善里人。居無何，有邕州永年寨巡檢過永，一見奇之，遂挾以南。寨居邕、宜間，與交阯鄰近，境有棄地數百里，每博易，則其國貴人皆出爲市。國相乃王之婿，有女亦從而來，見謝美少年，悅之，因請以歸。會試舉人，謝居首選，因納爲婿。其王無子，以國事授相，相又昏老，遂以屬婿，以此得國焉。自後屢遣人至閩訪其家，家以爲事不可料，不與之通，竟以歲久，難以訪聞返命焉。其事得之陳合惟善僉樞云」。

宋末浙人周密據當時傳聞，記錄此富有戲劇性之軼事，有類乎齊東野人之語。其後諸書多加援引，如明王世貞弇州史料前集》卷十七，何喬遠《名山藏》王亨記二《鄭開雜著》，茅瑞徵《皇明象胥錄》卷三，清查繼佐《罪惟錄》外藩列傳，胡學峰《海國雜記》，無不稱「陳日照故福州長樂人謝升卿也」。均從周氏所記略加刪節。道光《福建通志》卷二七三，光緒《福州府志》卷七十五，《全閩詩話》卷五，亦均引用。而乾隆、同治、民國《長樂縣志》雖加引用，而不注出處。

惟元臨海人陳孚奉使安南，其《交州稿》中《安南即事詩注》所記，與上述不同，而與越史所載相近，較爲可信。陳氏說：「李氏凡八傳，至宋嘉定乙酉歲（即寶慶元年）陳氏始奪其國，陳本閩人，有陳京者僞論文王，婿在李，値龍翰（高宗）昏耄，不恤政事，京與弟本僞論康王，盜國柄，昊昰（惠宗昰）沖幼，其子承纂立，僭號太上皇。死，子光炳嗣，在宋名威晃，上表內附，國朝封爲安南王。死，子日烜立，在宋名日照，死，今日燇代領其衆，於是有國六十九年矣」。此以陳日照爲閩人陳京之曾孫，而非謝升卿。陳桱《續通鑑》亦載陳京爲閩人。

《大越史記本紀全書》卷五：「陳煚（太宗皇帝），初帝之先世閩人（原注或曰桂林人），有名京者，來居天長即墨鄉。生翕，翕生李，李生承，世以漁爲業，帝乃承之次子也」。

潘輝注《歷朝憲章類志》、《輿地志》：「東潮安生，爲陳家祖墓，得國陵寢皆歸於此。陳家先世自閩浙來，卜宅於生地，其後始移居於天長即墨」。又《人物志》：陳太宗皇帝，姓陳，諱煚，天長即墨人。先代閩人，四世祖京，始來居即墨，世以漁爲業」。

吳甲豆《中學越史撮要》夏集云：「（李）高宗奔歸化江，太子旵行至海邑劉家村，聞陳李女有姿色，納之。李家先世閩人，祖京來居安生，生翕，翕遷即墨，生李，業漁致富，人多歸之，亦起爲盜。太子署李爵「明字」，以女舅蘇忠詞爲指揮，於是陳氏兄弟集鄉兵平其（郭卜）亂，迎帝自長安還京。」又云：「太宗陳承次子，承爲李朝太尉」。黃道成《越史新約全編》（一名大越史約）與此多相同而稍略。

《安南初學史略》云：「陳本閩族。後徙南定天長府即墨社，傳至陳煚，以顏色得國，煚即位，廟號太尊（即太宗，避阮朝諱）。初在幼齡，未能親政，國權盡出於叔守度及兄柳之手。李昭皇即位，甫八歲，朝將陳守度遣八歲侄陳煚充入內侍，昭皇見而悅之。煚以告其叔守度，乃矯詔立煚爲帝，配后昭皇，辰（辰即時，避阮朝諱）則一千二百二十六年正月初一日也。」

《越南史要》卷二云：「太宗諱煚，春長即墨人，五世祖京，以漁致富，帝陳承子也。以一一二五年受昭皇禪，即帝位，時年甫八歲」。

據越史陳照爲陳京五世孫，世以捕魚爲業。不論陳日照本人，或爲陳京四五世孫，其爲福建人則中越載籍完全相同。《大越史記》小注：「或曰桂林人」，當然是無據的。宋趙汝適《諸蕃志》卷上云：「交趾國王係唐姓，服色飲食略同，惟男女跣足差異耳」。所謂唐姓，因閩南音讀陳爲譚，或唐也。

越南除阮姓最多外，次爲陳、黎二大國姓。安南國陳氏後人，明代又有回內地者，嘉靖間南京著名畫家陳芹（字子野尤善畫竹），其兄弟詩人陳藻，均安南國王陳氏子孫也。

胡季犛（黎季犛）胡朝（一四〇〇——一四〇七，明建文二年至永樂五年）傳二世，七年。

李、陳兩朝王國均爲福建人，胡朝胡季犛（即黎季犛）則爲浙江人之後，惟不見於中國記載，只見於越南史書，可補中國文獻之缺。

《大越史記全書》卷八云：「胡季犛字理元，自推其先祖胡興逸，本浙江人，五季後漢時來守演州。其後家居本州之泡突鄉（案後稱瓊琉縣泡突社），因爲寨主。至李時，娶月的公主，生月端公主。至十二代孫胡廉，徙居清化大吏鄉，爲宣慰黎訓義子，自此以黎爲姓，季犛其四世孫。……移陳祚，國號『大虞』，復姓胡」。

其他史學家如潘輝注、吳甲豆及《安南初學史略》、《越南史要》、《大越史約》等書所記，均大致相同。惟明崢《越南史略初稿》作「胡季犛是中國商人胡興逸的兒子，興逸原籍浙江」。案：胡興逸原爲五代演州刺史，不是裔人，胡季犛是他的十六代孫並非兒子。

黎季犛字一元，爲陳氏外戚，篡陳自立，曰：「大虞國，」自謂出帝舜裔胡公滿後，故復姓胡。祖母朱氏，母范氏，季犛因諷刺明成祖篡位，成祖大怒，暴跳如雷，喊出「此而不誅，兵將何用」之決心，乃派兵八十萬，命三十三歲之青年將軍張輔，八月之內平定其國。永樂五年俘獲黎氏父子家屬，改其國爲「交阯布政司」，設立十七府州縣。其長子黎澄獻神槍法。詔官之，令其專督造兵仗局統箭火藥，軍中凡祭兵器並祭澄，成爲明代火器之神。正統十年（一四四五）升工部尚書。子叔林，繼父職，仍督造軍器，官工部右侍郎。孫世榮，官中書舍人，弘治八年（一四九五）任山東鹽運司同知。（註四）

浙江胡興逸之後人除胡季犛外，居越南義安省者代出文學家，胡宗鷟（避諱或作胡鷟）宴席上一次賦詩百篇。子頓、孫成，皆陳朝狀元。胡丕績、胡士揚、胡士棟，於清代先後均奉使來華。胡仲埏嗣德末署工部尚書。《中學越史撮要教科書》云：「其能以文事武功顯名諸國，多從華裔中來。」其中以義安胡氏最爲有名。

莫登庸（太祖）莫朝（一五二七——一五九二，明嘉靖六年至萬曆二十年）傳五世，六十五年。

明嚴從簡《殊域周咨錄》卷六云：「莫登庸其先不知何許人，或云廣州東莞縣蛋（與蜑通）民，其父流至安南海陽路宜陽縣古齋社，社長名之曰「萍」，蓋戲語無迹之意也。萍生登庸及撇，父子以漁爲業，登庸有勇力，黎瀠以爲都力士，信任之。正德十一年（一五一六）從陳暠作亂，殺瀠，已復叛喬，襲殺其子昺，潛謀不軌，黎椅不能制，尋逼納椅母，矯命自封以至簒國」。

明李文鳳《越嶠書》卷七、《月山叢談》均云：「莫登庸本廣州東莞縣蛋民，其父流寓安南海陽路，社長名之曰萍，萍生登庸及撅，父子以漁爲業」。王世貞《安南傳》、鄺露《赤雅》卷一、道光《潯州府志》卷七十四均稱登庸爲蜑人，或稱龍種龍戶。

明鄭曉《今言》卷四云：「昔也夷人入中華，今也華人入外夷也。喜寧、田小兒、宋素卿、莫登瀛，（登庸子稱太宗）皆我華人」。

清鄧淳《嶺南叢述》引《見睫瑣言》云：「安南莫登庸，其父本東莞縣蛋民，流寓安南之宜陽縣古齋社，社長以其來無定縱，名之曰萍，萍生登庸。有勇力……今莞之蕉利鄉有莫姓者，或曰即登庸之族云」。徐延旭《越南輯略》、黃澤蒼《越南》均稱莫登庸先世係東莞縣蛋民。宣統《重修東莞縣志》卷六十四云：「莫登庸東莞蕉麗人，蕉麗水鄉多以漁爲業，故此稱蛋民。廣州南海縣境內莫王墳，或以爲莫登庸先人之墓」。根據明清以來各種記載，莫登庸原出廣州東莞縣蛋民無疑。惟《大越史記全書本紀實錄》卷五作「其先祖爲陳朝狀元莫挺之。」今從國內文獻，惜不得一閱東莞、越南莫氏家譜以證明之。

莫登庸既殺黎椅（昭宗）與黎椿（恭皇帝），於明嘉靖六年一五二七簒黎而即位，二十年（一五四一）明世宗命革去安南國號改爲安南都統司。嘉靖二十六年（一五七）莫文明率其家屬百餘人奔欽州避難，命韶州、肇慶二府清遠等處安插，給歲米有差。後莫茂洽爲鄭松所殺，莫朝亡後，仍保存高平（鄰廣西）一隅之地。稱「高平莫氏」，其子孫逃入內地。清乾隆十六年（一七五一）上諭：莫氏既居泗城（今廣西凌雲縣西南），即屬內地百姓。三十六年（一七七一）遷黃公纘（登庸後，改姓黃）於烏魯木齊，見清王昶《春融堂集》卷六十八。

舊阮：**廣南阮氏**阮潢，鎮順化（一五五八）——阮福淳（一七七八）**越南阮氏**阮福映（一八〇二）——阮福明（一八八五）

《皇朝文獻通考》四裔：「廣南國爲古南交地，王本中國人，阮姓。歷代以來通職貢。」

清陳倫炯《海國聞見錄》云：「自淳化（當作順化）而南至占城，爲廣南國，亦稱安南王。阮姓，本中國人氏」。

清徐延旭《越南輯略》云：「今越南國王阮福時（嗣德），自其曾祖阮福映（嘉隆）得國，其先福建人」。

郭廷以《中越一體的歷史關係》：「阮福映先世爲福建人。」

楚金《南洋華僑人物略》（見《中和月刊》）：「廣南國阮潢（阮淦子，稱太祖）中國人，明時廣南開國之主，即越南阮朝之太祖。清乾隆時新阮、舊阮皆潢後裔。……其有國者亦多中國姓，但未由證明其爲中國人，可證明者獨有阮潢而已」。

清潘來《遂初堂文集》云：「其主阮姓，上世廣州人」。

越南阮福映爲廣南阮淦第十代阮福論（興祖）之子，借法國人之力，消滅西山阮氏（新阮），統一全越，爲安南最後一個王朝，阮福映欲以「南越」名其國，清嘉慶帝八年（一八〇三）爲改名「越南」，是爲稱「越南」之始。越史稱福映爲世祖高皇帝，年號嘉隆（一八〇二——一八一九）。其先世不論爲福建人，或廣東人，其爲中國人則一。陳修和先生語余：「保大之祖墳在昆明，由河南遷去」。舊傳昆明城外有「交王墳」，不知是否即舊阮上世之祖墳。保大帝阮福晪（永瑞）則爲阮福映六代孫，受法國保護，居順化皇宮，末代傀儡皇帝。二次大戰越南獨立後，曾任新政府顧問。

執政鄭氏（鄭檢一五三九——鄭樬一七八七）

清初晉江潘鼎珪乘海舟，因風漂至其國，著《安南紀游》云：「地舊爲黎、陳二氏，今篡國則鄭姓，質之土人云，鄭姓先吾中夏人，世居安南青花（當作清化），後據國，二氏子孫殆無遺。又後感大風雷疫癘之變，乃復立其故主支孫爲天子，身自爲臣事之。」

清胡學峰《海國雜記》云：「交阯國……至我朝，相傳中夏有鄭姓者，世居廣南清化篡其國，今安南屬鄭氏，豈即鄭松之後與？事實未得而詳焉。」

鄭檢之妻爲阮淦（肇祖）之女，檢稱明王（或作明康大王），子鄭松稱平安王，子孫世世稱王，雖未篡國，而握軍政大權，黎朝後期諸帝徒擁虛名，所謂「政出鄭家兒，置君如奕棋」，與南方廣南阮氏政權，南北對峙者，約二百年，至西山阮文惠（光中帝），始統一安南。

根據以上考證，前黎、李、陳、胡、莫、舊阮六朝及執政鄭氏均爲華人血統，可以肯定無疑了。

附記　九十高齡之著名越史專家看了此稿後來信說「尊著旁證博引，論證精確，解決中越歷史上長期存在之缺陷，將於中越史學上作出重要貢獻」一九八八年六月二十日。

【附註】

註一：見陳修和：「入越受降的片斷回憶」（《文史資料選輯》增刊第二輯）。

註二：丁部領與長子丁璉同時被內人所殺，並非爲黎桓所殺；時在宋太平興國四年（九七九），亦非景德元年（一〇〇四）。

註三：據法人谷露調查，見B、E、F、E、O、Tome 32，一九三二年。

註四：詳見余「明代交阯人在中國之貢獻」（《學原》三卷一期，一九四九年）。後收入《明史論叢》之七（臺灣出版，一九六八年）《明代國際關係》。」

唐宰相安南人姜公輔考

一、引言

越南臨北緯十二度以北之地，爲漢之交阯，九眞，日南三郡。面積約十九萬餘平方公里，相當於江浙兩省。自漢以來爲中國郡縣者，一千一百年。宋初以來，爲藩屬者，九百餘年。在郡縣時代，於其地設官置吏，固與今江，浙，閩，粵諸省無異也。

東漢之初，錫光爲交阯，任延守九眞，教民耕稼，定爲婚姻冠履之制，建立學校，導之經義。是爲中國文化，正式輸入安南之始。

漢末三國，士燮爲交阯太守，學問優博，達於從政。官事小閒，輒玩習書傳，春秋左氏傳，尤簡練精微，皆有師說，尙書兼通古今，大義詳備。大亂之中，保障一方四十餘年。中原經師名儒，如程秉，薛綜、劉熙，許靖，許慈，袁徽等，皆往依避難，視爲樂土。交州一區，遂爲中國南部文化中心。越儒吳士連曰：「我國通詩書，習禮樂，爲文獻之邦，自士王始。」士氏有大功於交，故越人尊呼之爲王，且以士王生於越爲榮。然燮爲蒼梧廣信人，即今廣西梧州。漢時廣信雖嘗爲交州刺史治所，然非安南人也。

晉宋之際，杜慧度父子，三世爲交州刺史。慧度尤著名，能彈琴，頗好莊老，禁斷淫祀，崇修學校。莊老之學，於時傳入交州。慧度之先，本屬京兆，後乃爲交阯朱鳶人。（在今河內東南一說在山西省）是爲交人治交，交州人在中國政治上露頭角之始。慧度外攘林邑，內修善政，治行循良，至於城門不夜閉，道不拾遺。「十室之邑，必有忠信。」乃知賢才何地無之，貴用之者何如耳。然尚未有以文章顯者。

梁武帝時，有幷韶者，富於詞藻，是爲安南最早之文學家；然恥爲建康廣陽門郎，遂歸交州，與土豪李賁同反。唐初名臣褚遂良，博涉文史，工楷隸。貶爲愛州刺史，卒於任。王勃父福時，爲交阯令，大開文教。而名詩人杜審言，沈佺期，均旅客安南，沈氏長流驩州，（在愛州南，今安南河靖省及又安之一部」吟咏尤多。此數人對於當地文學方面之影響自甚大。唐以詩賦取士，安南士子有志青雲者，自不得不揣摩詞章之學矣！至中葉乃有愛州日南人姜公輔之登進士第，德宗又擢爲相。以安南人入仕內地，官至宰相，姜氏實爲空前絕後之第一人。唐以前雖有愛滿人黎回，爲洛陽尉，明代亦有爲尚書侍郎之交阯人，然非姜氏宰輔可比也。

公輔弟公復，（一作複，一說亦進士）官比部郎中。交州有詩人廖有方者，柳宗元稱其「爲唐詩有大雅之道」。亦登憲宗元和十一年進士第，改名遊鄉，官校書郎。斯時嶺南八閩，文風寂寞；而安南人文蔚起，甲科相踵，猗歟盛哉！

嘗考閩人登進士第，始於唐晉江歐陽詹，與韓愈等同登龍虎榜進士。乃在姜後，且官止四門助教；然閩人言文章者，必首歐陽氏。姜氏有文才。官又顯達，為安南史上之傑出人物，越人至今仍引為無上光榮者，非無故也。惟以僻處南交，歷世久遠，其姓名文章，不得與其友陸宣公名垂海內，為可慨焉！

二、事蹟

姜公輔舊唐書卷一三八，新唐書卷一五二，均有傳，內容大同小異。今為明瞭其生平計，節錄舊書本傳於下：

姜公輔，不知何許人。（新書作愛州日南人。）登進士第。為校書郎。應制策科，高等。授左拾遺召入翰林，為學士。歲滿，當改官。公輔上書自陳，以母老家貧，以府掾俸給稍優，乃求兼京兆府戶曹參軍。特承恩顧。才高有器識。每對見言事。德宗多從之。建中四年十月，涇師犯闕。德宗倉皇自苑北便門出幸。公輔馬前諫曰：「朱泚嘗為涇原師，得士心，昨以朱滔叛，坐奪兵權，泚常憂憤不得志，不如使人捕之，使陪鑾駕，忽群兇立之，必貽國患。臣頃曾陳奏，陛下苟不能坦懷待之，則殺之，養獸自貽其患，悔且無益！」德宗曰：「已無及矣！」從幸至奉天，拜諫議大夫，俄以本官同中書門下平章事。從幸山南。車駕至城固縣。唐安公主薨。上之長女，昭德皇后所生。……上悲悼尤甚，詔所司厚其葬禮。公輔諫曰：「非久克復京城，公主必須歸葬，今於行路，且宜儉薄，以濟軍士。」德宗怒，謂翰林學士陸贄曰：「唐安夭亡，不欲於此爲塋壠，宜令造一磚塔安置，功費甚微，不合關宰相論列，姜公輔忽進表章，都無道理，但欲指朕過失擬自取名。朕比擢拔爲腹心，乃負朕如此？」……贄再三救護。帝怒不已。乃罷爲左庶子。尋丁母憂，服闋，授右庶子。久之不遷。……帝怒，貶公輔爲泉州別駕。……順宗即位，起爲吉州刺史。尋卒。（新書作拜吉州刺史，未就官，卒。）憲宗朝，贈禮部尚書。

兩書均不著公輔之字號，惟越人所編大南一統志（卷十七下同）作字「欽文」。不知何所據，似可補史之闕。

舊書作「不知何許人」，新書云「愛州，日南人」，始知爲安南人。新書宰相世系表第十三下載：「九眞姜氏，本出天水。神翊，舒州刺史。挺。公輔，相德宗。復，比部郎中。」知姜氏本爲天水人，至其祖神翊，始遷愛州，乃稱九眞姜氏。大南一統志引欽州志謂：「公輔之先自天水徙南海，至其祖爲欽州參軍，始貫遵化。（故治在今欽州附近靈山縣西南）父徙家九眞，籍愛州日南縣。」據此則遷愛州始祖爲姜公輔之父姜挺，而非其祖神翊。大南一統志又謂：「世傳公輔祖墓在清化省弘化縣鳳翊社，而母貫則在山隈社，有墓在焉。」姜氏遷愛州始祖，雖不能確指爲何代，而公輔之故宅及其祖墓母墓，均在愛州，則公輔之爲安南人自無可疑。而同時歐陽詹仍稱其「前相國天水姜公」者則指其舊郡望而言也。

愛州之名，起自梁代，漢以來稱九眞郡。其文化較其南部之日南郡爲高。安南獨立後，李朝改其地爲寨，尋改爲清化府，爲清化得名之始。明永樂五年，張輔平定交南，開設交阯郡縣，仍於其地置清化府。黎朝改爲清華承宜。舊阮曰「清華鎭」曰「清華省」，又曰「清化省」。今曰「安南清化省。」

新書地理志愛州九眞郡，縣六，內有軍寧，日南兩縣。軍寧本軍安，曾隸南陵州。（即日南縣）故日南縣嘗兼有軍安縣。大南一統志：「安定縣，在清化府西北，東西距四十七里。隋曰軍安縣。唐至德改軍寧。均隸九眞郡。屬明改今縣名，隸清化府。」志又載：「姜狀元祠，在安定縣錦帳村。神姓姜，諱公輔，祠所乃其故宅也。」志十六又載「軍安山，在安定縣東官安玉帳二社界，平原突起，土山戴石，巉岩聳峭，馬江抱其後，錐江遶其前，爲一縣之鎭山。昔姜狀元公輔之家山也。」凡此遺蹟，均足證安定縣爲唐愛州之日南縣。

清化省東面大海，西控長林，扼北圻中圻之咽喉，形勢雄壯，越南各省無與爲匹，故黎季犛定爲西都。安南歷朝王室中如黎桓黎利，舊阮，執政鄭氏，均發祥於此。史學家如黎文休，稱爲安南司馬遷，首創大越史記。著安南志略之元黎山則，均愛州人也。大南一統志謂：「清化省尙文學，代出英才。」皇越地輿誌亦謂：「清華鎭山奇水秀，迭生王相，精華之氣，復出文儒。蓋其地靈人傑，迥出尋常，旺氣鍾英，文儒繼出，科目爲甚。」其地自來爲歷代豪傑文士之產地，爲安南人文之淵藪，如內地之江浙。姜公輔之倔起於此，非偶然也。

新舊唐書均稱公輔有高才，知朱泚之必亂，尤有先見之明。此不特關係姜氏個人之得失，亦爲歷史上大事，故兩書均有記載。此外唐人著述中，亦多及之。趙元一奉天錄卷一所記，雖稱「或曰」而不名，其指姜氏而言無疑。又蘇鶚杜陽雜編卷上云：

……及上（謂德宗）蒙塵幸奉天，翰林學士姜公輔屢進嘉謀，深協上意。初涇原兵亂長安。公輔奏云：「朱泚甚有反狀，不如早爲之所，無令爲兇逆也。」上倉皇之狀，不暇聽從。（更云朱泚素鎭涇原，頗得將士心，今罷兵權，居常悒悒，不如詔之以從鑾駕；不然，即斬之以絕後患！以上爲蘇氏原注）及聞段秀實之死，上執公輔手曰：「姜公！姜公！先見之明，可謂神略矣！盧杞朕擢自郡守，坐於廟堂，自陳百口之說，何獨誤我也？」

此段所記，較本傳更爲明白。涇原兵因討李希烈，過京師，軍士因待遇惡劣無犒賞，而起兵變。德宗倉皇逃奉天。（今陝西乾縣）亂兵推朱泚爲主。泚自立爲秦帝，改號曰：「漢」。爲歷史上重大之兵變。德宗深悔不納公輔之言乃於行在擢爲相。柳宗元所謂：「姜公輔以奇策取相位」是也。制詞有：

……姜公輔志懷濟物，監必通理，主文而諫，忠靡退言，經始以謀，事皆前定，道無屈撓，智適變通。……

詞出陸宣公筆：（陸宣公翰苑集卷七）蓋非溢美。知姜氏睿知有謀，長於經綸之才，非僅文人而已。惜爲相前後僅半載，（建中四年十月至興元元年四月見新書宰相表）未能盡展其所長耳。

姜氏罷相，由諫唐安公主塔葬，德宗謂其賣直取名，遂下遷太子左庶子。舊書本傳記此，多用陸贄興元論解姜公輔狀，又答論姜公輔狀原文。（均陸氏翰苑集卷十五）新書亦本此。而德宗情痛父女骨肉，盛怒之下，雖有陸氏之一再解救，仍無益也。

自貞元八年十一月，山右庶子又貶泉州別駕，（舊唐書德宗本記）以至於卒。計公輔在泉州十四年，最爲長久，不啻爲其第二故鄉。姜氏卒於順宗永貞元年，而生年未知，故不詳其年壽。其舉高第，史亦不言其在何時，其在代宗大曆之末或德宗建中之初耶？

姜氏卒於泉州，今墳墓猶在南安，可以爲證。順宗立雖拜吉州刺史，並未到任，已先卒，史有明文。而柳宗元謂其「後以罪，貶爲復州刺史，卒」。資治通鑑卷二三四又謂「貶吉州別駕」。似均誤也。

姜氏友人可考者，曰：「柳鎮，」爲柳宗元之父。曰：「陸贄」在翰林久同職任。曰：「詩人秦系」（新唐爲隱逸傳及元辛文房唐才子傳卷三）係客泉州南安九日山，大松百餘章，結廬其上，注老子，彌年不出。姜氏之謫，見系輒窮日不能去，築室於相近，忘流落之苦。已蓋有終焉之志。及卒，系爲葬山下，非平昔氣味相投，何至高士爲之營葬？覘其所友亦可知其人格性情矣！此外在未達時通來往者，有崔造，薛邕兩人。造自謂王佐才，而邕至侍郎，有宰相望。有張山人者善相，嘗於薛坐中，識崔姜二人，必爲宰相，而崔在姜後，時姜爲進士，崔爲兵部郎中，已而果然。事見唐韋絢所撰劉賓客嘉話錄，惟近乎命相及小說家言矣。

三、遺文

姜氏所進表章及其他作品均已佚，遺文存於今者僅兩篇。一為白雲照春海賦，見於全唐文卷四四六。惜「雲兮片玉之人」下闕文，無本可能補。觀此三百餘字殘篇寫景狀物，詞藻綺麗，文思雕華，不愧登高能賦，可以為大夫矣！

一為對直言極諫策，亦見全唐文卷四四六。全篇無闕，為姜氏碩果僅存之作品，彌足珍貴。文長千餘字不錄。制策有「朕臨御日淺，政理多闕」之語。舊唐書謂：德宗皇帝初總萬機，御正殿而策賢良。」故知此為德宗初立時之對策。雖為應制文字，亦可窺其所學焉。本傳謂：「應制策科，高等，授拾遺。蓋指此文而言。

文中首段不脫頌聖客套。次謂：「戎狄輕而寡信，貪而無親，視邊戍申嚴，則請通國好，覩疆埸無備，則屢起貪心，固難可以禮義和，難可以恩澤撫。」邊疆異族之入寇也，恒視中國國勢為轉移，強則八方向化，四夷咸賓，弱則侵寇頻仍，割地償金，徒增其無窮之貪欲。姜氏勸德宗以「恤下為心，不以西戎為慮。」「智將悍卒，設險邊隅，給其家業，嚴其賞罰，農桑以時，宏濟濟之士於朝，然後欵塞而可即敍。」蓋必國力充實，多士盈朝，外寇自不足慮。昔衞靈公無道而不亡者，以有仲叔圉。王孫賈辦外交治軍旗也。故國之所尚，用賢為急。又謂：「禮義立，孰有不恥且格乎？衣食足，孰有背義趨利者乎？遂其富利之業，中其仁義之利，則外戶不扃矣！」此所謂民生與教育並重，衣食足而知榮辱，富而教之，自然太平康樂；雖為老生常談，實儒家正統派思想也。

末段『捐金玉於江湖，反珍奇於藪澤。詩云：「靡不有初，鮮克有終。」伏維陛下終之。』德宗即位之始，詔罷四方貢獻，放文單國（今越南柬埔寨）所獻舞象三十二於荊山之陽，故有此二句。史稱建中初政，勵精治道，視民如傷。若能經始如一，何難比美貞觀？惟其爲人猜忌刻薄，強明自任，恥屈正論，受欺奸諛，奉天之窘，狼狽失措，遂行姑息之政，又畀宦官以典軍，由是政府益弱，宦官方鎮，愈強大而不可收拾。姜氏諄諄以愼終如始爲諫，若預知敗亡者然。嗚呼！誠可謂神明矣！

四、祠墓及子孫

姜氏卒於泉州。妻子在遠，秦系爲葬南安九日山下。八閩通志卷七十九姜公輔墓在南安縣西九日山下。而大南一統志疑墓或在欽州者非也。

姜之墳號曰「姜相峯」。宋蘇紳大書「姜相峯」三字，刻於九日山之石磴。（萬歷泉州府志卷十）宋知泉州事王十朋姜相峯詩（宋王忠文公集卷四十七）所謂「何事青山亦得名？」也又稱「別駕墳」。宋吳栻詩：「滿林紅葉墜紛紛，耆老猶言別駕墳。」

姜墓修葺，前後可考者凡四次。首爲宋乾道間王十朋所修。（乾隆泉州府志卷二十九名宦傳）次爲淳熙十三年知泉州事林研，命有司給公錢三萬，指授南安攝吏黃汝嘉曰：「唐直臣姜相墓，歲久荒圮，不足昭遺烈，子爲葺治之。」汝嘉奉命惟謹，凡二十三日報成，並環植以所宜之木。上距王氏之修，不過十七八年。至明弘治三年，而故邱斷隴頹然寒煙荒草之間者，幾莫能識。　爲泉州同知，屬傳凱訪公之邱隴修之，並立重修姜公墓碑。均見乾隆泉州府志卷十七。至清墓地爲豪右所侵，乾隆初有姜氏遠裔，以數千金購歸繕葺之。

姜公祠廟與秦系合祀，稱姜秦祠。創於宋紹興二十一年知泉州事，宗室趙令衿。趙氏以爲姜之墓，秦之故居榜曰「秦君亭」者俱存，兩祠所闕，非懷古尙賢之意，於是悠然慨嘆，承作堂於延福寺之東以奉焉。見趙氏建姜秦祠祀。（萬曆泉府志卷十）王十朋姜丞相詩：「精爽不迷祠宇復，儼然唐室舊冠巾。」知祠中有姜氏塑像。又王氏姜秦像詩自注：「舊在延福寺中，後易之立前守生祠，而遷其像於西山石佛之下。」故詩末有「相公死亦不容身」之句。大清一統志卷二六四，「姜秦祠在南安縣西九日山南延福寺內，郡守趙令衿建。又姜公祠在縣西。」據此南安有姜秦祠，又有姜公專祠也。

泉州二公亭，亦紀念姜氏之建築物也，惟祠廟死後所建，此則作於泉州別駕任上，爲泉民自動所築，尤有意義。貞元九年暮春，姜氏與泉州刺史席相，出遊泉州郭東里許，得一奇阜，擅湖山之勝，有建亭之意而未之言。二人遊罷，邑人踵遊者如市，乃相率而爲亭，三日而成。又以地爲二公而見，亭從二公而建，乃署曰「二公亭」。邑人歐陽詹爲之記。（歐陽行周文集卷五）使非二公之政平教成，惠澤及民孰肯子來自願而爲亭乎？姜氏在南安之祠墓及泉州之二公亭，今日均不知作何狀，修葺之實，是所望於賢有司及邦人君子矣。

廣東欽州十字街，有平章坊，亦紀念姜氏爲相而建；惟道光時已廢。（道光欽州志卷二）。

徐氏越南輯略稱，「今越南清化省，已無姜公輔遺迹」。然安定縣故宅，有姜狀元祠。（已見前），樂景興間（清乾隆）范廷重過安定縣，請封爲上等福神，建祠祀之。是則公輔之廟食安南，猶士王高王（唐高駢）也。

姜氏去今約近一千二百年，欲考其世系子孫，其事甚難。唐書宰相世系表，雖載公輔之父祖名字，而子孫則闕而不書。偶閱陳氏閩侯縣志卷一百五流寓有姜宏泰傳，乃知爲姜公輔遠裔。傳云：

姜宏泰，字世文，錢唐人。僑寓福州，因迎母與兄就養。其遠祖唐姜忠肅公輔，謫葬南安，歲久墓地爲豪右所侵，宏泰靡金數千購歸繕葺之。又構屋石倉園側以舍其鄉人之客閩者。乾隆十三年，連江飢。平糶煮糜，活人無算。友死爲殯葬，撫其孤。閩士大夫欽其義行，皆折節與交。卒於閩，子孫遂家焉。

宏泰急公好義，詢不愧爲名賢子孫。由杭州移寓福州，子孫遂爲閩人。由天水姜氏，而爲九眞姜氏，至此又變而爲福州姜氏矣。故國人移入安南，即爲安南人。宋之李氏，宋元陳氏、明初黎氏（即胡氏），嘉靖時莫氏，清初執政鄭氏，及舊阮之先，掌握安南政權者七百五十年均中國人也。以至公卿貴人，書史，商賈，醫，卜，星，相，僧道亦多國中國人或子孫。至安南人移入內地，則以明代爲最多，男女衆至數萬人。其子孫分布各省，今皆爲中華民國同胞矣。兩者血統關係之密切不可分如此；而宋明以來士大夫，動以蠻夷視安南，今國人又多以南洋土人或外國人視越胞，豈非謬乎。

唐代安南文學史資料輯佚

今從舊稿中錄出唐安南人宰相姜公輔兄弟與詩人廖有方之佚文，並附錄《新唐書・姜公輔傳》、唐代柳宗元文二篇，及一九四五年余所作舊序一篇，作爲研究唐代安南文學史及中越關係史之參考。

一九七二年，余游厦門、泉州，特由泉城出發，往南安九日山，專誠訪姜秦祠與姜墓。祠堂作爲生產隊屋，兩人塑像已化烏有；惟宋人蘇才翁所書「姜相峰」三大字石刻，仍屹立山頂。宋泉郡守狀元王十朋《咏姜相峰詩》云：「相國忠如宋廣平，危言流落晉江城，天資自直無心賣，何事青山亦得名？」可謂地由人傳。而姜墓未見。最後在東邊山麓看到石翁仲，乃姜墓也，然年久失修，墓地已種李樹。九日山多宋代航海者祈風摹崖石刻，爲中國與南洋交通之重要歷史資料。甚望當地政府對各石刻加以整理，並修復姜墓。在泉州開元寺、洛陽橋外，又多一旅遊勝地。至於《欽州志》以姜公輔爲欽州人，墓亦在欽州，自然不可信（解放前余曾寫《唐宰相安南人姜公輔考》一文，登在當時北平《經世日報》）。

唐愛州姜公輔：對直言極諫策

問：朕聞古之善爲國者，未嘗不求正士，博采直言，勸而行之，輔成教化者也。朕臨御日淺，政理多闕，每期忠義，切投藥石。子大夫戢翼藏器，思奮俟時，今啓乃沃予，當有犯而無隱。朕竊不自揣，敢慕前王，上法羲軒，下遵堯舜，還已散之淳樸，振將頹之紀綱，使禮讓興行，刑罰不用。而人猶輕犯，吏尙循私，爲盜者未奔，不仁者未遠，豈臣非稷契而致是乎？爲君謝禹湯使之然也。設何謀而可以西戎即敍？施何化而可以外戶不扃？五諫安從，三仁誰最？周昌比漢高於桀紂，劉毅方晉武於桓靈，但見含容，兩無猜怒，故君不失聖，臣不失忠。子旣其儔，應詳往行，四賢優劣，伫辯深疑。在於朕躬所有不逮，條問之外，委悉書之，必無面從，以重不德。

對：臣聞堯舜之馭寓也，以至理理萬邦，以美利利天下，百姓猶懼其未化也，萬邦猶懼其未安也，乃復設謗木，詢讜議，不敢滿假，不敢荒寧。伏惟陛下元德統天，文思居業，愼重光之丕緒，返淳古之休風，光啓憲章，疇咨管蒯，錫臣之策，思以啓沃。臣狂簡不知化源，謹昧死稽顙，輒陳愚慮。制策曰：「朕竊不自揣，敢慕前王，欲上法羲軒，下遵堯舜，還已散之淳樸，振將頹之紀綱，使禮讓興行，刑罰不用。而人猶輕犯，吏尙循私，爲盜者未奔，不仁者未遠，豈臣非稷契而致是乎？爲君謝禹湯使之然也？」大矣哉，陛下之言乎！臣聞禹稱善人，不善者遠矣。伏見陛下徵隱逸於空山，拔夔龍於下位，聘名士，禮賢者，善無欲之徒，發惟新之詔，使吏肅人悅，法明令張，而猶曰「君謝禹湯，臣非稷契。」此陛下讓之至也！臣何敢間焉？夫中於道者易以興化，失其道者難以從宜，事爽其分，則一毫以乖，事審其分，則殊途同歸，計歲者非一時而可用，致理者非一日而成功，但立法於制事之初，望化於經年之外，使損益鑒於興替，寒暑漸於春秋，何憂不均理於義軒，同光於堯舜？制策曰：「設何謀而可以西戎即敍？施何術而可以外戶不扃？」者陛下孚惠，心和戎狄，相彼君長，解辮戶庭，應以地僻遐荒，未知聖造。伏以戎狄輕而寡信，貪而無親，視邊戍申嚴，則請通國好，覩疆場無備，則屢起貪心，固難可以禮義和，難可以恩澤撫，取今之要，莫過於智將悍卒，設險邊隅。臣伏以陛下且以恤下爲心，不以西戎爲慮。今請制：其邊兵有常數，邊將有常務，分其土而居之，給其家而業之，因其業也，而爲之城池；因其將也，而爲之牧守。又申嚴其令，使獲虜馬者，賞以馬；使獲虜羊者，賞以羊。人皆固業，戰自力倍，則可少安。今積甲日深，興戎歲廣，黎人抗弊，未可勤師。伏望利物之原，息人之道，使廣庶類，農桑以時，宏濟濟之士於朝，盛洋洋之化於野。使其來也，慕斯文物之盛；居其邊也，杜其利欲之求。然後欵塞而可即敍矣。夫奸邪生於豪傑，廉耻生於禮義。禮義立，孰有不耻且格乎？衣食足，孰有背義趨利者乎？臣以爲遂其富利之業，中其仁義之利，則外戶不勝矣。制策曰：「五諫安從，三仁誰最？」者夫諫者以諷爲先，亂國非無直言也，直言不用，故諂諛勝矣；理國非無諂諛也，諂諛不用，則直言勝矣。時逢否閉，仲尼或守其主文，今日昭明，微臣請從其直諫，臣之職也，敢二事乎？昔商紂不君，虐棄天物，三仁弼諫，藩捍宗彝，退八百之師，抑三分之衆，均其憂亂，俱可稱仁，較其持危，或非同德。比干知死亡之義，且曰陷君；微子去父母之邦，或云智免，進退不失其正，在於太師乎？制策曰：「周昌比漢高於桀紂，劉毅方晉武於桓靈，俱見含容，兩無猜怒，故君不失聖，臣不失忠。子既其儔，應詳往行，四賢優劣，仁辨深疑」。臣聞君明則臣直，二聖以乘時開國，參佐昌圖；二臣以委質造邦，克扶興遠。開忠讜之路，成不諱之朝，固擬議失倫，比方不忤，將以感君之未寤，致理於昇平，絕好惡之門，傳和睦之代，名高終古，傳在策書，巍巍三代，斯爲盛美。臣素無學術，謬竊對敭，若變其微，斯言之玷，使臣以禮，晉武寧劣於漢高；鼓怒抗辭，周昌不優於劉毅。制策曰：「在乎朕躬，有所不逮，條問之外，委悉書之。必無面從，以重不德」者。臣固凡陋，越在側微，仰天地之大全，空忻化育；體陰陽之廣遠，每荷陶甄。豈意勝詔荐臨，猥垂下問，心慮隕越。夏蟲不睹於春冰，曲士寧知於天道？欲中微素，進退憂惶。伏見陛下以道生成，以德復載，賞以春夏，刑以秋冬，捐金玉於江湖，反珍奇於藪澤，委符瑞爲草莽，用忠良爲靈慶，臨群下以正德，惠兆人以厚生，誠太平之道也，刑措之漸也，臣不勝其忭。願陛下俯仰必於是，寤寐必於是。詩云：「靡不有初，鮮克有終。」抑臣以爲知終終之可以存義者，其惟聖人乎？伏惟陛下終之，臣不勝葵藿傾心之至。謹對。（《欽定全唐文》卷四百四十六）

又：白雲照春海賦（以鮮碧空鏡春海爲韻）

白雲溶溶，搖曳乎春海之中。紛紛層漢，皎潔長空。細影參差，匝微明於日域；輕文燐亂，分炯晃於仙宮。始而乾門闢，陽光積，乃縹緲以從龍，遂輕盈而拂石。出穹巒以高翥，跨橫海而遠摭。故海映雲而自春，雲照海而生白。或杲杲以積素，或沉沉以凝碧。園虛作啓，均瑞色而周流，蜃氣初收，與清光而激射。雲信無心而舒卷，海寧有志於潮汐？彼則澄源紀地，此乃泛迹流天。影觸浪以時動，形隨風而屢遷；入洪波而並曜，對綠水而相鮮。時維孤嶼冰朗，長汀雲凈。宮闕於三山，總妍華於一鏡。臨瓊樹而昭晰，覆瑤臺而縈映。鳥頡頏以追飛，魚從容以涵泳。莫不各得其適，咸悅乎性。登夫爽塏，望茲雲海。雲則連景霞以離披，海則蓄玫瑰之翠彩。色莫尚乎潔白，歲何芳於首春。惟春色也，嘉夫藻麗；惟白雲也，賞以清貞。可臨流於是日，縱觀美於斯辰。彼美之子，顧曰無倫。揚桂楫，棹青苹，心遙遙於極浦，望遠遠乎通津。雲兮片玉之人（下闕，《全唐文》卷四百四十六）。

唐愛州姜公復：對兵試射判得兵部試舉人長垜，請用樂節，太常稱格令無文，此乃選士之禮。

射以觀德，樂以和聲，將選士於澤宮，必張侯於相圃，所以誓宗廟之賓客，備殽宴之威儀。何忽武夫而要雅頌？豈徒強飲強食，勞祝史之正辭；采蘋采蘩，令太常之奏曲。且五善之禮，無赳赳之武夫；三耦之間，盡呦呦之鳴鹿。茍用舍而有異，在格令而無文，責乃其不然乎？訴之又益耻也（《欽定全唐文》卷六百二十二）。

唐交州廖有方：書胡僧板記（《全唐詩》作題旅櫬。《全唐詩話》（舊題宋尤袤）卷四作「有方元和十年，失意遊蜀，至寶鷄西界，窆旅逝者，書板記之。明年，李逢吉擢有方及第，唐之義士也」。）

予元和乙未歲，落第西征，適此公署，忽聞呻吟之聲，潛聽而微惙也，乃於暗室之內，見一貧病兒郎。問其疾苦行止，強而對曰：「辛勤數舉，未遇知音」。眄睞叩頭，久而復語：「惟以殘骸相托」。餘不能言。擬求救療是人，俄忽而逝。余遂賤鬻所乘鞍馬於村豪，備棺瘞之，恨不知其姓字。茍爲金門同人，臨岐淒斷。復爲銘曰：嗟君沒世委空囊，幾度勞心翰墨場。半面爲君申一慟，不知何處是家鄉？（《全唐文》卷七百十三）

附錄：《新唐書・姜公輔傳》

姜公輔，愛州日南人。第進士，補校書郎，以制策異等，授右拾遺，爲翰林學士。歲滿當遷，上書以母老賴祿而養，求兼京兆戶曹參軍事。公輔有高材，每進見，敷奏詳亮。德宗器之。朱泚助田悅也，以蜜裹書，間道邀泚，太原馬燧獲之，泚不知也，召還京師。公輔諫曰：「陛下若不能坦懷待泚，不如誅之，養虎無自貽害。」不從。俄而涇師亂。帝自苑門出。公輔叩馬諫曰：「泚嘗帥涇原，得士心。向以滔叛，奪之兵。居常怫鬱不自聊，請馳騎捕取以從，無爲群凶得之」。帝倉卒不及聽。既行，欲駐風翔，倚張鎰。公輔曰：「鎰雖信臣，然文吏也，所領皆朱泚部曲，漁陽突騎，泚若立，涇軍且有變，非萬全策也。」帝亦記桑道茂言，遂之奉天。不數日風翔果亂，殺鎰。帝在奉天，有言泚反者，請爲守備。盧杞曰：「泚忠正篤實，奈何言其叛，傷大臣心？請百口保之。」帝知群臣多勸泚奉迎乘輿者，乃詔諸道兵距城一舍止。公輔曰：「王者不嚴羽衞，無以重威靈。今禁旅單寡，而士馬處外，爲陛下危之。」帝曰：「善！」悉內諸軍。泚兵果至，如所言。乃擢公輔諫議大夫，同中專門下平章事。帝徙梁。唐安公主道薨。主性仁孝，許下嫁韋宥，以播遷未克也。帝悼之甚，詔厚其葬。公輔諫曰：「即平賊，主必歸葬。今行道宜從儉，以濟軍興」。帝怒謂翰林學士陸贄曰：「唐安之葬，不欲事塋壠，令累甓爲浮圖，費甚寡約，不容宰相關預，苟欲指朕過爾。」贄曰：「公輔官諫議，職宰相，獻替固其分。本立輔臣，朝夕納誨，微而弼之，乃其所也。」帝曰：「不然，朕以公輔才不足以相，而又自求解，朕既許之，內知且罷，故賣直售名爾。」遂下遷太子左庶子。以母喪解，復爲右庶子，久不遷。陸贄爲相，公輔數求官，贄密謂曰：「竇丞相嘗言，爲公擬官屢矣，上輒不悅。」公輔懼，請爲道士。未報。它日又言之。帝問故。公輔隱贄言，以參語對。帝怒，黜公輔泉州別駕。遣使賚詔讓參。順宗立，拜吉刺史。未就官，卒。憲宗時，贈禮部尚書（《新唐書》卷一百五十二）。

柳宗元：送詩人廖有方序

交州多南金，珠璣玳瑁象犀皆奇怪，至於草木亦殊異。吾嘗怪陽德之炳耀，獨發於紛葩瑰麗，而罕鍾乎人。今廖生剛健重厚，孝悌信讓，以質乎中而文乎外（注：中一作內），爲唐詩，有大雅之道，夫固鍾於陽德者耶？是世之所罕也。今之世，恒人其於紛葩瑰麗，則凡知貴之矣，其亦有貴廖生者耶？果能是，則吾不謂之恒人矣，實亦世之所罕也（《河東先生集》卷二十五）。

柳宗元：答貢士廖有方論文書

三日，宗元白：得秀才書，知欲僕爲序。然吾爲文，非苟然易也，於秀才則吾不敢愛。吾在京都時，好以文寵後輩，由吾文知名者亦爲不少焉。自遭斥逐禁錮，益爲輕薄小兒譁囂詳朋，增飾無狀，當途人率謂僕垢汚重厚，舉將去而遠之。今不自料而序秀才，秀才無乃未得響時之益，而受後事之累，吾是以懼，潔然盛服，而與負塗者處，而又何賴焉？然觀秀才勤懇，意甚久遠，不爲傾刻私利，欲以就文雅，則吾曷敢以讓？當爲秀才言之。然而無顯出於今之世，視不爲流俗所扇動者，乃以示之，既無以累秀才，亦不增僕之詬罵也，計無宜於此。若果能是，則吾之荒言出矣。宗元白（《河東先生集》卷三十四）。

唐安南三賢佚文輯錄序

唐安南三賢者：愛州姜公輔、公復兄弟及交州廖有方也。三人中以姜公輔爲最著名，《新唐書》（卷一百五十二，《舊唐書》作不知何許人）稱其爲「愛州日南人」，蓋即今安南清化省安定縣也。其地位梁、馬二江之間，東臨大海，西控長林，山青水秀，地勢雄壯，實生人傑。姜氏登高第，以文學侍從之臣旦夕承弼厥辟，識朱泚於未叛之先，料事如神。使德宗果能聽其言而先誅之，則大亂消於未萌，豈有蒼皇蒙塵之禍哉？以諫唐安公主塔葬，而被罷，爲相半載，未竟其用，惜哉！姜氏既貶爲泉州別駕，徜徉山水間，與詩人秦系友善。既卒。秦爲經紀其喪，葬南安九日山。後人慨其忠而見放也，爲祠祀之，名其山爲「姜相峰」，斯亦直道之在人心者也。其後公之裔孫有姜宏泰者，清乾隆時由錢塘移寓福州，修公之墓，又施粥糜以賑飢，活人無算，子孫遂家於閩。考姜氏之先本出天水，有姜神翊者，始遷愛州，爲舒州刺史，生子挺，挺生公輔及復（又作公復），世所謂「九眞姜氏」也（見《新唐書·宰相世系表》）。故其祖墓及母墓均在愛州（相傳祖墓在弘化具鳳翊社，而母貫則在山隈社，有墓在焉。見《大南一統志》）。至公之祠墓則在南安（清化亦有公祠，又安定縣東軍安山爲一縣之鎭山，相傳爲公輔之家山）。而其子孫則又歸宗爲閩人矣。此猶明工部尚書交阯黎澄（即胡澄，僞大虞國王黎蒼之兄，季犛之子也。永樂間被俘，後釋而官之）之先爲五代浙江胡興逸之後，至澄子叔林爲工部侍郎，孫世榮官中書舍人，則又爲純粹之大明官吏矣。明乎此而中越兩地人民血統關係之密切爲何如耶？今國人之於越人，視若異族，豈不惑哉？公輔爲唐名相，弟公復並舉進士，官比部郎中。廖有方者交州（今安南河內一帶）詩人也，爲唐詩有大雅之道。柳宗元有送詩人廖有方序、答廖貢士論文書。憲宗元和十一年進士，官校書郎（改名游卿）。廖氏嘗於逆旅中對於素不相識之士子，賤鬻其鞍馬，爲之棺殮，其俠義尤可稱焉。斯時嶺南八閩文風寂寞，而安南人文蔚起，彷彿海濱鄒魯，猗歟盛哉！宋以後國人動以外國蠻夷視安南，而安南亦以蠻夷自居，不知昔日交人固與中原之民不分畛域也。余素留意交阯文獻，而姜公輔尤爲安南千古文宗，故敬仰之餘，輒輯錄其遺文，並以其弟公復及廖氏之詩文附後，藉見唐時安南文學之盛焉。

一九四五年十月嵊縣張秀民序於國立北平圖書館

明代交阯人在中國之貢獻

一、引言

明成祖憤安南黎季犛父子，簒國殺使，暴虐無道，命大將張輔率師弔民伐罪。輔八月之內，平定其國，（指今越南東京及安南北部而言）俘黎氏父子，致之闕下。其父老民衆以安南自古以來爲中國土地，陳氏子孫爲黎氏殺戮旣盡，繼承無人，籲請如漢唐故事，內屬爲郡縣。帝允其請，乃改爲「大虞國」爲「交阯」，立都、布、按三司以治之。於是四百餘年之南方失地，始告光復，而數百萬之安南同胞，亦歡欣鼓舞，復歸祖國懷抱。此英國公張輔之功，所以高於馬伏波也。

所惜者軍事勝利後，政治不良，善後無策，行政人員多爲「歲貢生員，下第舉人，旣乏太學教養之素，又非諸司歷試之才，牧民者不知撫字，理刑者不明律意」（註一）其往交阯也，擇肥而噬，以發財致富爲目的。而鎭守中官馬騏輩，復貪婪成性，金珠香貨，竭澤而漁。雖有三四好官如黃福、黃忠載、何忠、莉政芳等，清廉識大體，然究屬少數耳。益以重光、簡定、禍亂連年，不得休息，民生益苦。於是此新收復區人民，對於祖國之新統治者，不得不由敬愛希望，一變而爲怨恨仇視矣！野心家黎利乃得利用此種羣衆怨恨心理，到處煽動反抗。張輔雖爲交人所畏，然屢次還朝，不能久任。迨黃福又召還，交人益失保障，其禍亂遂不可收拾。終至不抵抗將軍王通，擅訂城下之盟，自動撤兵。而宣宗得楊士奇，楊榮之慫恿阿諛，居然明令放棄，尤爲可恨。從此富良、鴻嶺，不復見於中國版圖，而數百萬之炎黃子孫，永淪異域。所謂「一言喪邦」，宣宗、二楊，誠中華百世之罪人矣！故明代交阯之得而復失，由失交阯人心也，失人心，由貪汚害民也。善哉黎利之言曰：「使朝廷治交阯，人人如黃尙書，（謂黃福）我豈得反哉？」（註二）此語一針見血，足證人謀不臧，豈誠交人之好亂成性乎？雖然，此豈限於交阯一地而已哉！

明代統治交阯，自永樂五年（一四〇七），至宣德二年（一四二七），雖爲時不過二十一年；然其影響及於後此安南者，實至深遠。此後黎、莫、新舊阮朝，一切典章文物制度，無不取法於明。即數年前安南順化小朝廷官員之冠服，仍襲明制，其一證也。

明成祖網羅交阯人才，屢見於勅諭。當時文武豪傑，奇才異能之士，及諸色匠人、樂工與其眷屬，先後遣送來京者，一萬七千餘人。而肄業國子監之「交阯生」亦八九十人，與「雲南生」同受厚遇。其後多有中鄉舉，登進士第，致身通顯者。及宣德棄交，土官難民之明大義，不甘從逆，或隨軍北歸，或冒險入關者，復難以數計。而當時政府所以撫卹優待之者，亦無微不至，或復原官，轉任內地，或食祿不視事，或給半俸終身，或賜冠帶，房屋，銀鈔，器皿，田宅，妥爲安置。於是兩京十三省，多有交阯人寄居占籍矣。食於斯，葬於斯，長養子孫於斯，數世而後，遂成土著。此今日江蘇、湖北諸省同胞中，所以有交阯人後裔也。今國人惟知越南有華僑五十萬，不知今一千六百萬安南同胞中，多與中國血統有關；而國內同胞中亦有安南人血統也。

安南與我國除血統關係，極爲親近複雜外，其歷史、文化、地理、經濟等關係，亦均密切不可分。而今日國人對於越南之史地常識，及其國內情況，反最爲隔膜，實爲學術界之憾事。勝利後平津各大報有譯Viat-nam「越南」爲「維南」，或「衞南」之笑談。堂堂大報，尚且如此，無怪多數國人及中小學校教科書所載，惟知安南爲我舊藩屬，與暹羅，緬甸等視。而不知其爲我國千餘年來之郡縣，正式入版圖，較之東北、雲南、貴州、臺灣諸省，尤爲悠久也。宋明以來士大夫，動以蠻夷相譏，今國人更以外國人或南洋土人視越胞，此種謬誤觀念，實有矯正之必要，故今略述明代自交阯遷入內地各省之交阯人之活動成績，以見其對於我國家之貢獻與關係，亦可知永樂平交，在國內所生之影響爲何如矣。不曰「安南人」，而仍曰「交阯人」者，名從主人，從當時之通稱也。

二、太監阮安之營建北京

㈠明成祖遷都北京之遠見

北平古爲燕地，唐爲幽州，遼太祖會同元年改爲南京，金爲中都，元爲大都，明清以來均爲北京。自十世紀以來爲國都者近千年。左環滄海、右擁太行，內跨中原，外控滿蒙，形勝甲於海內，居高臨下，以建瓴之勢，臨視六合，逈非南京偏安一隅之地所能及也。以言交通，則海口近在咫尺，而物產豐饒，舉國防資源與民生食用所需，無不應有盡有。益以民風淳樸，氣候宜人，凡可以爲國都之條件者無不美備，誠天府之國，國家萬世不易之金湯也。

明成祖復交阯郡縣於四百餘載之後，驅蒙古於萬里之外，國威之隆，超邁千古，而其經慮弘遠，尤在遷都北京。清高宗之言曰：

永樂十九年，將遷都北京，諸臣僉云不便，主事蕭儀，侍讀李時勉言尤峻切。成祖怒，殺儀，下時勉獄。雖不免過當；然以燕地負山帶海，形勢雄偉，臨中夏而控北方，誠所謂扼天下之吭而拊其背者。金、元俱建都於此，比建康相去天淵！成祖就封北平，屢經出塞，天險地利，籌之已熟，故即位後，決計遷都，卓識獨斷，誠非近慮者所可及！（註三）

此所謂「惟英雄能識英雄」。且成祖嘗曰：「北平之遷，吾與大臣密計數月而後行。」蓋當時固非率爾行之者。

㈡阮安修建之宮殿城池門樓

今日凡大建築，必請建築師爲之設計；然較之北平宮殿門樓之工程，則不啻小巫見大巫矣！昔金人以梁漢臣充修燕京大內正使，孔彥周爲副使，（註四）依宋汴京制度而爲之。陳援菴先生嘗發見元代建大都宮闕之設計工師，爲阿拉伯人也黑迭兒。金、元兩代雄麗之宮闕，久已蕩然無存，無由窺其遺蹟。而明代之規制，今日具在。此在建築史上空前絕後之大師，姓名湮沒不章，豈非工程界之憾事？是則我國士大夫傳統上輕視藝術之流弊也。八九年前嘗考得此大工程師，乃一交阯人，且是太監，其人爲誰？乃阮安也。明代有兩阮安，且均交阯人。惟一爲逃匠，後陞文思苑副使，（註五）成化二十年（一四八四）尙存。其一則太監阮安，一名阿留，即永樂、正統兩朝營建北京之總工程師。

或曰「子以太監阮安爲建造北京之總工師，果有何據乎？」曰：「有」。玆將明清著述，有關阮安者節引於下：

太監阮安，一名阿留，交阯人。爲人清苦介潔，善謀畫，尤長於工作之事。其修營北京城池、九門、兩宮、三殿、五府、六部、諸司公宇、及治塞楊村驛諸河，皆大著勞績。工曹諸屬，一受成說而已。（註六）

阮安交阯人。清介善謀，尤長於工作之事。北京城池、九門、兩宮、三殿、五府、六部、及塞楊村驛諸河，凡諸役一受成算而已。後治張秋河，道卒。平生賜予，悉上之。（註七）

阮安，一名阿留，草創燕京城池、九門、兩宮、三殿、諸司之制，出安規畫。工曹諸屬不能改，拱手受成而已。（註八）

阮安，交阯人，正統中太監，爲人清苦介潔，善謀畫，尤長於工作之事。修北京城池，九門。營南京三殿。治五府、六部、諸司公宇，及治塞楊村河決，皆安爲經綜。工曹諸屬，受成而已。……（註九）

阮安，交阯人，有巧思。奉成祖命，營北京城池、宮殿、及百司府廨，目量意營，悉中規制。工部奉行而已。正統時重建三殿，治楊村河，並有功。景泰中，治張秋河，道卒，囊無十金。

（註一〇）

阮安，交阯人。清苦介潔，善謀畫，太宗營建北京宮殿、城池、及治塞村驛（原書村上缺楊字）諸河工，皆大著勞績。諸屬一受成算。臨終布衾衣篋而已。（註一一）

阮安，交阯人。性廉敏多能，於工作事尤辦治。成祖之南而北也，營建朝廟宮闕、鑿城池、及百官部寺堂署，千門萬戶，手自指畫，形見勢立，司空匠氏之屬，唯諾受成算而已。……（註一二）

明代興作之事，其初悉歸工部廠，後漸以宦官督理。蓋自永樂中已遣太監阮安營北京城池、宮殿、諸司府廨。工部特奉行而已。（註一三）

明太宗實錄雖未及阮安營建之功，而統觀諸家所記，大致相同，均足證明永樂之創建北京宮殿、城池、府署，皆安爲之謀畫。至正統重建三殿、九門城樓等工程，則英宗正統實錄，歸功於安，具有明文。至如蘇州木匠蒯祥，「永樂間召建大內，凡殿閣樓榭，以至迴廊曲宇，隨手圖之無不稱上意。」（註一四）明憲宗以「蒯魯班」呼之。蓋亦絕藝被徵至京之一。然康熙吳縣志遽謂其「永樂十五年建北京宮殿，正統中重作三殿，皆其營度。」則本皇甫錄之文，加以渲染，且他書亦未見此說。蓋殿閣樓榭，迴廊曲宇，範圍較小，不過一部分的工程師。故吾人不得不以總工程師之光榮頭銜，仍歸之於阮安。

阮安入中國，大約在永樂五年（一四〇七）張輔平交南選交童美秀者還爲奄的一個時期，與越人謂「明人入東都，（今河內）多閹割童男，送南京」之語相合。溯自永樂十五年（一四一七）營建北京，大工開始，安由南京入北京，疑在是年，計其時不過二三十歲之青年耳。而奉命經營如許浩大繁重之工程，且竟於四年之短時間內初步完成，可見其魄力之偉大。

正統元年十月修建九門城樓。工部侍郞蔡信以爲役大非徵十八萬不可（註一五）。安取京師聚操之卒萬餘，（實錄作軍夫數萬人）停操而用之。自二年正月興工，至四年四月門樓城濠橋閘完。「正陽門正樓一、月城中左右樓各一、崇文、宣武、朝陽、阜城、東直、西直、安定、德勝八門，各正樓一，月城樓一。各門外立牌樓，城四隅立角樓。又深其濠，兩崖悉甃以磚石。九門舊有木橋，悉撤之，易以石。兩橋之間各有水閘。濠水自城西北隅，環城而東，歷九橋九閘，從城東南隅流出大通橋而去。」（註一六）此即今日北平內城九門之前身也。

三殿與乾清宮自永樂災後，至正統五年三月始命阮安重建，發現役工匠，操練官軍七萬人興工，至六年十月（一作九月，本紀又作十一月）乾淸、坤寧二宮，奉天、華蓋、謹身三殿成（註一七）。三殿之名，至嘉靖時改爲皇極、中極、建極，即今日故宮太和、中和、保和三大殿之前身也。太和殿基高二丈，殿高十一丈，廣十一間，縱五間，上爲重檐，脊四垂，殿前丹陛，環以白石闌，陛五出各三成，清制蓋即明制也。

帝以宮殿成，命即其餘工於七年四月建宗人府，吏部、戶部、兵部、工部、鴻臚寺、欽天監、太醫院、於大明門（淸改大清門，今爲中華門）之東，翰林院於長安左門之東，悉如南京之制。其地有居民妨礙者悉徙之（註一八）。實錄雖未載命阮安爲之；然據諸書所言，五府、六部、諸司公宇、固亦出安之規畫。

北京城垣，元爲土城一座，周圍六十里，見馬可波羅行記。（註一九）以其純爲土築，易致摧塌，故數十年中修築凡五六次。明初以城圍太廣，乃減其東西迤北之半凡五里，創包磚甓，周圍四十里。永樂、宣德雖略加修葺，而內面仍爲土築，至正統十年六月安又奉命督工修甓之，與外面等。（註二〇）東西南北四面約各長一千數百丈，高三丈五尺五寸，垛口五尺八寸，基厚六丈二尺，頂收五丈。（註二一）此即今日北平內城城垣也。又督修國學，（註二二）即今安定門內國子監之前身。

故自永樂之草創，至正統十年各項大工，無不由阮安總其成。而安貢獻一生精力於北京，至是亦垂老矣！鄧元錫以爲安不特修北京，且「營南京三殿。」則似未確。蓋南京宮殿，太祖時已完成，永樂五年安尚童稚，則洪武初年安不特未至中國，且尚未生，豈能修南京三殿乎？

㈢阮安小傳（卒一四五〇——一四五六間）

阮安，一名阿留，交阯人。永樂五年張輔平交南黎季犛，以交童之美秀者還，選爲奄，安及范弘，王瑾與焉。安有巧思，善謀畫，尤長於土木營造之事。奉成祖命營建北京城池，朝廟、宮殿、及百司府廨、千門萬戶，目量意形，悉中規制，手自指畫。工部匠氏之屬，唯諾受成算而已。英宗正統二年（一四三七）安奉命修建京師九門城樓，四年四月告成。命之初下，工部侍郎蔡信颺言於衆曰：「役大非徵十八萬不可，材木諸費稱是。」帝遂命安董其役，安取京師聚操之卒萬餘，停操而用之，厚其餼廩，均其勞逸，材木諸費，一出公府之所有，有司不預，百姓不擾而工畢。五年三月安又奉命重建三殿，發見役工匠，操練官軍七萬人興工。六年十月奉天、華蓋、謹身三殿，乾清、坤寧兩宮成，賜安金五十兩，銀一百兩，紵絲八表裏，鈔一萬貫。初京師城垣外面包以磚甓，內面仍爲土築，遇雨輒頹毀，十年六月又命安督工修甓之。安又治塞楊村驛諸河，身董畚鍤，大著勞績。十四年奉勅行視自通州抵南京漕運水路。山東張秋河決，久不治，景泰中（一四五〇——一四五六）安復承命往治之，道卒。安爲人忠於奉公，勤於恤下，清苦介潔，臨終布衾衣篋，籍平生賜予及私帑，悉上之官。嘗刻營建紀成詩，一時名流顯宦皆和答，後將傳布，間以王振一言而止。（註二三）

㈣其他交阯人與修建北京之關係

永樂十六年七月，交阯右布政使莫勛，及交州府知府杜希望等言：

「交州僻處南荒，仰慕聖化，積有歲年，伏蒙皇上軫一視同仁之念，建設郡縣，俾同內屬，凡有寸長，悉蒙收錄，補報之私，切於夙夜。今聞營建北京，四海之內，庶民子來，而犬馬之心，有不能已。謹以家丁杜瓢等五百人，差縣丞黎獻率，請詣闕下，少效微勞。」上覽奏，召獻等勞之曰：「爾等遠來趨事，備見誠意；但營建就緒，不欲重勞爾也。」人賞鈔二十錠遣歸。」（註二四）

考之越史，「十五年掌交阯布，按二司事尚書黃福，令豪富土官阮勛（疑即莫勛）梁汝笏等，並以家人赴燕報效，營造宮殿。」（註二五）則因地方當局與土官爲逢迎取悅起見，始命丁北來助役，非盡出於交人之自動也。此外永樂五年張輔遣送交阯造磚、造香等諸色工匠及其家屬萬餘人至南京，是時南京已無大役，而行在需工孔亟，其被徵用來燕，實有可能。明顧起元謂「成祖北遷，取民匠戶二萬七千以行，減南京戶口過半。」（註二六）而洪武二十六年，天下工匠集中於南京者「凡二十餘萬戶。」（註二七）永樂時戶口減過半，則北遷者當不止二萬七千戶。此大批民匠戶中，應有交阯諸色工匠在內也。

明自永樂，宣德後，太監權漸重，而當時太監中有朝鮮人，琉球人，與交阯人。交阯派尤有勢力，凡保抱皇子，四夷征討，提舉市舶，均有交阯太監參與其間。若范弘，王瑾（即陳蕪）賜圖書銀記，受免死詔，比之勳戚貴臣。又賜宮女，賞賚巨萬，恩寵爲內臣冠。而當時大興土木，大利所在，自當染指其間。至黎澄爲工官，宣德中已遷侍郎。阮安得若輩有力同鄉之維護，成功較易，自非偶然。他若永樂時屢賜營建之軍民夫匠以衣、鞋、鈔錠、胡椒、蘇木、其中蘇木一項，似亦來自新收復區交阯者。

三、王子黎澄（一三七四——一四四六）對於國防上之大功

㈠中國火器與交阯槍炮

我國首先發明火藥，舉世所公認，爲世界文化史上一大事。而國人亦喜以此與指南針、紙、及印刷術之發明，自誇於世界者也。然火藥之發明，究竟始於何時？創於何人？至今仍不可考。晉末交州

人杜慧度，破盧循，首放「火箭，雉尾炬，」（註二八）循衆艦俱然，一時潰散，循中箭赴水死，蓋爲用火器首次成功之紀錄，時則義熙七年（四一一）。明邱濬謂「宋太祖時（九六〇——九七五）始有火箭」（註二九）者誤矣！至北宋時製造火藥法，見於曾氏武經總要。然雖發明此種硝、硫磺、木炭末合成之原始黑色火藥，以我國民族性愛好和平故，多用之於民間爆竹、烟火之類，其在戰場上，雙方決勝負者，仍惟弓、矢、刀、槍是賴。金人守歸德，嘗從菜圃中掘得古砲五千有奇，相傳爲唐張巡所埋（註三〇），惟所埋者究係用機發石之石砲，抑爲火藥實銅鐵器中之火砲，已不可考。金人與蒙古戰爭，始正式用火槍火砲，當時有名「震天雷」（註三一）者，鐵罐盛藥，以火點之，砲起火發，其聲如雷，又有「飛火槍」，注藥以火發之，前燒十餘步，其法或得自宋人歟？及元攻襄陽城，則爲西域人亦思馬所獻新砲法，非復中國舊法矣。

元至正十五年（一三五五），朱元璋起兵和州，有焦玉者獻火龍鎗數十件，洞透層革。元璋喜曰「此鎗取天下如反掌。」（註三二）定鼎後於京城立火藥局以製法藥，立內庫以藏神器，立神機營以操戰陣。永樂元年奏准銃砲用熟銅，或生熟銅相兼鑄造。四年（一四〇六）冬張輔破安南黎氏兵主力於多邦城，即用神機火器，及夜明光火藥。成祖並勅諭「所用神機銃，一應火器，最宜密之，不可洩與外人知此法，回軍之日，尤宜謹密收拾。」（註三三）其或即焦玉遺製歟？然其所製實不逮安南黎氏之精，邱濬曰「近有神機火鎗者，用鐵爲矢鏃，以火發之，可至百步之外，捷妙如神，聲聞而火即至矣。永樂中平南交，交人所製尤巧。」（註三四）清初劉獻廷謂「交鎗爲天下最。」（註三五）明史兵制亦稱：「成祖平交阯，得神機鎗砲法，特置神機營肄習。」自交阯火器傳入國內，我國之武器一變，而軍隊編制亦受其影響。當時京軍有所謂三大營，曰「五軍」，曰「三千」，曰「神機」，其「神機營」，即專門操演交阯火器者。

交阯火器之製法見於明史兵制者：「用生熟赤銅相間，其用鐵者，建鐵柔爲最，西鐵次之。大小不等，大者發用車，次及小者用架，用樁，用托。大利於守，小利於戰，隨宜而用，爲行軍要器。」據清趙翼解釋「所謂用車者，即今之大砲也，用架用樁者，蓋即今之鳥機砲也，其用托者蓋即今之鳥槍也，是鳥槍之制，永樂中已有之，然不傳於外。」（註三六）成祖親征漠北時，「初得安南神槍，虜一人直前，又二人繼之，皆中槍而斃」（註三七）故中國有鳥槍，始於永樂平交阯，非嘉靖時始自日本傳入。抑其時不特有鳥槍，（即交阯神銃或神槍）且已有大砲，（即交阯神砲）銅砲，鐵砲，種類大小不一。至天啓間曹飛陣圖紀要所圖繪者，注云：「此即平安南所得者也。箭下有木送子，并置鉛彈等物，其妙處在用鐵力木，重而有力，一發可以三百步。」惟其形似箭，不類槍銃，當爲一種交阯火箭，非神槍也。八九年前嘗於午門樓上歷史博物館見銅銃三，名曰「金槍」，蓋即明人所謂重不及十斤之銅手銃。一爲洪武十二年（一三七九）鳳陽懷遠衞造，重三斤五兩。一爲嘉靖間造，民國初直隸省龍關縣出土。一爲宣德金槍，（一四二六——一四三五）長不及二尺，口徑約一公分，黃銅鍊製極精，間作珊瑚紅，與宣德爐相似。洪武金槍最長，約二尺許。嘉靖槍最短，粗如小兒臂。洪武槍爲一直筒，狀如洞簫，宣德嘉靖槍，背上均有機括隆起，爲洪武槍所無，此其進步之點。余疑宣德金槍爲國內倣製交阯神槍之碩果僅存者。

(二)「火器之神」黎澄

成祖知交阯神槍爲中國前此未有之利器，故命人如法監造。監造者何人，明史未言之，惟明實錄及明人著述中載之，即僞大虞王子黎澄是也。何喬遠（註三八）嚴從簡並云：（註三九）「澄獻神槍法。」憲宗實錄稱（註四○）「澄專督造兵仗局銃箭火藥。」王世貞亦稱「澄專管火器軍器。」（註四一）其職蓋相當於今之兵工廠長。所製火器，對國防上貢獻至大，可於明人言辭中證明之。沈德符曰：「（註四二）本朝以火器禦虜，爲古今第一戰具；然其器之輕妙，實於文皇帝平交阯始得之。即用其僞相國越國（註四三）大王黎澄爲工部官，專司督造，盡得其傳。」邱濬曰「天祚國家，錫以自古所無之兵器……自有此器以來，中國所以得志於四夷者，往往藉此。」成化時兵侍郎滕昭曰「克敵致勝，率賴神鎗，永樂、宣德間，操演得法，最爲虜賊所懼。」（註四四）諸氏皆推交阯火器爲古今神技，克敵致勝之利器。「正統六年邊將黃眞，楊洪立神銃局於宣府獨石。帝以火器外造，恐傳習漏泄，敕止之。」（註四五）此其嚴守秘密，與今日之美國製原子彈同。明代爲防蒙古侵擾，於北方大起邊牆，在邊墩堡之上，復架大砲，胡人自是不敢近塞，故稱禦虜神器。

黎澄有此偉勳，故能以俘虜之身，官至工部尚書，子叔琳官工部侍郎，並皆七十以後，破例留用。孫世榮亦官中書舍人。當時政府對黎澄一家，寵眷獨隆者，非無故也。又明代「軍中凡祭兵器，並祭澄。」（註四六）不啻奉澄爲「火器之神」矣。

其後嘉靖二年（一五二三）造大樣佛郎機銅銃，是爲採用西洋砲法之始，與前此交阯法不同，火器在中國至是又一變。崇禎時（一六二八——一六四四）大學士徐光啓請令西洋人製造發各鎭，惟時明大勢已去，將帥多不得人，雖有利器，徒以資敵而已。

㈢黎澄小傳

黎澄有大功於明，姓名見於明史七卿年表；惟不爲立傳。明人筆記小說，偶一述及，又往往傳聞失實。如枝山野記與孤樹裒談，均謂黎澄「賜姓陳。」鄭開陽（註四七），茅瑞徵（註四八）均謂「別賜姓名。」考之明各朝實錄則均作「黎澄」，無作「陳澄」者，亦無賜姓名之說。明代交阯人，雖有一陳澄，然官終山東樂陵縣丞（註四九），子孫遂爲樂陵人，與此黎澄自爲二人。王世貞弇山堂別集二一，既不信其賜姓，而弇州史料前集十七，又言其「別賜姓名」，自相矛盾，應以實錄爲據。孤樹裒談稱其官「戶部尚書，後貶某官」。今考之實錄，則黎氏始終未脫離工部，自主事至尚書，中間未嘗貶官，更無官戶部之說。枝山野記謂「澄之仲弟曰騰，賜姓鄧，亦官尚書，後貶江陰縣佐。」永樂時黎氏父子兄弟孫姪等被俘至中國者凡十六人，黎澄之弟曰黎暾，曰黎汪，與黎蒼昆仲合四人，未聞有「黎騰」。今江陰鄧氏，祖先雖安南人；然爲明永樂時鄧明之後，其遠祖即安南國王李朝開國太祖李公蘊。余嘗見江陰鄧宗文先生，自謂安南李氏後，鄧光遠（明）之裔，並以家譜鈔示，與此黎澄一族，固毫不相關也。王世貞謂「黎蒼，黎澄，各以善兵器，俱官至工部尚書。」考永樂五年以後，實錄惟載澄事，不見蒼名。蒼爲元兇，蓋與其父季犛同時被戮。王氏又謂「黎澄享年八十餘」，而澄實享年七十三。明人記明事，而舛誤若此，是不可以不辯也。今爲傳信計，參考中越載記，爲撰黎澄小傳並附世系表於下：

黎澄字孟源，號南翁，僞大虞國主黎蒼之兄，（註五〇）僞太上皇黎季犛之長子。本姓胡氏，五代時演州刺史浙江人胡興逸之後也。安南陳氏末年，澄判上林寺事。季犛殺陳顒，自稱國祖章皇，以澄爲司徒。及季犛逼陳案禪位，自爲帝，建元聖元，國號「大虞」，乃復姓胡。立蒼爲太子。未踰年，即禪位，自稱太上皇，同聽政，以澄爲左相國。（註五一）

明永樂五年張輔平安南，五月十一日獲季犛及澄於奇羅海口，翌日並獲蒼等。澄被擒時謂都督黃中曰：「安南人井底蛙，不識天威如此，伏望聖恩寬恕，苟全性命！」及被俘至中國，下季犛及蒼等於獄而釋澄。澄故善神槍，至是獻神槍法。詔官之，專督造兵仗局銃箭火藥。初官行在工部營繕司清吏司主事。宣德元年吏部劾奏：「澄歷九載，悉不赴部給由，今又歷兩考，始給由，有違定制。」帝曰：「澄在安南罪重，皇祖特宥而用之，今所犯小罪可宥也。」陞郎中。內臣有言其貧者，遂陞行在工部右侍郎。三年正月復命月俸給全米。正統元年九月陞本部左侍郎，仍於內府供事，以九年考滿也。八年夏四月澄以年七十，應致仕，上疏乞留用。帝憐其交阯遠人，從之。九年春正月鴻臚寺序班雙秉奏：「澄衣絹酒器墮地，請治之。」帝以秉摭拾小過，不聽。十年六月以九載秩滿，陞爲工部尚書，仍於內府供事。十一年（一四四六）七月卒，年七十三。葬北京西山南安河村旁，明人軍中凡祭兵器，並祭澄云。澄性資明敏，才學優長，除改良火器外，文章政事，兩濟其美。晚年追述安南李陳兩朝嘉言懿行，足資勸戒者，錄爲一書，名南翁夢錄，今傳於世。

子叔林，繼父職，仍督造軍器，官工部右侍郎。成化五年四月請官其子世榮於京便養。帝念其遠人，俯從之，錄世榮爲中書舍人。六年正月叔林九載秩滿，自陳：「年已七十，例應致仕；但以交阯遠人，無家可歸，乞容臣復任，以圖報稱。」許之。五月巳卯卒於官。賜葬祭如例。世榮字孟仁，官中書舍人十餘年。成化十六年與西寧侯宋禮等，持節册封遼世子恩鐕爲遼王。弘治八年，任山東鹽運司同知。（註五二）

黎澄世系表

胡興逸……胡　廉……黎季犛（即越史之胡季犛）┬黎澄──叔林──世榮
　　　　　　　　　　　　　　　　　　　　　└黎蒼（即明史之胡奎）（越史之胡漢蒼）

(四)交阯銃匠

明人造火器，亦有交阯工匠參加工作。其事見孝宗實錄二六：

弘治二年五月甲戌，錦衣衞夷匠阮清等，其先安南人。永樂中以能製火銃（鈔本原誤銳）短鎗，神箭，及刻絲衮龍袍服，收充軍匠，月給米一石。後以例減五斗。至是清等自言夷人無家贍。

詔仍與一石。

由弘治二年（一四八九）上溯永樂五年（一四〇七）已八十三年，故知阮清等在內地，已非一代。其先人蓋爲永樂中被遣送之交阯技匠，因當時有「能使銃者，能修合銃藥者，都連家小送來」之密諭也。（見越嶠書）文稱「夷匠阮清等」，知交阯技工落籍中土如清者，當不在少數。

四、抗禦外寇之文武

甲、禦虜

明太祖驅逐胡元，統一中夏，而蒙古在北方之勢力，仍甚強大；成祖雖數次親征，終未能犂庭掃穴，土木之役，英宗被擄；國威益損。大約中葉前政府軍隊，分子最複雜，包括國內各種民族，故亦頗有交阯人，今略述其有禦虜功者如下：

㈠鄧　明（一三五一——一四一二）

鄧明字光遠，號信心，交阯產。以率衆內附有功，拜資善大夫，行在工部尚書。命扈駕北征。乃與同附大鴻臚陳季暄，工都尚書黎澄，創神機營，建盔甲廠，製神槍，神銃，退韃虜於九龍山下。未幾遘疾卒。年六十一，時永樂十年五月初一日也。後景泰帝念其率土來歸，北征之役，卒於王事，故於所賜田宅之外，復賜其子孫鄧樅，爲鴻臚寺通事班，及順天府學額廩膳生一名。（註五三）

㈡阮遷干

同時又有阮遷干者，交阯歸順土官，亦嘗「從太宗迤北征進，累蒙教誨破胡秘計。」後弋謙薦其「兵學籌策，淹貫宏博，而又屢經戰陣，深識機變」云。（註五四）

㈢陳復宗

陳復宗父仕，爲交阯安衞百戶。宣德初，父子同征黎氏有功，以所屬如京師。宣宗嘉其忠，授錦衣衞百戶。英宗旣被擄。復宗上言：「宜選象演習，爲之造戰鞍、戰甲，臣願領甲騎象，用破賊陣。」「身先入賊，中流矢。虜退，復以功進一級，陞本衞千戶，世襲。」又詔其子孫世補京學弟子員，食廩應科貢。

㈣阮宗琦

與陳復宗同時，有鴻臚寺通事班阮宗琦者，於正統十四年九月上言：「『臣係交阯人，乞令兵部出榜招諭交阯歸順土官人等，臣與之同編伍，操練刀牌槍弩殺賊。』從之。」（註五六）

乙、禦倭

陳儒（卒一五六一）

嘉靖乙卯丙辰間，倭由通泰寇揚州，賴陳儒築城備禦，力疾殺寇，始得保全。儒字懋學，又字汝宗，號芹山，交阯人。錦衣衞千戶。復宗之孫，紀善賢之子也，嘉靖癸未進士。時以右都御史，總督漕運，巡撫淮揚等處。事見於明宜興人萬士和所撰陳儒墓誌銘。（註五七）

……乙卯夏，奉勅巡撫漕運，冒暑就道，讚運如期，復條陳漕政事宜，無不切當。是歲倭夷由通、泰寇揚州，揚州當運道之衝，沿河舳艫銜尾相接，又運司設城外，鹽商輻輳，居民數百萬，賊尤垂涎。公奏築城，下令屬邑鎮，如皐、泰興、海門、瓜洲，一時併築。城甫完而賊已至，居民皆入城守禦，運糧入瓜洲城以免。賊雖遁，明年春，公感病危急，……授以疏草，乞休，不允。越三月少瘥，倭賊復寇揚州。公聞報力疾前進，檄召徐、邳等處殺賊，亟命徙運司積稅入府庫。寇至首犯運司，環顧一無所得，大詬城下。而公所調兵亦集，乃晝夜登城，督將士力戰，前後斬獲數百級，三獻戎捷於京師。倭賊既退，公病益甚，累疏乞休，召回別用。公又陳乞，天子勉留，後序其禦賊功，賜銀幣。……

揚州舊固有城，儒等奏築者爲揚州新城，亦名外城，又名東關城。周十里，經始於嘉靖丙辰之二月，至十月而迄工。由揚州知府吳桂芝，石茂華相繼完成，而倡議最早者實出於何城。於時揚州繁華富庶，爲江北一大都會，「運司餘鹽銀，獨當天下賦稅之半」，尤爲倭寇垂涎之目標。及「丁巳夏，倭復犯揚州，遙望外城巍然，岸高地深，遂不敢近城下。」（註五八）保全揚州百萬生靈，及天下財富寶庫，卓識遠見，其功偉矣！惟雍正揚州府志，不爲儒立傳，殊所不解。至如皐、泰興、海門、瓜州、四城。嘉慶如皐縣志，光緒泰興縣志，明史鄭曉傳，多歸功於曉。實則鄭曉雖先爲奏請，而遷代以去。儒繼之，「戒飭益嚴，愓然以玩愒前功是懼。一姓告成功。故萬氏歸功於陳氏，非盡諛墓之辭也。

儒又嘗奉命巡邊，散軍糧，清屯田，理逋負，劾冒濫將官，邊務肅然，陳安邊十事，悉見施行，欽賞銀幣，以酬其勞。此外阮勤以右副都御史巡撫陝西，築墩臺十四所，治垣塹三十餘里。成化十九年以克洮州滿松等族番賊功，賞勤銀十兩，綵緞二表裏。黎璡以勦瀧水縣徭寇功，景泰五年由廣東布政司左參政，陞爲江西右布政使（註五九）。廣東鹽課提舉陳和父子屢捐資鏹，招集義勇，平黃蕭陽之亂有功（註六〇）。對於綏靖地方，亦不無功績。

五、有功地方之循吏

明代循吏爲交南產者不少，明史立傳者僅阮勤一人，不過九十一字，並以「蠻邦人」相稱，此宋元以來士大夫之淺見也。今略補如次。

㈠阮勤（卒一四九九）

勤世爲交阯多翼人。父河，宣德初，黎利之亂，以雲屯典史，挈家浮海入中國。調長子典史，持以廉慎，濟以仁威，與民更化，卒於官。子孫因占籍焉。勤字必成，景泰五年進士。任大理評事，轉寺副。天順八年陞臺州知府，單車至郡，滌弊導利，修學校，建鄉賢祠，及上蔡書院。成化初，勤奏：「黃岩縣地廣民嚚，素號難治，兼瀕海居民，去縣治遠，恃險恣肆，遇其徵逋捕亡，往往旅拒。其太平鄉居民頗稠，宜分本縣三十都至五十都民隸之，於此設立縣治，名以太平。戶部議如所請，從之。」乃爲創建縣城。即今日浙江之溫嶺縣也。在臺九年善政極多，賜誥旌異，民愛戴之。既去，立德政碑，後請祀名宦。

晉山東參政，歷左右布政使。成化十六年，拜都察院右副都御史，巡撫陝西。以比歲災傷，奏免歲辦藥材，並七府租四十餘萬石。又奏：「岐山縣有周公廟，咸陽縣有周公墓，沔縣有漢諸葛亮，鳳翔府有宋范仲淹，藍田縣有呂大忠，大臨，大鈞祠，俱歲久頹圮，乞修治並賜祭。」帝乃令有司修治。入爲兵部左侍郎，尋改南京刑部。乞休。詔進榮祿大夫。生平清介，敭歷中外四十年，政績可覩，剛毅方正，始終一節，朝野推之。弘治十二年三月卒。（註六一）

㈡陳　儒

儒平倭之功，已見上述。嘉靖庚寅儒知東昌府。屬邑武城水災，田禾漂沒，室廬傾蕩，民苦昏墊，未知底定，而秋稅之符又下，四境嗷嗷，已分溝壑。儒聞民之急，親往救拯之。生者散財，死者給棺，俾免於流離暴露之危。又奏請郡帑金四千八百餘兩，以代一邑兌運之額。詔可之。民賴以甦。於是武城之民老稚婦子，相率涕泣，焚香籲天曰：「公活我！我何以報公也？」後乃於城西爲立生祠，中肖儒像，春秋以時祭焉。儒念士不通於古，人授五經一帙，開說大義，政暇，引置郡庭，獎備譽髦，而扶其不率者，一時名流輩出。儒爲政甚惠，而持身甚廉，凡公費罪贖，悉以積穀備賑，不私一錢，節浮費以省過客之科索，均田粮以抑富豪之兼併，以是或得罪於勢要，然聲名因此起，陞浙江副使，改提督學校，陞陝西右參政，按察使，山東左右布政。其爲山東布政，無異於在東昌時，積羨餘及贖金糴穀，至數十萬石，以備賑，多所拯濟。累官南京戶部右侍郎，改刑部，右都御史，總督漕運，巡撫淮揚。儒自少穎異，七八歲時讀書，輒成誦，比長博學能文，呂枏亟加稱賞。爲人剛方嚴毅，有治才，風裁凜然。居官節儉正直，終始不易其操，所至輒有政聲，稱名宦。惡貨殖之徒，視財有若仇，已積數十金，便不能寢，必散盡乃已。有入內寢問疾者，見其敝帷疎蓆，有寒士風。罷官後避居西山，家益貧。後徙居宜興，徜徉數載，辛酉二月以疾卒。

㈢王　京

京字宗周。父學古，交阯新安府下洪州人，挈家歸附，授江西信豐知縣。廉介寬惠，撫定石背峒賊爲編戶，邑故五圖，增至六圖有半。京於景泰七年中式順天鄉試，成化己丑成進士。壬辰授刑部主事。癸巳山東饑，奉命往賑，多所全活，乙未陞員外郎，讞獄南畿，平反爲最。河南有妖言獄，久未決，司寇奏委能者，京往不兩月，盡得其情。陞郎中。出守瓊州，瓊人以訟逮繫者數百人，京日召四四五人至庭，諭以理法，即時咸服，不數月囹圄遂空。瓊父老喜相謂曰：「吾儕何幸復覩伯貞公耶！」永樂中王泰守瓊，有仁政，故以相比云。丁父憂去任。三年，特詔吏部起補舊郡。瓊人聞京復來，老稚皆色喜。既而生黎願爲編戶如熟黎者十餘崗。亡何，得疾卒。瓊人不忘其惠愛，建祠專祀焉。（註六三）

㈣范　禎

禎、交阯人。任霍州判官，愛恤孤貧，教藝桑麻。改任沁州判官。征剿有功。陞知州，薄賦緩刑，康民阜物，人懷遺澤。（註六四）

(五)阮居仁

居仁交阯新安府東潮州人。發身冑監，擢任河南陳州經歷。正統二年以九載秩滿，陞授臨城知縣。性嚴明，不尙浮華，務敦樸素。下車之日，首以農事爲急，使遊手歸農，時示勸罰，以別勤惰。向之赤地，變爲綠疇，民皆鼓腹愛戴。又擇良家子弟俊秀者，俾入學宮作養，蠲其差徭，以風勵之。暇則至明倫堂，集諸生課文，品其優劣，邑士有所激勸，始知向學。視學校狹隘，重建大成殿，塑飾聖賢肖像，又修學舍，建明倫堂，廟學前後煥然一新。又重修縣城，平賦役，剔冗費，仁威並行，綱紀不紊，僚友不容私，吏胥不敢詐，事皆翕然而集。府州聞其能，不遣一卒下縣。訟平政理，九載之間，始終如一。迨代去，士庶遮道，涕泣送之，立碑道左，記其遺惠，祀名宦。

調知臨湘縣，縣自明初建立鴨欄批驗茶引所，民商俱困，力革奏之。三年去官，就其任賜土田，並賜半俸以贍終身。遂以官籍家於湘之菖蒲塘，後遂呼爲阮家塘。（註六五）

(六)楊季琦

季琦至，定法令，布條約，輕徭薄賦，與民休息。於錢穀牒訟之暇，捐俸貲，集羨餘，建學修城，公署倉廩壇壝，以及道觀僧寺，遂年修造，計屋四百六楹。在任八九年。民爲立楊公祠，肖像祀之。張楷贈詩有：「循良已歷七年春，民似嬰兒戀二親」句，後陞延平府通判。（註六六）

(七)同　龠

同龠字退之，交阯東潮州人。監生。正統七年任蒙城知縣，重修文廟。景泰中任邵武縣令，廉慎愛民，鯁直不阿。（註六七）

(八)阮　衍

衍、交阯人。正統四年任瑞金知縣。時流賊之後，官兵繼擾，衍立法防制，兵不敢犯，撫瘡痍，集流亡，民席其惠。在任十三年。後家於湖口縣。（註六八）

(九)杜　晦

晦、交阯諒江府上洪州人（原誤作交阯國上洪口人）。由監生正統四年任沂水縣主簿，存心平恕，勤以愛民，人多戴之。兩任十八年，卒於官。（註六九）

(十)范　方

方、交阯上洪州人。舉人。宣德五年任曲沃訓導，博學能文，時進諸生為之講解經書，課其制義，雖祈寒暑而不少懈。曲沃人文鵲起，郁郁稱盛，方之功為多。祀名宦。（註七〇）

(十一)陳　緣

緣、字景福。交阯交州府利仁州人。正統初由歲貢授新鄭訓導，醇雅博學，訓誨諸生，靡間朝夕，一時人才大小，各有所就，科甲多出其門。祀名宦。正統十年陞長葛教諭，遂占籍焉。（註七一）

六、結論

明代交阯人，在國內建築上，武功上，政治上之貢獻，已略如上述。至於黎澄，阮勤，何廣，陳儒，均能文章，廣與儒文名尤著。太監范弘博通經史，善筆札。鄧欽文「詩逼唐人，婉麗清新，善小楷，行書得趙承旨法，畫能寫意，尤工花卉，爲胡應麟等所推重。」（註七二）。論地理建置，則浙江之「太平縣」，湖北隨縣之「歸化鄉」，湖南臨湘之「阮家塘」，北京國子監前之「交阯號胡同」，與夫揚州新城，如皐，泰興，瓜州，海門，五城之建築，無不與交人有關。今日北平南京，仍有交阯太監所施建之寺廟與其墳墓，山西，河南亦有交阯人撰文之碑刻。故明代光復交阯，雖不過曇花一現；而遺蹟頗多，惜國人及越胞均未注意耳。

民國三十六年九月二十六日

【附註】

註　一：明太宗實錄一百一十五。

註　二：明史一百五四黃福傳。

註　三：御製過清河望明陵各題句，又御批通鑑輯覽一〇二，大致相同。

註　四：光緒順天府志三，金海陵欲遷都於燕，廼先遣畫工寫汴京宮室制度，至於濶狹修短，曲盡其數，有司以圖上。爰以梁漢臣充修燕京大內正使，孔彥周爲副使，按圖營之。

註　五：明憲宗實錄二百五七。

註　六：明葉盛水東日記十一，又孤樹裒談五略同。

註　七：明焦太史國朝獻徵錄一百一七寺人，膠片照相本。

註　八：明尹守衞明史竊二五宦官傳三。

註　九：明鄧元錫皇明書十二宦官傳。

註一〇：明史三〇四宦官金英傳附。

註一一：清傅維鱗明書一五八宦官傳一。

註一二：清施閏章愚山先生集文六沐敬傳附。

註一三：欽定歷代職官表十五明工部按語。

註一四：明皇甫錄皇明紀略。

註一五：明楊士奇東里續集二三，此據文津閣四庫全書本，爲通行明刻本所無。

註一六：明英宗正統實錄五四。

註一七：同上八四。

註一八：同上九一。

註一九：馬可波羅記當時新造京城大都云：「新造之都城周圍二十四英里，每邊六英里，城四方形，城爲土牆，城基厚十步，高十步，全城皆有雉堞，塗以白色。有十二門，每門之上有高大望樓一所。」

註二〇：正統實錄一三〇。

註二一：日下舊聞考三八引工部志。

註二二：水東日記二八。

註二三：正統實錄三二，八四，一一九，一三〇，一七五及注一一六至三三。

註二四：明太宗實錄一一一。

註二五：大越史記全書九。

註二六：客座贅語。

註二七：明史一五一嚴震直傳。

註二八：宋書九二良吏杜慧度傳，又元和郡縣圖志三八，以火箭攻之，燒其船艦。

註二九：大學衍義補一二二。

註三〇：金史一一六石盞女魯歡傳。

註三一：金史一一三赤盞合喜傳。

註三二：梁述任哲匠錄三。

註三三：明李文鳳越嶠書。

註三四：同上註二九。

註三五：廣陽雜記四。

註三六：陔餘叢考三。

註三七：明王鏊震澤紀聞上。

註三八：名山藏王享記二。

註三九：殊域周咨錄五。

註四〇：卷六十六。

註四一：弇州史料後集三八。

註四二：野獲編一七。

註四三：越國大王，鄭曉今言一作衛國大王。

註四四：明憲宗實錄一六八。

註四五：明史兵志。

註四六：名山藏王享記二，又孤樹裒談。

註四七：鄭開陽雜著六。

註四八：皇明象胥錄三。

註四九：順治樂陵縣志六。

註五〇：黎蒼越史作胡漢蒼，即明史之胡查。黎澄明憲宗實錄諸書作蒼之弟誤，宣宗實錄作蒼之兄是。

註五一：黎澄在僞虞全銜爲「推誠守正，翊贊弘化功臣，雲屯鎭兼歸化，嘉興等諸軍事節度大使，洮江管內觀察處置等使，持節，雲屯，歸化，嘉興，等鎭諸軍事，領東路天長府路，大都督府，特進，開府儀同三司，入內檢校，左相國，平章軍國事，賜金魚袋，上柱國，衛國大王。

註五二：明黎澄自撰足本南翁夢錄，明宣宗實錄一五及三五，正統實錄二二及一〇三，憲宗實錄六六、七五、七九及二〇七，明史一一一，越嶠書十，明李翊戒菴老人漫筆六，道光濟南府志三六，大越史記全書八。

註五三：據江陰鄧氏家譜，戒菴老人漫筆六。

註五四：英宗實錄二〇五廢帝郕戾王附錄二三遷千，他書又誤作遷于。

註五五：正統實錄一八三，國朝獻徵錄五九。

註五六：正統實錄一八二。

註五七：國朝獻徵錄五九都察院右都御史芹山陳公儒墓誌銘。

註五八：明何城揚州府新築外城記，見乾隆江都縣志三。

註五九：英宗實錄二四五景泰附錄六四。

註六〇：成化廣州志十五。

註六一：康熙長子縣志四，乾隆長子縣志十，順治潞安府志十一，萬曆山西通志二十，弘治赤城新志十四，康熙太平縣志四，明史二七八余子俊傳附，明憲宗實錄七四、一六四、二一六、二二五及二四三，明孝宗實錄一七七。

註六二：國朝獻徵錄五九、乾隆東昌府志三三，順治武城縣志四，康熙大興縣志五，宛平縣志五下，重刊宜興縣志八。

註六三：英宗實錄二六八景泰附錄八六，乾隆信豐縣志三及九。

註六四：萬曆山西通志十七，乾隆平陽府志十九及二十，道光直隸霍州志二十。

註六五：康熙臨城縣志一及七，天順二年阮公德政去思碑記，嘉靖眞定府志二四，同治臨湘縣志九，雍正畿輔通志七十，湖廣通志七三，明凌廸知萬姓統譜八一，正統實錄二六。

註六六：乾隆澄城縣志七、一〇、一六及一九，咸豐同州府志二七，康熙陝西通志十八。

註六七：弘治邵武府志十，乾隆潁州府志五，民國重修蒙城縣志書七。

註六八：同治瑞金縣志五，康熙贛州府志二二。

註六九：康熙沂水縣志四，康熙青州府志十二，乾隆沂州府志二十。

註七〇：嘉慶續修曲沃縣志稿本三，康熙、乾隆、道光、光緒曲沃縣志同。

註七一：乾隆新鄭縣志八，乾隆、民國長葛縣志八。

註七二：康熙江陰縣志十四，清李介天香閣隨筆二。

明代交阯人移入內地考

今國人視越南爲外國，其實它與我國有密切悠久的特殊關係，其人民亦爲炎黃子孫（註一），非其他東南亞國家可比。越南古稱「交阯」，古書記顓頊之世，「交阯砥屬」，唐堯虞舜「南撫交阯」（註二），可見上古即與它發生關係。漢與六朝稱「交州」，唐調露元年（六七九）改交州都督府爲「安南都護府」，於是「安南」之名獨著。自秦始皇三十三年（二一四）設立象郡，至五代晉天福三年（九三八），及明永樂宣德（一四〇七——一四二七）爲我國郡縣直接領土者凡一一七二年，越史稱爲「北屬時代」。自宋太祖開寶元年（九六八）丁部領獨立，至阮朝咸宜之亡（一八八五），一直保持封貢關係，爲我藩屬者凡九一七年。至於「瞿越」「大越」「大虞」「大南」則爲其獨立後之名稱，而「安南國」則爲淳熙元年（一一七四）宋孝宗封李天祚之國名。舊阮阮福映滅新阮，統一全越，欲以「南越」名其國，而清嘉慶帝八年（一八〇三）以「南越」爲越南兼及兩廣之舊稱，故改定以「越南」名其國，其名最晚。

考越南人之入仕及移入內地，遠在秦漢，然不及明代之衆。相傳慈廉人李翁仲（註三）身長一丈三尺，氣質端勇，秦始皇使其將兵守臨洮，威震匈奴。翁仲死，遂鑄銅爲像，置咸陽宮司馬門外（註四），此即後世陵墓前石翁仲之由來。漢光武時馬援平徵側餘黨，徙九眞渠帥三百餘口於零陵（註五）。三國孫權派交州刺史步騭，率領義士萬人至長沙。會劉備東下，乃拒於益陽，備敗績。（註六）吳交阯太守孫諝（華陽國志作孫靖）科郡上手工千餘人送建業，今南京（註七）宋武帝北征關洛，交州刺史杜慧度以長子杜弘文爲鷹揚將軍，流民督護，配兵三千，北係大軍，行至廣州，聞關洛已平，乃歸。（註八）可知古代交州有過成千上萬之兵士手工人，曾被調至內地服役。

漢獻帝初平中（一九〇——一九三）交州人李琴宿衞在臺，終司隸校尉。漢一茂才爲夏陽令，一孝廉爲六合令（註九）。駱越人右將萬周爲漢下鄗侯（註一〇）。晉初交阯人邵允詣洛，拜奉車都尉（註一一）。晉末愛州人黎回或作迴爲洛陽尉（註一二）。梁交州人幷韶富詞藻，爲建康城廣陽門郎（註一三）。唐愛州人姜神翊爲舒州刺史，其孫進士姜公輔任唐德宗宰相（註一四），弟姜公復亦進士，官比部郎中，交州詩人廖有方，柳宗元稱之，元和十一年（八一六）進士，任校書郎。唐時南方一帶登第者少，而安南進士已輩出。自秦漢至唐，安南爲內地，其地位與今江、浙兩廣諸省無異。故其人民均爲同胞，可自由往來，幷仕宦於國中也。

宋初安南獨立後，其人仍有逃入內地並任職者，如黃慶集等千餘人避亂奔欽州。宋眞宗詔慶集等計口給廩食，賜閑田，三班借職，監郴州鹽酒（註一五）。元豐二年（一〇七九）十月詔內殿承制駐泊都監劉洪安，徙潭州下簽書公事，賜田三頃。洪安自交阯來降，廣西經略使乞徙官湖南也。（註一

六）

安南李朝太祖李公蘊（福建人）言「往本國人使因盜用錢物，逃於廉州」。其曾孫李乾德（越稱仁宗）上表稱「本道邊民作不義，走入省地居住不少，被省地官典藏，詐稱無有」。宋建炎元年（一一二七）「詔禁廣南西路沿邊州軍不得仃受安南逃戶，從其主李乾德之請也」（註一七）。

蒙古崛起漠北，鐵蹄所至，無不降伏，獨數次用兵安南，無不折將喪師，終不能滅陳氏（陳朝之祖先亦福建人）而有之。只有陳王之弟陳益稷少數人，以家屬內附。元世祖封爲安南國王，以兵送之，而不能還國，居於漢陽。成宗賜錢帛，田二百頃。卒葬漢陽賀家山。其從子陳秀峻，元將鎭南王納其妹爲次妃，生子二人。賜陳文弄田百頃。安插益稷表叔賴益歸於漢陽。又愛州人黎崱（東晉交州刺史阮敷後）之詩詞，見稱於程鉅夫，亦閒居漢陽。崱有《黎僉事集》《靜樂稿》《郎官湖小志》《盧山紀事》《安南志略》等五種。（註一八）今惟傳其詩十餘首《安南志略》收入《四庫全書》中，爲研究安南史之重要名著。惟《大越史記本紀全書》卷七，以元末農民起義領袖陳友諒爲陳益稷子，當爲傳聞之誤。《明史》言友諒爲沔陽漁家子，本謝氏，祖贅於陳，因從其姓，而與安南陳氏無關。

明成祖（本諡太宗，嘉靖十七年（一九三八）改諡成祖）永樂帝遣使責黎季犛（即胡季犛，越史稱胡朝，其上世浙江人）篡陳氏安南而自立，反被其挖苦自己的篡位，於是暴跳如雷，大發脾氣，發出「此而不誅，兵將奚用？」之語（註一九），乃命三十三歲之青年將軍張輔率八十萬大軍，八月之內平定其國。設立交阯都、布、按三司、十七府州縣，於是淪陷四百餘年之故土，又內屬。又新建庫頁島以南沿海濱地爲奴兒干都司，同時又修成著名之《永樂大典》，文治武功，誇越前史，盛矣哉！

永樂五年（一四〇七）九月交阯總兵官張輔遣送交阯諸色工匠七千七百人至南京，稍後交阯工匠百三十餘人又以妻子至京。諸色工匠技藝人中有做香匠、磚匠、燒瓷器等一應人匠。五年十月張輔應詔訪舉交阯郡縣懷才抱德、山林隱逸，明經能文，博學有才，賢良方正，廉能干濟，膂力勇敢，陰陽術數，醫藥方脈，誦經僧道，及能使銃者，能修合銃藥者，善駕船，曉海道者，樂工行院等九千人，陸續遣送至京錄用。十三年（一四一五）又勅輔交阯人才有可用者，就遣赴京用之，其中明經甘潤祖等十一人，遣還交阯，任諒江府同知等（註二〇），其餘則留用於內地，如儒士夏時中爲翰林院典籍。

成祖創建北京，自然少不得磚匠等各色技工匠人，而太監阮安（阿留）則負總工程師之責，發揮其建築上之天才，營造兩宮、三大殿、九門城樓，內城磚牆，百官府署。（註二一）而能修合銃藥，善制火器之黎澄，雖爲大虞國主，黎漢蒼之兄，以獻神鎗法，赦而用之。督造兵仗局銃箭火藥，制神鎗、神銃。明代「克敵制勝，率賴神鎗」，在國防上發生明顯威力。黎澄也成爲明代火器之神，受到軍隊中之祭祀崇拜，官至工部尙書。子黎叔林，仍督造軍器，官工部侍郎。軍匠阮清等能制火銃短鎗，及刻絲袞龍袍，弘治時尙在工作。余疑鄭和下西洋寶船中，可能也雜有善駕船，曉海道之交阯人。

張輔、黃福旣自交阯召還京，交阯清化府俄樂縣土官巡檢黎利之叛亂，遂不可收拾。王通十萬大軍中伏，大敗於寧橋，逃歷東關城，庸懦誤國，擅訂城下之盟。只愛蟋蟀，不愛江山之宣德帝，不聽張輔之勸諫，而大臣楊士奇、楊榮逢君之惡，遂以新收復之土地人民，不過二十年，拱手讓之狡譎之叛寇，宜其爲後人所深痛焉。

宣德三年（一四二八）棄交阯後，文武官員軍民之北還者八萬六千六百四十八人，其爲逆利所殺，及留而不遺者無算。而交人之願留內地不返，及土官之深明大義，挈家浮海而來，或竄名戎伍隨至內地者亦極衆。明廷授之以官職，蔭及其子孫，或賜銀鈔、綵布、絹布、衣、米、房屋、器皿、田宅。正統重建三大殿兩宮成，首賞阮安金五十兩、銀一百兩、紵絲（綵緞）八表裏，鈔一萬貫。宣宗寵太監陳蕪，爲改姓名爲王瑾，賜瑾兩宮女爲夫人，官其族與從者十二人。又改范安名爲范弘，弘受免死詔。其他爲地方官者，或給俸粮終身，或賜半俸終身，或食祿不視事，或給冠帶，或賜田地，不起科，免當粮差，即犯法者也受到減刑。因受種種優待，故其人咸忘其遷徙之苦，於京師或宦遊之地定居入籍，遍及山東、山西、河南、安徽、浙江、湖北、湖南、雲南各省（詳見下明代交阯人移入內地職官表）。官於斯，葬於斯，以長養子孫，今其後裔以江蘇、湖北、安徽爲較多，有的或已忘其祖先爲交阯人矣。

明代交阯人仕宦京官有大至侍郎、尚書，外官有至參政、布政史、巡撫者，如鄧明、黎澄父子、阮勤、陳儒、黎璉等。又有掌寶鈔司、官市舶使、鹽運使者，而多數則爲知府、同知、知縣、縣丞、主簿典史、教諭、訓導等府。縣官中若阮勤、陳儒、阮居仁、王京、楊季琦、范禎之徒，類皆慈惠廉明，潔己愛民人或爲之建生祠塑肖像、立碑頌德，可與古循吏比美。

正統十四年（一四四九）八月壬戌英宗在土木被俘，一時風聲鶴唳，都下戒嚴，人心惶惶，大臣有倡言遷都南方者。非于謙之力持鎭定，籌劃戰守，身自督戰，明代將成爲南宋之續。交阯人鴻臚寺通事班阮宗琦建議，交阯歸順土官人等，編成義勇軍，操練殺賊。百戶陳復宗「躬懷甲冑期以象戰克敵，鼓譟長驅，賊馬奔潰，死者枕籍，乃奪魄而去，城（北京）賴以無虞。復宗亦身被流矢。」論功陞錦衣衞世襲千戶。

嘉靖三十四年（一五五五）陳復宗之孫陳儒奉勅巡撫漕運。倭寇由通、泰、寇揚州。儒奏築城，下令所屬邑鎭如皋、泰興、海門、瓜州，一時併築。城甫完，而寇已至，居民皆入城守禦，粮運入瓜州城以免。明年，倭寇復寇揚州。儒力疾前進，亟命徙運司積稅入府庫。寇至一無所得。而儒所調徐、邳等處兵亦集，乃晝夜登城督戰，前後斬獲數百級，三次獻捷。（註二二）使揚州人民免遭浩刧，又保全了全國重要之糧賦，祖孫先後立大功，世所罕見。

揚漣劾擅權專政，罪大惡極之太監魏忠賢二十四大罪，直聲震天下，當其被逮，士民數萬人擁道攀號。卒死於獄。貴州解元、進士孫應鰲，任國子監祭酒，對貴州之文化開發，爲近世所推崇。惟福建參政宋彰與中官多親舊，以貪惡，激起沙縣鄧茂七之起義。阮鶚開杭州城門，讓遭倭禍之鄉民入城避難，全活甚衆。後以賂倭寇，數括民財，動千萬計，被黜爲民，爲世所不齒。

永樂、宣德間，國人往治交阯，現有姓名可考者千人（註二三）。宣德、正統以後國內又多有奉交人爲父母官者，可見當時所任惟賢，一視同仁之至意也。

明交阯人入仕內地，不但在政治上留下功勳，即在文學、藝術、建築，及地名上也有影響。如黎澄所寫之《南翁夢錄》，爲回憶安南陳朝時之嘉言懿行，佚聞軼事三十一則，體類詩話，有其同鄉宋彰刻本。（註二四）陳儒以文著，呂涇野等亟加稱賞，著有《芹山集》三十四卷，並刊自著之《讀史歌》，又刊《五經白文》今均存明刊本。又著《浙考錄》《南雍錄》《求正錄》《行邊錄》《漕運錄》。孫應鰲對於《易經》《春秋》《四書》《莊子》律呂均有論著，有《孫山甫督學詩集文集》，又刊印丘濬《世史正綱》，孫氏著述流傳者亦不少。南京陳芹有《陳子野集》《鳳泉堂稿》《高士吟》。鄧明能詩，今傳《元宵侍宴》等數首。子孫多好吟咏，鄧亶有《鄧待詔詩集》。鄧欽文詩逼近唐人，風骨色澤摹仿唐人，靡一弗具，有《鄧山人詩集》，吳撝謙爲之壽梓。鄧汝舟（七奉詔封安南），有《膾住庵集》。（註二五）阮勤「篤學研精經史」，何廣亦能文，兩人好爲其住地長子滑縣撰寫寺廟碑文。（註二六）太監范弘博涉經史，善筆札，何喬遠稱其「善文章，能制誥」。

鄧欽文行楷書，得趙承制法，畫能寫意，尤工花卉，爲胡元瑞所推重。陳芹善畫，尤善寫竹。文徵明戒其弟子，到南京不可畫竹，以有陳芹在也。筆者在北京歷史博物館曾見其竹石圖，以六十元從市上購入云。

今日北京故宮乾清坤寧兩宮，太和、中和、保和三大殿，（明稱永樂正統稱奉天、華蓋、謹身三殿，嘉靖改建，稱皇極、中極、建極，清初改今名）雄壯宏麗，金碧輝煌，美輪美奐，氣象偉大，雄視八表。清代雖偶有修繕，而其規模則承阮安之舊制，蔚爲東方建築藝術之大觀。北京西山寺刹，創者半宦官，「金碧鱗鱗，區過六百」。正統間范弘拓建香山永安寺，寺殿五重，崇廣略等，費七十餘萬。而萬曆再建乾清、坤寧兩宮，用銀亦不過七十二萬，則寺之宏敞鉅麗，可想而知，（三十年代已改爲香山飯店）大覺寺附近有越僧創建之普照寺，筆者曾兩往遊覽。其附近有墓塚群，曾請碑工拓得特大之交阯和尚墓碑一份，惜早佚，連僧名也忘了。

巡撫陝西都御史阮勤，重修甘肅慶陽（明屬陝西）長城三十餘里，築墩臺十四所。又奏修岐山縣周公廟，咸陽縣周公墓，沔縣諸葛亮，鳳翔府范仲淹，藍田縣呂大忠，大臨、大鈞祠。又築浙江太平縣城。陳儒奏築揚州城，及如皋、泰興、海門、瓜州等城，已見上述。

楊季琦建陝西澄城縣政事廳、大成殿、縣倉、道觀僧寺等四百六楹，縣有楊公祠及公像。阮居仁重建河北臨城縣大成殿、明倫堂，畫梁拱斗，塑聖賢像。滑縣主簿何汝隆施建滑縣興國寺之大雄殿、天王殿，又建雁塔七層。廣東龍門知縣鄧汝楫繼續建成城外水西塔七級。這些寺廟浮屠，不知尚有存者否？當地文物工作者不妨作一調查。

阮勤任浙江臺州知府九年，有惠政，於成化五年（一四六九）奏請於黃岩縣太平鄉之三十都，至五十都，創建太平縣。至民國三年（一九一四）始改爲溫嶺縣，民初太平，與溫嶺兩名仍通用。湖北隨州因交阯歸附官民居住之地，名「歸化里」，歸化里分新何家店、謝家冲等十甲。江陰梅縣之鄧家村則因鄧師晦子孫所居而得名，鄧氏又有居江陰城內外者五支抗戰時居梅園一支凡四五百家，人最多。阮居仁家臨湘縣葛蒲塘，後遂呼爲阮家塘。南都國學有交阯館，北京國子監前舊有交阯號胡同，因居交阯監生而得名。

交阯既平，即命郡縣建學，教養生徒。永樂十五年交阯選貢生員鄧得，黃宗儒（黃福養子），阮顯等至京，命送國子監進學，賜鄧得等三十人冬夏衣衾靴襪。弘熙元年（一四二五）交阯各府州縣儒學選貢生員王憲等八十二人至京。宣德三年閏四月遣交交阯監生及土官土使阮智、武希逸等一百六十人還鄉，遣人護至交阯境。當時交阯學生分批來國子監深造，其成就之人才當不少。而在內地之交阯人則往往由生員，而舉人，中進士者多至九人，有阮勤、黎庸（均景泰五年）、阮文英、何廣（均天順四年）、王京（成化五年）、陳儒（嘉靖二年）、阮鶚（嘉靖）、孫應鰲（嘉靖卅二）楊漣（萬曆卅五）。

明初即有安南阮姓太監，洪武帝特賜阮廷檜省親並養疾，對阮宗道、阮算，以爲近臣，遇之甚厚。而黎漢蒼殺其家屬（註二七）。永樂五年被俘交阯幼童之美好者多被閹爲內官，如阮安、阮浪、王瑾、范弘等，內廷中交阯派太監權力很大，人數亦衆。阮姓太監自宣德至成化間，見於《明實錄》者多至數十人（註二八），或任司禮監、印綬監、御馬監太監，有的還鎮守湖廣、貴州，亦有的爲王府內使。雖阮姓太監不必均爲交阯人，但其中很可能有交阯人。北京法華寺舊有內監阮治、阮河墓地，亦未知其是否爲交阯人，爲慎重計若此類者，未加論述。

表中所列均據明諸帝實錄，明清地方志《芹山集》等書，而方志中亦有不少謬誤，如黎庸又作阮庸誤作二人，阮遷干字鴻舉，取《易經》「鴻漸于干」之義。而宣宗、英宗錄俱誤作遷千，雍正《四川通志》又誤作遷于。交阯峽山、誤陝山、東潮州誤湖州，永樂或誤作洪武。科第生卒等誤，均經筆者考訂改正。而阮鶚、孫應鰲則據朝鮮李晬光《芝峯類說》。（註二九）李氏萬曆二十五年（一五九七）奉使來京，稱安南人陳儒中第不誤，則所言阮鶚、孫應鰲爲安南人中進士，亦當可信。楊漣則據越南裴璧《皇越詩選》，稱「阮公沆（阮沆清康熙時來華使節）至應山，憩楊公舊宅。其子孫以公彈逆璫魏忠賢疏見示。公四五代祖，我安南國人隨大軍北回，留住應城，其後生公。……每我國使過應山，嘗邀入欵待，蓋有憶歸思本之意焉。且言亦有別姓同時安南來，今所居離縣城三十里，子孫亦多，衣食頗足，往來爲通家焉」。案應山、隨州、交阯人附籍最多，所言極爲可信。以上阮鶚、孫應鰲、楊漣三人，出於交阯，殊可補國內記載之缺。

本文據四十多年來舊稿，先後改寫五次而成，囿於個人見聞，漏誤恐仍難免，希望讀者補正。

筆者在四十年前曾於《學原》雜誌三卷一期發表《明代交阯人對中國之貢獻》，爲臺灣收入《明史論叢》之七，《明代國際關係》一書中。可與此新作相互印證補充。對於研究中越系史、人文地理、歷史地理及新修地方志者可供參考。

又拙文《占城人Chams 移入中國考》一九四八年發表於《學原》二卷七期，說明海南島回族，宋元時自占城國（今越南中部廣平、廣治、順化、廣南、廣義、平定等省）移來。元代泉州、蒲壽庚爲占城人，非阿拉伯人，以糾正日本桑原騭藏博士之阿拉伯人說。朱杰勤教授曾來信說「尊說愈於桑原說，但一般人先入爲主，多因襲舊說」。聞臺灣方豪先生《中西交通史》亦採用鄙說。《蒲壽庚爲占城人非阿拉伯人說》又發表於《蘭州大學學報》一九七九年一期。

【附註】

註　一：詳筆者《從歷史上看中越關係》見《印度支那研究》五期一九八〇年。

註　二：《史記五帝本紀》《墨子》《大戴禮記》。

註　三：安南陳朝取代李朝後，凡姓李的均改姓阮。李翁仲也被改爲阮翁仲。

註　四：明凌廸知《萬姓統譜》。《皇越地輿志》作「長二丈三尺」。

註　五：後漢書卷八六南蠻傳。

註　六：三國志吳志步騭傳。

註　七：三國志吳志卷三孫休、孫皓傳。

註　八：宋書卷九二。

註　九：元黎崱安南志略。

註一〇：唐林寶元和姓纂卷七，右將是雙姓。

註一一：華陽國志卷四。

註一二：張重或作東漢日南計吏。黎迴見元和姓纂卷三。

註一三：通鑑卷一五八，建康城西面南頭第一門爲廣陽門。

註一四：四十年前筆者曾發表《唐宰相安南人姜公輔考》其墓今在泉州南安九日山東麓。一九七二年筆者訪得之翁仲猶存墓已失修上種李樹。

註一五：續通鑑長編卷六三、六四、安南志略卷一一欽州一作廉州，一作授郴州監稅。

註一六：均宋會要。

註一七：均宋會要。

註一八：以上多據安南志略。

註一九：明永樂帝討伐黎季犛的眞正原因，只見於淸査伊璜《罪惟錄外藩傳》。

註二〇：明太宗實錄、明李文鳳越嶠書。

註二一：筆者在一九四七年十一月十一日在天津益世報發表《北平市民應紀念明太監安南人阮安》。後又在天津進步日報登載。一九八八年在中國東南亞研究會通訊又發表，以糾正近年刊物及廣播上以爲出於木匠蒯祥之非。

註二二：陳復宗、陳儒之功，詳見陳儒芹山集、及萬士和芹山陳公墓誌銘。

註二三：筆者撰有《立功安南偉人傳》及《職官表》，表中收錄明代官於交阯布政使及十七府州縣之官吏千人，成稿四十年，尙未出版。

註二四：越南學者向不知有此書，余首先告知陳文玾先生。後越方來要，宋彰原刻本早佚。余將舊鈔本及幾種叢書本加以訂補，托人抄成一新本，由北圖贈送河內國立圖書館。

註二五：鄧師晦爲遷江陰始祖，敕賜善政橋南宅一區。鄧亶、鄧氏家譜作五世，與鄧明同輩，今以《江上詩鈔》作嘉靖時，一作鄧公亶。鄧氏清代仍有不少詩人，鄧鍾麟順治二年進士。

註二六：筆者撰有阮勳傳、何廣傳，見印支研究一九八八。又輯錄阮勳、何廣遺文一册，於八七年十月送贈北圖。

註二七：大越史記全書。

註二八：如阮簡司禮監太監、阮讓御馬監太監鎮守湖廣貴州，閹割東苗俘獲童稚一千五百餘人。阮通印授監太監、阮奇遼王貴焓內使……。

註二九：朝鮮李肯翊《燃藜室記述》引芝峯類說，原文云「……許筠（朝鮮狀元）嘗問於賈郎中維鑰，言安南、琉球皆赴舉、安南人陳儒正德間中第，官右都御史。阮鶚（原誤玩鶚）嘉靖年登第，爲工部右侍郎。孫應鰲逃居廣西，亦中第，爲禮部侍郎。至今亦有舉人貢士爲州縣官者五人云」。文中不免有小誤，如陳儒爲嘉靖二年進士，非正德，孫應鰲居貴州，非廣西。

明代交阯人移入內地職官表

姓名	年代	官職	（交阯原籍）內地入籍	出處
丁必閔	永樂正統十年	山西曲沃侯馬驛丞	妻子願入籍洪洞縣	英宗正統實錄卷一三三
鄧明（一三五二—一四一二）	永樂	行在工部尚書	（交州府清威縣）賜第京師 賜葬北京西山玉臺崗南安河村	民國江陰鄧氏家譜、嘉靖江陰縣志卷十四、道光江陰縣志卷十三、明江陰李詡戒菴老人筆卷六 下同 鄧明本姓李，爲安南李朝太祖李公蘊之子孫，因避難，冒舅氏姓鄧。
鄧師晦（明子）	景泰四年	江陰主簿	賜江陰善政橋南宅 敕葬江陰妯娌山	鄧師晦爲遷江陰鄧氏始祖
鄧樅（師晦子）	景泰	鴻臚寺序班 光祿寺署丞		

鄧梁	弘治	廣東連州吏目		
鄧璧	正德十三	鴻臚寺本班		
（樅孫）	年			
鄧亶	嘉靖	翰林院待詔		
鄧奎		浙江定海主簿		
鄧欽承		襲寺班		
（奎子）		鴻臚寺主簿		
鄧汝楫	萬曆三十	慈利知縣		
（欽承子）	八年	廣東龍門知縣		
鄧汝舟		襲寺班		
（欽承子）		光祿寺署丞		
		鴻臚寺少卿		
鄧宏		藍田知縣		
鄧民賴	正統十二	南直廬江縣典史	（建昌府布縣）	康熙廬州府志官秩表，光緒廬江
	年		廬江縣	縣志卷六
王學古	正統四年	江西信豐知縣（	（新安府下洪州）	乾隆信豐縣志卷三、雍正江西通

		九年）		志卷六五
王京（學古子）	成化	瓊州知府兩任、刑部郎中	先寄籍通州後家信豐	景泰附錄八六、信豐縣志卷九
王汝相	永樂六年	山東布政使左參政		太宗實錄
王阿魯		山東布政使左參議		同右
王陽	景泰四年	廣東增城縣典史		成化廣州卷十四
王瑾	前永樂、景泰	御用監太監	住宅在東京三山街景泰中奏改爲承恩寺	明葉盛水東日記卷卅四、明史卷三〇四、宦官金英傳附、沈德符野獲編卷六作御馬監太監、清王友亮金陵雜詠
阮士寅	正統六年	湖廣龍陽縣典史		嘉慶光緒龍陽縣志
阮文英	成化十二年	廣西柳州知府	（北江府慈山縣）順天籍	嘉靖廣西通志卷八、太學進士題名碑錄

阮立	宣德元年	江西都昌縣教諭		康熙南康府志卷五、都昌縣志卷六
阮安（阿留）	永樂、正統、景泰	太監		見余三次舊文
阮安	成化二十年	文思院副使		成化實錄卷二五七、逃匠阮安等六五三名俱係交阯所虜及已革各府收買僮奴
阮遷干	宣德、正統、景泰	山東青州府通判 直隸眞定府同知 四川順慶府知府	（北江府慈山縣） 南直宣城縣賜南郭 葬地	宣德實錄卷九三、英宗實錄卷二〇五、郕戾王附錄廿三、成化實錄卷一八九、光緒宣城縣志卷十四、乾隆寧國府志卷十六、宣德七年改交阯阮遷干等四十五員爲山東、山西、青州等府州縣通判判官照磨驛丞　下同
阮玩（遷干長子）	景泰	寧國府主簿陞經歷		

阮廷珪（遷干次子）	成化九年	特授官縣丞		
阮梅（遷干孫）	弘治	河南都事		
阮謙亨（遷干五世孫）		湖廣嘉魚知縣		
阮均	永樂六年	北京行部左侍郎		太宗實錄交州土官交州知府來朝陞
阮宗甫	永樂	江西新昌縣典史		康熙新昌縣志卷三
阮宗琦	正統十四年	鴻臚寺通事班		正統實錄卷一八二
阮河	宣德十	山西長子縣典史	（鎭蠻府多翼縣）	
阮勤（河子）—一四九九	成化 弘治		先賜第北京宣武門 後占籍長子縣 勤墓在長子縣西三里	詳余阮勤傳印支研究一九八八

阮忠（勤孫）		上林苑署丞		
阮保吉	正統	錦衣衛鎮撫司帶管百戶		正統實錄卷十五
阮衍	正統四年	江西瑞金知縣（十三年）	江西湖口縣	雍正江西通志卷六五、同治瑞金縣志卷五
阮恩（一作思）	宣德	南直六安州吏目		雍正六安州志卷十二、康熙廬州府志作阮思
阮浪	宣德	御用監少監	葬北京崇文門外	天順實錄卷二七八、二八一、明史卷三〇四宦官傳
阮強一世—一四五二	景泰	潁川衛百戶子孫世襲	（鎮蠻府太平縣）	乾隆潁州府志卷五、道光阜陽縣志卷八
阮恪		下同	潁州府阜陽縣	
阮貴				
阮綱				
阮熤				

阮尚節六世				
阮璠	景泰元年	浙江桐廬知縣 南京大僕寺丞	（交州府清潭縣） 桐廬	李賢阮浪墓表掌寶鈔司被 死 乾隆桐廬縣志卷十一、嚴州府志卷十
阮嚕	永樂五年	湖廣指揮		大越史記全書
阮鶚	嘉靖	浙江提學副使巡撫、浙江福建工部右侍郎	桐城	朝鮮李睟光芝峯類説
陳仕	永樂	錦衣衛百戶	（義安府支羅縣）	正統實錄卷一八三、陳儒芹山集、萬曆宜興縣志卷八、康熙大興縣志卷五、宛平縣志卷五、嘉靖二年進士登科錄、乾隆東昌府志卷卅三作錦衣衞籍易州人　下同
陳復宗（仕子）	宣德 正統	錦衣衛世千戶	賜第京師錦衣衛籍	
陳廣（復宗長子）		世襲千戶		

陳賢（復宗子）	弘治	遼州訓導、武鄉登封教諭、慶府紀善		
陳俊（賢子）		副千戶		
陳偉（賢子）		副千戶		
陳儒（偉弟）一四八八—一五六一		提督浙江學政、山東布政使、南京戶部刑部侍郎、右都御史總督漕運、巡撫淮陽	徙居宜興 墓在縣南五里下山	
陳鳳（儒子）		鴻臚寺序班		
陳龍（儒子）		南京右軍都督府經歷		

陳詩		鴻臚寺通事		
（儒孫）陳世的	正統三年	光澤縣杭川驛丞		弘治邵府志卷九、光緒光澤縣志卷二
陳全最	宣德十年	河南彰德府通判		正統實錄卷八
陳孝順	景泰十年	神機營教演牌刀	寄籍錦衣衛	英宗實錄卷一九〇、景泰附錄八
陳芹	嘉靖	奉新寧鄉知縣	南京上元	余另有考
陳季暄	永樂	官鴻臚寺	葬地同鄧明	與鄧明同時入附
陳和	正統	廣東鹽運司提舉		成化廣州志卷十五
陳瑾	永樂	太監	墓在京西	墓內無珍品見鄭振鐸北京近郊文物的發掘與保護一九五一、十二、卅一人民日報
陳端 —一四六七	永樂 成化	廣東韶州判官 太仆寺主簿少卿	北京	成化實錄卷卅七、四一
陳緣	正統	河南新鄭訓導 長葛教諭	（交州府利仁州） 長葛縣	乾隆民國長葛縣志卷八 新鄭縣志卷八

陳佐（緣長子）	成化	荊府副審理		
陳澄	宣德	山東樂陵縣丞九年	樂陵縣小橋村	順治樂陵縣志卷六、第舍尚存子孫安之如故
武汴一世	永樂	潁川衛僉事子孫世襲	（新安府峽山縣）	乾隆潁川府志卷五、道光阜陽縣卷八作陝山人誤　下同
武閉	宣德	下同	潁州府阜陽縣	
武英	正統			
武義				
武清	天順			
武振	弘治			一作鎮
武功	正德			
武韜	嘉靖			
武世爵				
武纘緒				
武烈	萬曆	世襲僉事陞把總		

武宗尹		世襲指揮僉事陞		
十二世		淶水馬口參將		
張實	正統	平樂知府	（上東岸縣）	嘉靖廣西通志卷八
同彥翊	永樂六年	北京行部右侍郎		交阯建昌知府來朝陞，見阮均條
同鑫	正統七年	南直蒙城	新安府東潮州	民國重修蒙城縣志書卷七、光緒
	景泰	福建邵武知縣		安徽通志卷一一七、弘治邵武府
				志卷十
閉全周	景泰	河南睢州、山西		光緒睢州志卷四、雍正澤州府志
	天順	澤州、知州		
來住	正統九十	尚衣監、左少監		弘治八閩通志卷卅、明高岐福建
	三年	提舉福建市舶		市舶提舉司志
		福建鎮守		
孫應鰲	嘉靖	國子監祭酒	祖先居如皐	朝鮮芝峰類說
	萬曆	鄖陽巡撫	後籍貴州清平	
		禮部右侍郎		
何汝隆	永樂	直隸滑縣主簿	（交州府扶寧縣）	成化實錄卷廿九、康熙滑縣志卷

			滑縣城內（今河南）	六、七、民國滑縣志卷四、十五、十八
何廣（汝隆子）	成化	工部都水清吏司主事		詳余何廣傳
宋彰	正統四年 天順二年	福建右參政 福建、廣東左布政使	寓蘇州	正統實錄卷五五、八五、一一七、一八五、天順實錄卷三一二、乾隆延平府志卷四六、道光廣東通志卷十九、孤樹裒談卷五、明書卷一五八、宦官王政傳明史卷一六五誤作宋新，又誤朱新
杜晦	正統四年	山東沂水縣主簿十八年	（諒江府上洪州）	康熙沂水縣志卷四、青州府志卷十二均誤作交阯國上洪口人
陳汀	宣德三年	指揮僉事	京師	宣德實錄明史忠義傳，數敗黎利有奇功
武宗侄（一作宗作）	正統三年	光澤縣杉關驛丞		弘治邵武府志卷九 光緒光澤縣志卷二作宗任

武橫	景泰三年	邵武縣樵川驛丞		弘治邵武府志卷九
蘇文蔚	宣德元年	山東諸城縣丞	（交州府清潭縣）	康熙諸城縣志卷七、乾隆志卷廿八
	宣德十年		諸城縣	
蘇繼先（文蔚子）	弘治二年	宜興縣丞		重州宜興縣志卷五
楊杰	弘熙元年	山西鹽運史	（演州）	光緒山西通志卷十二
楊季琦	正統	陝西澄城知縣（十年） 延平府通判		乾隆澄城縣志卷十、乾隆延平府志卷廿二
楊斌	永樂	太監 提舉福建市舶		明高岐福建市舶提舉司志
楊漣	萬曆	常熟知縣	應山	越南裴璧皇越詩選
	天啓	左副都御史		
夏時中	永樂	翰林典籍十二年		明周應賓舊京詞林志卷一、明鄭棠道山集卷三
范方	宣德五年	山西曲沃訓導	（涼江府上洪州）	康熙曲沃縣志卷十六、嘉慶曲沃

				縣志稿本卷三、乾隆本陽府志卷十九
范弘	永樂 宣德	司禮監太監	衣冠塚在北京香山	明史卷三〇四、宦官金英傳附明何喬遠名山藏宦者記
范禎		山西沁州判官		萬曆山西通志卷十七、乾隆平陽府志卷廿
段駢	正統	沅州知州		萬曆辰州府志卷四、同治沅州府志卷廿三
魚有沼	永樂	左府都事		明淩廸知萬姓統譜卷八
趙煜 ｜一四七七	景泰	光祿署正兵部員外郎、太僕寺卿	居京師	成化實錄卷四四、明王世貞弇州史料後集卷五一歷官四十餘年
黃公剔	永樂九年	山西太原府知府		太宗實錄，原爲交阯宣化府土官同知
黃元懿	正統四、十四年	隨州、宿州知州	（涼山府下文州）隨州	康熙德安府全志卷十、康熙隨州志卷十二參見閉色新條
陶克敏	宣德	山東昌邑縣丞	通州	正統實錄卷七七

莫如廸	正統	山東文登縣主簿		道光文登縣志卷三、光緒志作洪武八年任誤
裴士忠	宣德、正統十三年	山西解州盆池巡檢司巡檢	解州	正統實錄卷一六四
裴伯耆		按察副使		王氏弇州史料後集卷五一原誤叔者
費師淹	宣德	福建龍岩縣丞		康熙漳州府志卷十、民國龍岩縣志卷十二
潘季佑		按察副使		見裴伯耆條
黎思凱	永樂六年	北京行部右侍郎		太宗實錄、演州府同知來朝陞
黎騂	正統四年	河南長葛知縣		乾隆長葛縣志卷四、雍正河南通志卷卅三
黎庸	正統十一年 天順元年	瀏陽、大冶知縣	（交州府清威縣） 大冶 墓在興道觀左	成化實錄卷七、墓誌銘作正統十年進士、嘉靖大冶縣志卷五作天順四年卒均誤、成化七年給半俸，

黎　　璉	正統、景泰、天順	山東左參議、廣東左參政、江西廣東右布政使		就原任居住 正統實錄卷五三、九六、一三三、一八六、二四五、景泰附錄卷六四、七八、道光廣通志卷十九
黎　澄 一三七四—一四四六	正統元年 正統十年	工部左侍郎 尚書	（清化大吏鄉） 北京 葬地同鄧明	明史卷一七一、宣德實錄卷十五、卅五、正統實錄卷廿二、成化實錄卷六六、七五、七九、大越史記全書、大虞國黎季犛長子
黎　叔　林 （澄子） 一四〇一— 一四七〇	天順 成化六年	工部右侍郎		
黎　世　榮 （叔林子）	成化五年 弘治八年	中書舍人 鹽運司同知		成化實錄卷六六、二〇七、道光濟南府志卷廿六

姓名	集體移入或無官職	（交阯原籍）內地入籍	出處
	永樂五年十月，張輔陸續遣送交阯人才九千人至京聽用。九月輔又遣送諸色工匠七千七百人至京。十一年五月工匠百三十餘人以妻子至京，十三年勅張輔交阯人才有可用者敦遣赴京，用之。		均明太宗實錄
阮世寧、阮公庭等三百餘人（以下無官職）	宣德九年，土官阮世寧、阮公庭各率家屬及部下三百餘人避難來歸，先居廣西。正統三年令於湖廣隨州及應山縣帶支月俸，仍各給家屬田地。十年命給應山縣居住土官阮世寧、頭目黃正等俸糧終身，其子孫令自種自食（先是授世寧等官，不願仕）。	隨州、應山	正統實錄嘉靖應山縣志卷上
阮清等	錦衣衞軍匠，能製火銃、短槍、神箭，月給米一石。		弘治實錄卷廿六

阮得翬、丁射等	宣德三年八月，交阯土官知州阮得翬、百戶丁射，及州判縣丞吏典等，及妻子家人，願就京住。上命各與房屋，依品級支俸，無俸者月給食米一石，又賜銀鈔綵幣絹布。	京師	宣德實錄
阮粵等戶	正統中阮粵等戶挈家歸順，撥田地十頃，令其自種自食，並未起科。至康熙初歸里甲一例當差。	隨州	康熙隨州志卷三
武孝先等九十五人	宣德三年五月，交阯鎮夷衞土官指揮同知武孝先等九十五人奏願在京居住。命賜金織襲衣、綵幣、銀鈔、絹布、錦花鞍馬、房屋器皿等物。	京師	宣德實錄
閉色新、閉玄成等百十九口	正統四年命湖廣安陸縣交阯歸附土官知州閉玄成、黃元懿、判官岑德赴吏部選用。 遷交阯歸附官民於隨，官五人知州閉色新、黃元懿、同知黃鐸、判官岑斗烈、吏目潭廣深，民百有十九口，給之世業，不徵租	隨州	正統實錄卷三六、六〇 康熙隨州志卷三

	庸。成化十三年隨州增歸化里。		
陶季容等	宣德三年八月宣化府土官知府陶季容、主簿孔文塞、土吏陳孝宗、頭目陶佃來朝，命賜銀幣衣物如武孝先例，俾居京師。季容等又陳願居附近雲南阿迷州。從之，仍令有司各給房屋田地，時加存卹。	雲南阿迷州	宣德實錄、阿迷州志末載
楊（失名）	永樂賜清平田千畝	山東清平	康熙清平縣志卷下流寓、乾隆東昌府志卷四四
梁貴玉	正統五年八月來歸、賜綵緞衣服及房屋		正統實錄卷七〇
潘鐵成	永樂中歸化，在錦衣衞帶管食糧	順天府附籍	正統實錄卷廿二
內官白通家人俱交阯人	天順三年二月湘陰王貴爝奏、故伯父湘獻王內官白通已故，所遺家人，俱交阯人，乞發付臣府應用。事下戶部以無例，令附籍有司爲民當差，從之。		天順實錄卷三〇一
大興左衞軍人有交阯人	大興左衞軍人二百有奇，原係四川、交阯、雲南、貴州土民，自陳老疾。正統元年給	北京大興	正統實錄卷十二、十四

	與越王、衞王、郯王府中使令，每府六十餘戶。		
莫登庸子孫百餘人	嘉靖二十六年莫文明與宗人中正、福山，率其家屬百餘人奔欽州避難。命韶州、肇慶二府清遠等處安插，給歲米有差。萬曆二十三年正月莫附馬莫玉輦奔思明府，稱臣於明。莫敬恭及其黨竄居明龍州，七月玉輦病死，其子奔龍州，附莫敬恭。	廣東韶州肇慶府清遠 廣西思明府龍州	明嚴從簡殊域周咨錄卷六，安南莫朝創立人莫登庸、其父原籍廣東東莞縣。莫氏後裔清乾隆間遷徙安慶、泗城，有改姓黃的，令居思茅東那可樂。
安南使者鄭惟僚等	莫登庸之亂，安南黎寧遣陪臣鄭惟僚以聞。後赦登庸爲都統使。惟僚不得歸，處之長樂城中，宅一區，田五十畝，從者三十畝。	福建長樂城	明朱國楨湧幢小品卷卅

附後記

抗戰末期在北平一親戚處，見一衣冠楚楚年約四十之北平大學林學系講師，出示名片曰「鄧宗文叔揚江蘇江陰」九字，余即問曰「先生上世是否從安南來？」鄧氏駭曰「你怎麼知道的？」我說從書中看來，乃寫出鄧光遠，鄧縱等名字。鄧答曰「是吾先祖之名字，見於家譜中，此次抗戰起，家譜六册不便携帶，又恐散失，乃摘錄序文世系部分携來北平。」詢其是否可借抄？翌日彼即抄錄一份，凡六張，相贈，厚意可嘉，手書字跡清麗，與其名片，至今尚保存。

觀譜中李氏宗圖八王世系（李公蘊至昊旵），與越史完全相符。今節錄民國七年鄧可權撰《鄧氏家乘修譜緣起》於下：

吾祖本李唐宗室，有諱公蘊者，宋封交阯郡王，進南平王。八傳至昊旵，無子，以女昭聖主國事。閩人陳京入爲國婿，因執國柄，殲滅李族。李嬪方娠，潛歸其父鄧氏，生子蕚，遂從鄧姓。五傳至明公（註）國復爲黎季犛所竊，爰興義兵討之，愬於中朝，並率其子建平府鎮撫使師晦，以東都路國戚等二十八州縣來歸，時明永樂三年（五年之誤）。勅公爲參政撫其民族，以勘定安南功，晉拜資善大夫，行在工部尚書。後退韃虜於九龍山下，卒於王事。由是師晦公以福安知州，晉職燕山衛。尋以言事，謫直隸常州府江陰縣主簿，卒於官，勅葬江陰妯娌山東麓。賜江陰善政橋南莊房一所，馬馱沙田十八頃有奇，俾子孫食采於其地，此我鄧氏錫居江陰之由來也。……

案所述與明江陰李翊《戒菴老人漫筆》記載略同，亦見於清王士禎《池北偶談》。據譜鄧氏分六支，分居江陰城內火衖里（早已改中山路），解元橋橋頭鎮，北門外、梅園鄧家村、高橋石子街梅園里、猛將堂。城內有鄧氏祠堂，居鄉者或數十家、或數百家，總人口約千餘人，以務農爲主。宗文先生爲火衖里一支，約十餘家，其兄弟中畢業金陵大學者二、三人，比國留學學工業者一人，他自己金大畢業後，留學日本帝國大學，攻林學。

抗戰勝利後，余曾問泗陽張亮丞（星烺）先生，現在是否還有民族英雄張輔（英國公）之後裔？先生即笑答曰「我就是英國公的子孫。」並把放在桌上的《桃源張氏宗譜》給我看。此與鄧宗文先生相遇之巧合，可謂無獨有偶。不知今日鄧先生尚健全否？

註：《戒菴老人漫筆》據鄧尚書公事狀，稱「公諱明，字光遠，號信心，安南產也。……永樂十年五月初一日卒於王事，享年六十有一。賜葬京師西山玉臺岡南安河村之原，與陳（季暄）、黎（澄）二公邱隴相望。」余在京時曾與北圖同事曾毅公先生（研究甲骨文）同往西山南安河村訪三人墓，窮一日之力，而無所得。

明代交阯人移入內地考自序

今日兩廣雲南之外有沃土焉，面積數十萬方哩，居民二千餘萬，富良鴻嶺在其北，大海環其東南，此非今所謂安南或越南歟？（註一）

史記稱「顓頊之世，北至於幽陵，南至於交阯，莫不砥屬。」（註二）書曰「申命羲叔宅南交」，墨子曰「昔者堯治天下，南撫交阯，北降幽都，東西至日所出入，莫不賓服（註三）。」然則交阯在四千餘年前，蓋已內屬矣。至秦爲象郡，漢武平南越，於其地置交阯、九眞、日南三郡，設官分職，無異內地。漢季三國曰交州，六朝因之。唐高宗調露元年立安南都護府，於是安南之名至今獨著。（註四）五季屬南漢。宋初武力不競，土豪丁部領自立稱王，而不能討，其地始爲藩封。中國遂以蠻夷視之，而彼亦蠻夷自居，夜郎自大，稱帝以自娛，然章奏文移，猶不敢以國稱也。至南渡孝宗封李天祚爲安南國王，於是名與實，安南均自爲一國，斯則宋之失策也。其後以蒙古之強，數次征討，折將喪師，終未能滅陳氏而有之，雖嘗立達魯花赤亦徒有虛名而已。至明成祖怒黎季犛父子（即胡氏）無道，命張輔率師伐之，八月之內，盪平交南，俘黎氏家屬及其將帥僞官。求立陳氏後不得，乃徇越民之請，不得已而郡縣之，改爲大虞爲交阯布政使司，於是四百餘年來之西南失地，又入大明職方，數百萬之生靈重爲華夏編戶，歡欣鼓舞、交海增光、猗歟盛哉！此成祖之聖武神功爲元世祖、清高宗之所不及，而英國公之勳烈，所以高於馬伏波也。

永樂既重開交阯，先後設立交州等十七府州縣，大小衙門八百三十七，（註五）令國人與其土官共治之。又命碩德大臣北京行部尚書黃福（註六）掌交阯藩臬二司事。福乃去煩苛，勸農桑，崇儒術，立學校，革其陋俗，導以禮義，與交民同享太平之福。內則京師行在並設立交阯道監察御史、戶部、刑部亦有交阯司之設，交阯之重要固與十三省無異焉。無何中官馬騏以貪貨激變，官吏又不善撫字，黃福內召，交人如失慈父母，益以王通之庸懦，柳升之輕驕，逆寇黎利乃得肆其奸計，宣宗不聽張輔之諫，而二楊（士奇 榮）逢君之惡，遂以成祖費數萬士卒，千萬巨資所收復之土地人民，拱手讓之狡譎之叛寇。自永樂五年設立交阯布政使司，至是宣德三年自動放棄，不過二十年，曇花一現，而此碩大領土又爲黎氏（註七）所有矣，嗚呼痛哉！

宣德棄交後，官吏軍士之北還者八萬六千六百四十八人，其爲逆利所殺及留而不遣者無算，而交人之願留內地不返，及土官之深明大義，棄桑梓墳墓來歸者，亦實繁有徒。明廷多授以官職，各有銀鈔衣米房屋器皿田宅之賜，俾毋失所，以示優待。故其人咸忘其遷徙之苦，於京師及宦遊之地占籍，官於斯，葬於斯，以長養子孫，今其子孫分布各省者，早經同化，蓋已忘其祖先爲交阯人矣。

當時交人仕宦顯達，京官有至侍郎、尚書者，外官有至參政布政使者，如阮勤、黎澄、黎叔林、澄子黎璉其著者也。而大多數則爲知府、知縣、同知、縣丞、教諭訓導之類，並皆慈惠廉明，潔己愛民，若阮居仁、楊季琦、范禎、同蠡之徒所至有聲，立碑頌德，入祀名宦，可與古循吏比美焉。（註八）永樂時國人往治交阯，正統、景泰間我國內又多有奉交人爲父母官者，此可見我泱泱大國所任惟賢，一視同仁之至意也。此外又有任衞所武職者，如武汴之任潁川衞僉事，阮強之任百戶，均爲世官，故武汴之後武宗尹，至萬曆後尙立功於世，而陳儒第進士，官至總漕，儒雅風流，爲時名臣，實亦出身武冑，其祖即宣德時歸附百戶陳復宗也。又明自太祖以來，即有交阯宦官與火者，其後內廷及各王府中又多用之。范弘、王瑾即陳蕪、阮浪、阮安輩能得諸帝之信任，寵幸無比。今北平九門城樓兩宮三殿，內城磚甓之制，皆出安之規畫，尤爲罕見之哲匠。凡此皆有姓名仕籍可考者也，得百餘人。其他集團移入內地者，則有永樂五年張輔應詔訪舉交阯縣懷材抱德、明經能文、及材武諸色之人凡九千人，陸續遣送赴京。故一時交阯俊彥豪傑，有一善可稱，一藝可用者，咸來京師，所謂英雄盡入我彀中也。十三年帝又勑輔交阯人才有可用者，敦遣赴京用之。其後交阯又送選貢生員鄧得等三十人，及弘煕元年所送王憲等八十二人，故國子監中有所謂交阯生，（註九）與雲南生同受優遇。輔於永樂初又嘗遣送交阯諸邑工匠七千七百人，其後交阯工匠百三十餘人又以妻子至京。均見太宗實錄故總計永樂時交阯才智之士、監生、工匠、及家屬之入中國者凡數萬人，可謂盛矣！豈非寰宇一統，車書混同之明效歟？

考安南人之入仕及移殖內地，遠在秦漢，（註一〇）六朝唐宋以來代有其人，然未有若有明之衆者也。惟明史於交阯人之記載多略而不書，幸明諸帝實錄具存，文獻足徵，參以明清地誌七八百種，凡三年成爲此篇，名曰《明代交阯人移入內地考》。藉見當時交人之華化，並與國人血統上之關係。故中國人如福建李公蘊、陳日照、浙江黎季犛、廣東莫登庸、及洪獻、胡士揚、陳踐誠、范富庶等（註一一）可爲安南國王宰相，子孫遂爲安南人。安南人亦可入籍內地應試，爲中國尚書侍郎，子孫變爲中國人，而不可復辨。兩者血統交流同化，儼如一家骨肉至親，其關係之密切有如此者，而國人以蠻夷土人，異族非類視之，不亦大惑乎？

余之爲此也，其欲國人於安南毋以宋人清人之眼光視之，以爲安南不過我藩屬，其地位與暹羅、緬甸等，只求朝貢不失即爲已足。毋以近日之眼光視之，以爲其地既爲法國吞併，淪爲殖民地，我併宗主權而失之，越人已爲奴隸，生死存亡，與我何關痛癢，此皆大謬不然也。故吾人須以漢唐明永樂時人之目光視安南，然後知安南爲我千餘年之直屬領土，交廣不分，有廣不可無交也。且其人均我同胞至親，而非外人也。然則光復交阯河山，救我被壓迫安南同胞，豈非我四萬萬五千萬人之責歟？

【附註】

註　一：安南之名起於唐時，越南爲清嘉慶時頒賜之國名。

註　二：史記卷一五帝本紀。

註　三：節用篇。又見韓非子十過篇、尸子卷下，說苑反質篇，尙書大傳，賈誼新書。

註　四：唐又有鎭南都護府及静海軍之稱。

註　五：安南志原卷二，一作建設軍民衙門總四百七十有二。安南志原實爲永樂交阯總志。

註　六：諸書多誤作刑部尙書。

註　七：黎利與黎季犛無關，梁任公以利爲黎季犛子誤。

註　八：惟宋彰不學無術，任福建參政，釀成沙寇鄧茂七之亂，八閩騷然。

註　九：其中一部份於宣德三年還鄉，一部份則宣德六年仍留監肄業。

註一〇：相傳秦始皇帝時有慈廉人李翁仲，長身大力，守禦臨洮威震匈奴。東漢光武時馬援平徵側餘黨，徙九眞渠帥三百口於零陵。

註一一：諸人或本身爲中國人，或其祖先爲中國人。

北平市民應紀念明太監安南人阮安

十五世紀營建北京宮殿城樓之總工程師

今日北平城垣宮殿，氣象宏偉，規模壯麗，金闕巍煥，丹青輝煌。歐美遊者，莫不咋舌驚心，嘆爲世界無比之宮殿，集東方建築藝術之大觀，試一登太和殿，即可相見歷史上「九天閶闔開宮殿，萬國衣冠拜冕旒」之盛況。亦可爲中國文化寬宏博大，燦爛美備之象徵焉。又國人不論爲何省人與夫世界各國人，凡一居北平，即老死不願他遷，若有莫大之魔力然，故有「迷人之北平」之稱。而具此迷力者除生活，文化，風土，人情外，重要者厥爲宮殿壇廟之建築物也。

清承明制，「都城宮闕制度，悉仍明舊，第略加修飾而已。其各門名，亦俱仍之。」（見欽定日下舊聞考卷三十七，三十八）故今日北平城之規樣，清制，實即明制也。除外城爲明嘉靖時所增築，皇城已於民國初年拆除外，其他一切規制，實保存五百年前正統時之舊觀。陳援庵先生嘗發現元代建大都宮殿之設計工師，爲阿拉伯人也黑迭兒。然元代宮室，久已蕩然無存；而明之遺制，堂皇富麗，今日俱存。其當時設計之總工程師，究爲何人？實有研究之價值。永樂，正統全盛之時，以十五年之久，動員近百萬之軍，民，夫，匠，集全國人力物力而興大工。若無智力超人之總工師爲之設計規畫，則其成績必不能美好。今日凡建一樓一橋，猶需工程師爲之設計；然較之北平兩宮，三大殿，九門城樓之工程，則不啻小巫見大巫矣。夫有非常之功者，當享非常之報，此在建築史上空前絕後之大師，姓名湮沒不彰，豈非學術上之憾事？此則我國士大夫傳統上輕視藝術之流弊也。

七八年前考得此大工程師，乃爲一太監，又爲安南人（交阯人），殊爲異事。其人爲誰？乃阮安也。明代有兩阮安，且均爲交阯人。一爲工匠，後陞文思苑副使，成化二十年（一四八四）尚存，蓋絲工也。一爲太監阮安，一名阿留，卒於景泰中（一四五〇——一四五六）即永樂、正統兩朝營建北京之總工師也。

考阮安．阿留之入中國，蓋在永樂五年（一四〇七），張輔平交南，以交童之美秀者還，選爲奄，安與焉。居於南京。及永樂十四年（一四一六）奉成祖命，營建北京城池，宮殿，及百司府廨。至十八年（一四二〇）十二月郊廟宮殿成。規制雖倣南京，而宏壯鉅麗遠過之。以二三十歲之青年，奉命經營如許浩大工程，竟於四五年之短促時期中初步完成，可見其實心任事，魄力之偉大。若在今日，正不知需幾十百工程師爲之設計製圖，而安一人任之而有餘，其神機妙算，殊出天授，洵建築史上之天才矣！至當時工部不過如包工之營造廠，領銜工官亦如監工之工頭，一切規畫，奉行安命而已。

英宗即位，「天下太平，百穀豐稔，家給人足，」於是又大興土木，以畢成祖未竟之志。首建九門城樓。命之初下，工部侍郎蔡信以爲役大，非徵十八萬不可。帝遂命阮安負其役。自正統二年正月興工，至四年四月，正陽，崇文，宣武，朝陽，阜成，東直，西直，安定，德勝等九門正樓，月城樓，城，濠，橋，閘，完工。此即今日北平內城九門城樓之前身也。以十八萬人之工程，而安以萬餘（一說數萬）兵士，加以優待，即完成之。

三殿自永樂十八年十二月畢工，未及半年，即遭火災。至正統五年三月，始命阮安重建。發見役工匠，操練官軍七萬人興工，至六年乾清，坤寧二宮，奉天，華蓋，謹身三殿成。即今日故宮乾清，坤寧兩宮，太和，中和，保安三大殿之前身也。三殿雖經嘉靖，天啓，與清代之重建與改名，（嘉靖時改爲皇極，中極，建極。清改爲太和，中和，保和）而太和殿基高二丈，殿高十一丈，廣十一間，縱五間，重檐，脊四垂，固猶正統時舊制也。工成，賜安金五十兩，銀一百兩，鈔一萬貫。帝御正衙受賀，大赦。定都北京，文武諸司，不稱行在。太師英國公張輔等上表稱賀。十年安又奉命修京師城垣，內面舊以土築，遇雨即頹毀者，至是改用磚甓之，即今日之北平內城也。故明代之營建北京永樂（一四一六——一四二〇）爲草創時期，制度多闕略；至正統（一四三七——一四四五）爲完成時期，一切美輪美奐，固若金湯焉。而前後始終主其事者實爲阮安，貢獻一生精力於北京，至是亦老矣。至明人謂安又營「南京三殿」，則恐非事實，因洪武時安尚未入中國也。

或曰：「安雖具建築天才，而以一安南俘虜，刑餘之人，何以能得明代列帝之重用耶？」曰：「明自永樂，宣德以後，宦官權重，當時宦官除本國人外，又多朝鮮人與交阯人，而交阯派尤有勢力。凡保抱皇子，四夷征討，提舉市舶等，均有交阯太監之參與。其甚者更受免死詔，賜宮女，賞賚巨萬，恩寵爲內臣冠。安之同鄉同類，在宮廷中既具此種絕大勢力，則安受永樂，正統之寵眷，亦無足奇也。宦官爲我國專制時代之罪惡制度，自古以來求其善良者千百中不一見，而安奉公恤下，清苦介潔，死之日囊無餘金，不特功在北京，其人品尤高。與同時下西洋之三保太監鄭和，同爲奄宦中之傑出者，功在國家，不可沒也。今三保太監之名，婦孺皆知；而大建築家阮安，阿留之名，即學者專家亦多未曉，抑何不幸也！余謂若安者，非特工程界之人士所當景仰闡揚，即今日居北平之一百六十萬市民亦當飲水思源，紀念不忘者也。

關於本問題，詳見拙著明代交阯人在我國內地之貢獻，茲不細述。

（《益世報》中華民國三十六年十一月十一日第六版，史地周刊第六十七期）

明代建設大北京越南人參加了這工作

一位天才建築家阮安

近幾十年來，中國與越南因爲種種關係，隔膜得很。一八八五年法國帝國主義整個呑滅越南後，利用各式各樣的方法，壓迫他們，奴役他們，剝削他們，毒害他們。把他們的勞力當牛馬使用，稱呼他們爲「這些下賤的東西！」所以越南人常說：「亡國之慘莫甚於我越南！」但是越南人民是不是下賤呢？是不是落後未開化呢？決不是的。這不過是法國殖民主義者用來誣衊他們，證明它的殘酷統治與剝削是合理的罷了。現在二千萬越南人民，爲爭取獨立自由，與法帝展開殊死鬥爭。四年來在工人階級領導下，團結一致，發揮無比的力量，解放了國土的百分之九十（不包括老撾，柬埔寨）。驕傲奢淫的法帝統治階級，僅能藏頭縮腦於河內、西貢、順化幾個城市中，以苟延殘喘，壽命也是風前之燭了！這說明了越南民族是優秀的，英勇的，不能被欺侮的。現在由偉大革命導師胡志明領導的越南民主共和國，與中國已建立邦交。此後中越的友誼和關係，自然更趨緊密，更趨融合了。

現在從建設北京一點上談談越南人在其中的貢獻，並由此看出越南和中國過去關係的一斑。

越南人對於建築方面早有成就。李朝（北宋到南宋期間）在昇龍京城（今河內）修建的宮殿，多至數十所。陳朝，黎朝（明宣德到清乾隆年間）的宮殿，也很講究，可惜都被毀壞了。現在順化傀儡王朝的皇宮，一個小型的北京紫禁城，仍完好無恙。試將順化皇宮與今日北京故宮一比較，就可以看出中越兩國文化的關係。

現在北京的故宮，大家都知道是清朝的皇宮。而清朝的皇宮制度，又完全是繼承明朝的。中間雖有重建或重修，但格式規模並沒有變。所以今日的北京城址與皇宮，除去明朝嘉靖年間增修的外城，民國初年拆去的皇城，多了幾條柏油馬路，幾所洋房外，差不多可以說是五百年前的老樣子。連內城九門的名稱也沒有改。凡是到過北京的，對於紅牆黃瓦，宮闕門樓的建築，沒有一個不說它的偉大雄壯，美麗典雅的。而外籍人尤其嘖嘖稱道，譽為東方建築大觀。但是這樣偉大的工程究竟是誰設計的？據我研究結果，明朝建設北京的總工程師，乃是一個越南人（當時稱交阯人）。

明永樂皇帝朱棣為燕王時在北平住了二十多年。他做皇帝後，馬上改北平為北京。永樂四年詔以明年五月建北京宮殿。事實上有此動機，並未興工。十四年在南京又召集文武羣臣集議，營建北京。十五年朱棣到北京，大興土木。十八年十二月癸亥，北京郊廟宮殿造成。當時雖倣照南京營造，可是比南京規模更高敞，更壯麗了！所以這四年（永樂十五年至十八年，公元一四一七——一四二〇）可說是北京草創時期。十九年正月初一日朱棣御奉天殿，受朝賀，大赦天下，過其皇帝癮。但是好景不常，不到半年，三大殿被大火燒光。他與他的兒子（洪熙）、孫子（宣德），始終沒有力量修復。

過了十多年，到了正統皇帝朱祁鎭（永樂曾孫），因爲「天下太平，百穀豐稔，無間遠邇內外，皆家給人足」，他利用人民的力量爲專制帝主建設。於正統二年正月，就命阮安建立九門城樓，至四年四月，正陽、崇文、宣武、朝陽、阜成、東直、西直、安定、德勝門樓城壕橋閘都完工。五年三月，阮安又奉命重建三殿。六年十月，乾清、坤寧二宮，奉天、華蓋、謹身三殿告成。這三大殿，嘉靖時改名皇極、中極、建極。清代又改名太和、中和、保和。這就是現在故宮兩宮、三大殿的前身。中間雖經幾次修建，而樣子與正統時差不多。北京城牆，元朝本是一座土城，現在德勝門外仍有土城遺址。永樂時城牆外面砌磚，內面仍是泥土，一遇大雨，容易冲塌。到正統十年，阮安又奉命將內面城牆也用磚砌好。這便是現在所看到的內城城牆。北京到了正統朝，夠得上是「金城湯池」，「美輪美奐」了，可以說是大北京建設的完成時期（正統二年至十年，公元一四三七——一四四五）。不論草創時期，完成時期，阮安始終是一個負責全部工程的主要人物。所以三殿重建完工，他受到黃金五十兩，白銀一百兩，紵絲八表裏，鈔一萬貫的重賞。

阮安，一名阿留（大概是留在中國的意思），明朝有兩位阮安，並且都是越南人，另一位是工匠，至成化二十年（一四八四年）還在。永樂五年（一四〇七年）初阮安到南京，還是一個兒童。到十五年，也只有二三十歲。而奉命擔任如此繁重的工程，竟於四年短時間內初步完成。可見他的魄力、才能是夠偉大的。書上說他「手自指畫，形見勢立」，「目量意營，悉中規制。」工部和工匠不過拱拱手聽他的話，用他的視劃去做而已。可知他的巧思神算，實在是建築史上傑出的天才！他優待做工的官兵、工人，對他們的飯食休息都很照顧。靠了工人大衆的力量，所以每次都能成功。至於明人鄧元錫以爲連南京的三大殿也是阮安造的，那就不對了。阮安後來治塞楊村驛諸河，自己拿畚箕、鐵鍬，同工人一起工作，很有功勞。又奉命巡視從通州到南京的漕運水路。山東張秋地方，黃河決口，老治不好，政府特派他治理。他不幸於景泰中（一四五六年）死在路上，大約六七十歲。他一生獻身於中國的建築和水利事業，自己很清苦，不要錢。臨死前把政府賞給他自己的私蓄，都獻了出來。

這樣一位天才的越南工程師，在專制王朝之下，只是給皇帝作了一名太監，處在屈辱的地位，只能爲專制帝王個人服務。可見天才、才能應用的方向，總是受階級社會條件決定的。

明太監交阯人阮安營建北京考

北京古爲燕地，唐爲幽州，遼改名南京，金稱中都，元爲大都，明清以來至今稱爲北京。金完顏亮欲遷都於燕，先使畫工寫北宋汴京宮室制度，動員民夫八十萬，兵夫四十萬，以梁漢臣充修燕京大內正使，孔彥周爲副使，按圖經營，三年內成之（遺址在今北京西南郊會城門一帶）。元大都城及宮殿之設計者和工程組織者，經陳垣、白壽彝先生之考訂爲阿拉伯人也黑迭兒丁（丁意爲宗教主義，漢譯多略丁字，見白先生《回族人物志》）。而明代建設大北京之設計者與工程組織者究爲何人耶？

四十一年前，余在天津《益世報》曾發表一文，題爲《北平（北京）市民應紀念明太監安南人阮安》（註一），後來又有述及。一九五三年後越南史學家陳文玾、明崢、陶維英、鄧泰梅等先生先後來北京圖書館收集越史資料，余即告以阮安營建北京之功績，作爲中越友好之美談。

近閱沈起煒《中國歷史大事年表》，對於永樂，正統營建北京均無阮安之名。一九七五年第四次印刷之《故宮簡介》亦不載阮安。《北京名勝古迹》列舉了營建宮殿的人有吳中、蔡信、木工蒯祥、瓦工楊青、石工陸祥。說「陸祥對於營建宮殿貢獻很大」，又說太監阮安的「規劃設計施工，也貢獻不小」。把阮安的名列在最後，附屬於瓦工石工之末，顯然是不公平的。《北京歷史紀年》記正統時命太監阮安修京師九門城樓、及督工修北京城牆，而兩宮三殿之最大工程卻無阮安之名。又誤以「西宮」爲今故宮地址，西宮之奉天殿爲今太和殿（註二）。數年前北圖出版之《文獻》雜誌，則以營建北京之功完全歸功於蘇州香山木匠蒯祥，而不及阮安，均於史實不符，不可不辯。

明皇甫錄《皇明紀略》稱蘇州木工蒯祥「永樂間召建大內，凡殿閣樓榭次至迴廊曲宇，隨手圖之，無不稱上意」。蒯氏有絕藝，故明憲宗呼爲「蒯魯班」，僅爲負責一部分之工程。而康熙《吳縣志》載，「永樂十五年（一四一七）建北京宮殿，正統中重作三殿，皆其營度。」則爲鄉曲溢美之辭，明代各種史書與《明史》《明實錄》均無此說也。

明葉盛《水東日記》稱「阮安，一名阿留。交阯人，清介善謀，尤長於工作之事。北京城池、九門、兩宮、三殿、五府、六部，及治塞楊村驛諸河。皆大著勞績，工曹諸屬一受成算而已」。明焦竑《國朝獻征錄》，尹守衡《明史竊》，清傅維麟《明書》、施閏章《愚山集》，均異口同聲稱營建北京宮殿，百司府廨，「出安規劃，目量意營，悉中規制，工曹諸屬不能改，拱手受成而已」。可見安之神機妙算，巧思絕人，爲出色之總工程師，故余稱之爲天才建築家。

阮安不只是建築設計者，又爲實際工程組織者。正統元年（一四三六）十月修建京師九門城樓，「工部侍郎蔡信以爲役大，非征十八萬不可。」上遂命太監阮安董其役，安「取京師聚操之卒萬餘（實錄作沈清、吳中率軍夫數萬人），停操而用之，厚其餼廩，均其勞逸。」自二年（一四三七）正月興工，至四年（一四三九）四月，門樓、城壕，橋閘完工。夫需十八萬人之大工，安以萬餘軍隊完成之，而百姓不知。當時，楊士奇稱其「蓋一出於安之忠於奉公，勤於恤下，且善爲劃也」。（註三）五年（一四四〇）三月安又奉命重建三殿，發現役工匠操練官軍七萬人興工，至六年（一四四一）十月竣工。要指揮七萬勞動大軍工作，若非善於組織，調度有方，優待軍匠，自不可能使軍民夫匠齊心協力，於一年半內即完成大工。

明《太宗實錄》雖未及阮安營建之功，而《明史》（卷三〇四金英傳附）載交阯人阮安「有巧思，奉成祖命，營北京城池宮殿及百司府廨，目量意營，悉中規制，工部奉行而已。正統時重建三殿，治楊村河，並有功。」諸家所記大致相同，均足證明永樂之創建北京宮殿城池府署，皆安爲之謀劃。至正統重建三殿門樓，城牆，則英宗《正統實錄》（註四）多有記載，並歸功於安。正統「六年（一四四一）十日己丑（原誤乙丑）三殿二宮成，賜太監阮安僧保各金五十兩，銀一百兩，紵絲八表裏，鈔一萬貫，都督同知沈清升修武伯，食祿一千石，子孫世襲，工部尚書吳中升少師……工作人等各賞絹鈔有差。」十一月甲午以兩宮三殿成，大赦，定都北京，文武諸司不稱「行在」。

正統帝以宮殿既成，命即其餘工於七年（一四四二）四月建宗人府，吏部、戶部、兵部、工部、鴻臚寺、欽天監、太醫院、翰林院、國學（國子監）。《實錄》雖未載命阮安爲之，而諸書所言五府六部諸司公宇，固亦出於安之規劃。以上各衙門，今均無存，惟獨特之辟雍（國子監）建築，今猶完整，在安定門內，已改爲首都圖書館。

北京城垣元爲土城，周圍六十里，純爲土築，易致摧塌。明初以城圍太廣，減其東西迤北之半五里（今三環路一帶，舊有元土城），創包磚甓，周圍四十里（嘉靖又築南面外城，周廿八里），永樂、宣德雖略修繕，而內面仍爲土築，遇雨輒頹毀。至正統十年（一四四五）六月安又奉命督工修甓之，與外面等，高三丈五尺，基厚六丈二尺，頂收五丈。前幾年均被拆毀。故自永樂之草創，至正統十年各項大土木工程，無不由安總其成，而安貢獻一生精力於北京，至是亦垂老矣。

阮安修建之九門城樓，即內城正陽、崇文、宣武、朝陽、東直、阜城、西直、安定、德勝等九門，各正樓一，月城樓一，崇臺杰宇，巍巍雄壯，稱京都之偉觀。惜今惟存正陽門（前門），其餘八門蕩然無存，而地名仍照舊。

兩宮、三殿爲故宮最大之建築羣，兩宮即乾清宮、坤寧宮，雖屢有修建，清代亦未改名。三殿，永樂、正統均名奉天殿、華蓋殿、謹身殿。永樂十八年（一四二〇）十二月畢工，次年（一四二一）正月元旦成祖（即太宗）御奉天殿（今太和殿）受朝賀，大赦天下。但四月初八日，三殿即被雷火燒光，眞是大殺風景，以後只能以奉天門爲正朝，始終無力再建。到了他的曾孫朱祁鎭英宗帝，「天下太平，百穀豐稔，無問遠邇內外，家給人足」，才有力量重建完成。我國古代宮殿多爲木結構，最易被火燒，除兵火外，雷電引起天火，因無避雷針，一經燃燒，就無法撲滅。嘉靖三十六年（一五五七）四月丙申（十三日）雷雨大作，戌刻火光驟起，由奉天殿延燒華蓋、謹身二殿。三十八年（一五五九）三殿興工，四十一年（一五六二）九月三殿成，改奉天殿曰皇極、華蓋殿爲中極、謹身殿爲建極（註五）。至清順治二年（一六四五）改名太和、中和、保和殿，即今日故宮之三大殿也。太和殿基高二丈，殿高十一丈，廣十一間，縱五間，上爲重擔，脊四垂，殿前丹陛環以白石闌，陛五出，各三成，清制實即明制。因滿清入關「宮闕制度悉仍明舊。」故今日清故宮，亦即明故宮也（故宮西路有數宮仍爲明代原建築）。

今日中外人士遊覽故宮者，日以萬數，無不驚嘆紅牆黃瓦，千萬門戶，引人入勝，而太和殿巨麗宏深，雄視八表，壯觀宇宙，氣魄尤爲偉大（其中各宮殿所陳列之各種珍寶藝術品，更逗人觀賞喜愛。）旅遊者多不知其出於五〇〇年前越南人阮安之經營規劃。阮安原爲越南人，何以來北京？又何以得中國皇帝之信任呢？

永樂五年（一四〇七）卅三歲之青年將軍張輔八月之內平定安南，俘大虞國黎季犛父子（越史稱胡朝，胡季犛，其先中國浙江人），改安南爲交阯，於是淪陷四〇〇餘年之失地，重歸中國版圖，張輔以交童之美秀者還，選爲閹，內有阮安及范弘、王瑾等。明自永樂、宣德後，太監權重，交阯派太監尤有勢力，凡保抱皇子，對外征討，提舉市舶，掌寶鈔司，均有交阯太監參與。若范弘以七十餘萬銀拓造香山永安寺，王瑾（即陳蕪）受免死詔，又賜宮女，賞賚巨萬，而阮安則被永樂、正統二帝受以營建北京之重任。宦官爲我國專制時代之罪惡制度，善良者極罕，而阮安不特功在北京，且於治水有功，景泰中（一四五〇——一四五六）治山東張秋河決口，遂卒，囊無餘金，其人品尤高，與同時下西洋之三保太監鄭和，同爲歷史上閹宦中之傑出者。今大航海家三保太監之名，婦孺多知，而大建築家阮安阿留之名，學者亦多未曉，抑何不幸耶？余故再表而出之，飲水思源，北京市民自當紀念不忘者也。

【附註】

註　一：見民國卅六年（一九四七）十一月十一日《益世報》《史地周刊》。一九五〇年二月二日應徐盈先生之邀在天津《進步日報》發表《明代建設大北京一位天才建築家阮安》（筆名越人）。又香港出版《學原》三卷一期有余長文《明代交阯人在中國之貢獻》，內首先敍述阮安營建北京之功，此文據黃錚先生告知，被收入《明史論叢》（臺灣版）。明代有兩阮安，均越南人，一名阿留爲建築家，太監；一爲逃匠，後升文思苑副使，成化二十年（一四八四）尙存。

註　二：永樂八年、十二年，成祖親征，回至北京，兩次御奉天殿朝賀，此奉天殿爲西宮內之奉天殿，非今日故宮之太和殿。（故宮太和殿永樂十五年才開始興造）十四年八月作北京西安門內路南光明殿一帶（一說燕邸爲元代的興聖宮，其地在今北海西岸及集靈囿附近）。因在今故宮之西，故稱西宮。洪武時有宮室八一〇間，十五年西宮成，凡爲屋千六百三十餘楹，中爲奉天殿，殿南爲奉天門，南爲午門。倘以今日故宮地址爲西宮，則永樂十五年後所建兩宮三殿及八千三百五十楹房屋（即今日之故宮，有房九千餘間），將位於何處？非在西宮上高空立體建築不可，這當然是說不通的。

註　三：明楊士奇《東里續集》卷廿三《都城攬勝詩後》，見文津閣四庫全書本。明刻本不載。

註　四：《正統實錄》卷五四、八四、九一、一三〇。

註　五：萬曆廿五年（一五九七）六月戊寅（十九日）歸極門起火，延燒皇極等殿，文昭，武成二閣，回廊皆燼。四十三年（一九一五）重建三殿。天啓五年（一六二五）二月廿三日起三殿開工，至七年（一六二七）八月初二日報竣，共用銀五九五萬七九一九兩。見《明實錄》。太和殿康熙八年（一六六九）重建，卅四年（一六九五）再建。見《欽定日下舊聞考》。乾清宮正德九年（一五一四）正月災，武宗戲謂左右日「是好一棚大烟火也」。十一年（一五一六）建成，見《明實錄》。萬曆廿四年（一五九六）乾清、坤寧災。廿六年（一五九八）再建成，兩宮之外交泰殿……通共用銀七二萬（見《多官紀事》）。清順治十二年（一六五五）重建兩宮，康熙八年（一六六九）修。嘉慶二年（一七九七）災，同年修，三年（一七九八）工成。見余舊筆記。戊辰（一九八八）清明節張秀民記於瞻山老家。時年八十一歲。

明交阯阮勤、何廣傳

阮勤，字必成。父河，字大河，世爲交阯鎭蠻府多翼縣人。明永樂初，張輔平安南，河率先歸附，以功授交阯云屯典史。十四年，奉貢來庭，太宗嘉之，賜以綵幣筵宴，給敕遣還。宣德初，黎利反。河曰：「吾沐浴聖化，叨有祿仕二十年矣！可携貳易隳忠義耶？」遂絡縣章，及儒學河泊印，挈家浮海，窮日夜趨欽州，乘傳詣京師。宣宗鑒其誠款，賜襲衣、銀鈔，又賜居第宣武門，命光祿日給酒饌。既而調山西長子縣典史，有惠政及民，遂占籍焉（河卒於正統七年，年六十九）。勤以父蔭補京庠生，景泰癸酉舉人，甲戌聯捷成進士（勤登縣賢榜進士第，名在三甲第八十名，交阯多翼縣民籍）。授南京大理寺評事。丁憂，服闋，遷寺副。天順八年，以荐出知浙江台州府，單車至郡，不携妻孥，孑然在官，自奉清約如寒士，冰蘗之操，愈久彌勵。修學校、建鄉賢祠，及上蔡書院。憲宗成化五年，勤以黃岩縣地廣民嚚，素號難治，兼瀕海居民去縣治遠，恃險姿肆，遇有征逋捕亡，往往旅拒，乃奏請分縣之三十都至五十都，設立縣治，名以太平（即今浙江溫嶺縣）。在臺凡九年。除吏弊、導民利，清愼慈惠，賜誥旌異，民甚愛之。既去，立德政碑，後請祀名宦。八年，遷山東左參政，歷升山東左右布政使。十六年，擢都察院右副都御史，巡撫陝西，留意邊防，於慶陽府廍子澗口等處，增築墩臺十四所，以甜水鋪等處無險可恃，浚削壕塹墻三十餘里。歲飢，條上救荒事宜，定陝西啇門六年考滿官，依品級納米則例，所收糧專備救荒支用。並乞暫寬茶禁，先後奏免陝西歲辦藥材，及七府租四十餘萬石。又奏歧山縣有周公廟，咸陽縣有周公墓，沔縣有漢諸葛亮，鳳翔有宋范仲淹，藍田縣有呂太忠，大臨、大鈞祠，俱歲久頹圮，乞修治並賜祭。帝均從之。十九年，入爲兵部右侍郎，以克滿松族功，得賞銀十兩，綵緞二表裏。尋轉左侍郎。二十二年，以所屬武選司吏樊忠等，盜賣敕書於建州衞夷人。事發，勤等被逮下獄，未幾調南京刑部。尋以老疾乞致仕，不允。孝宗弘治三年，以九年考滿，升俸二級，令復職治事。初南京監察御史余濬荐勤堪任吏部。六年，巡按直隸監察御史周琰復上疏：「南京刑部侍郎阮勤，居家廉慎，年力未衰，見機求退，乞起用以慰人望。」帝以勤年過七十，且先已授官階，已之。十二年三月勤卒。訃聞，賜祭葬如例。（與父河墓均在長子縣西三里）。勤淹貫載籍，博通經史，能詩文，一時郡邑碑文，多出其手。爲人清慎，政績可睹，澤在人，敭厲中外四十年，剛毅方正，始終一貫，爲士大夫所稱述。明自永樂、宣德後，交阯人入仕內地者甚衆，而以勤聲譽爲最著云。勤子壽，中成化甲午科順天鄉試。富，蔭國子生。孫忠，弘治十四年補蔭國子生，官上林苑署丞（據明憲宗成化實錄、孝宗弘治實錄、明史、大清一統治、萬曆山西通志、順治潞安府志、康熙、乾隆長子縣志、弘治赤城新志、台州府志、康熙太平縣志，太學進士題名碑錄）。

明史卷一百七十八余子俊傳附阮勤傳，僅九十一字。其見於大清一統志、山西通志、潞安府志、長子縣志者，或數十字，或一二百字，均極簡略，亦不免重複牴牾之處。阮氏官雖不及工部尙書黎澄，而其功德在民，視澄有加焉。惟國人及越人素無注意者，故不揣鄙陋，根據明實錄（明實錄記勤事凡五千字），參以志書另爲新傳，或可補正史方志之闕歟。

何廣，字博之，又字約齋。父汝隆（號菊庵），原籍交阯交州府扶寧縣。明永樂中（康熙滑縣志作永樂三年，誤），自交阯土官歸順。成祖獎賜銀牌。正統六年，授直隸滑縣主簿（滑縣志作文皇將銀牌三面授主簿，此處據何廣重建古滑感應祠記，正統辛酉適家嚴菊庵翁由交州土官來主邑簿）。遂占籍於滑（滑縣明清均屬直隸大名府，雍正三年改隸河南衞輝府，今屬河南省）。居城內。廣以父蔭，世襲廩膳生員。景泰癸酉科舉人。天順庚辰，登王一夔榜進士（廣三甲第五十六名）。成化初，官工部都水清吏司主事，巡管山東濟寧州等處河閘。州民雷瑛劾其貪淫，爲巡撫都御史賈銓所鞫問。然廣學業淵博，文名卓著，一時滑邑寺廟碑文，多出其手，文中題名仍書交州何某，蓋不忘本也（太學進士題名碑何廣直隸滑縣，官籍交阯扶寧縣人）弘治中致仕。卒葬滑縣城外西北隅狗脊山西麓（據康熙、乾隆、同治、民國滑縣志，憲宗成化實錄、何廣重建古滑感應祠記）。

所謂《永樂大典本交州記》

北京大學圖書館善本書中有德化李氏舊藏《永樂大典本交州記》。今年七月日本東洋文庫來函，委托北京圖書館代爲攝製顯微膠卷，可見此書已引起日本學者的重視。關於此書，解放前余亦一度詫爲驚人秘笈，因爲我國古代如後漢姚文式，晉鄧忠缶、劉欣期、劉宋劉澄之，唐曾袞等，均撰有《交州記》，與佚名的《交州集記》、《交州外域記》等，并皆亡佚；只有晉劉欣期《交州記》，清曾釗有輯本數頁。今在《永樂大典》中居然發見《交州記》原本，不能不說是至寶。於讚嘆之餘，曾據該館藏本手錄一部。後經仔細研究，乃發見此本實爲僞書，曾於一九四九年七月寫了一篇《僞交州記跋》。茲將舊文稍加改易，鈔錄於下，以供海內外研究越南古代史地者之參考。一九六二年九月。

僞交州記跋

右《交州記》一篇，余從北京大學圖書館德化李氏舊藏善本書中錄出。原係綠絲闌鈔本，半頁十行，有「廷式案」云云，疑爲過錄萍鄉文氏鈔本。首爲《經史百家制度》附《宏詞綱要》，次《交州記》，次《宋狀元及第圖》三書合訂一册。書皮有李氏親筆題識云：「右書三種，幷從《永樂大典》錄出，甲午裝。盛鐸記。」甲午即中日戰爭之年（一八九四年）。副頁有「山西省提法司印」首尾有「麐嘉館印」，李氏之藏章也。《交州記》出《永樂大典》卷一萬一百二十（《經史百家制度》出大典卷一〇一三六、一〇一五六、一〇一五七、一〇一五九；《宏詞綱要》出卷一一三五；《宋狀元及第圖》出卷一四一二七。）四年前往沙灘北京大學閱書時，得見該書，甚爲驚喜。久欲抄錄一本，作爲研究越南古史之資料，今年設法錄成副本，始得償數年宿願。書中有唐武德、貞觀、調露、大曆等年號，故嘗疑此爲唐僖宗時曾袞所撰之《交州記》。惟書中誤字不少，《大典》校仇精審，不若《四庫全書》之馬虎，誤字當由傳抄者疏忽所致。乃就其顯然舛訛者，改正七、八字，餘則取宋樂史《太平寰宇記》校對之。讀至一二頁，始恍然大悟，此《交州記》非他，實即《太平寰宇記》卷一百七十之交州部分也。《寰宇記》卷一百七十（嶺南道十四、交州、峰州）卷一百七十一（嶺南道十五、愛州、驩州等十六州）皆敍述越南古地理，而《大典》所採入者爲交州部分，取卷端「交州古越地」，斷章取義，乃標題曰《交州記》，可謂妄矣！今樂氏原書二百卷具在（今本缺七卷）亦何貴乎此僞書也？轉覺昨日之親手寫錄爲多事，昔之寶以爲美玉者乃燕石耳；然數載之疑，一旦豁然，亦快事也。此本與清嘉慶六年（一八〇一年）刊本《寰宇記》，文字上微有詳略不同，如南定縣下，《寰宇記》有小注云「按唐書地理志縣八，有太平一縣」。土產，椰子樹下，有人面木、龍眼木、桄榔木。慈廉江下，亦有小注，而此本均缺。《寰宇記》「割交州以南分海南三郡」，「調露元年八月」以下，各缺一行，而此本文字不缺，其他又可籍以改正誤字數處；然因兩者內容全同，故可知其爲抄樂氏書。或以爲《交州記》既在宋樂氏以前，則當爲樂氏抄《交州記》，而非《交州記》抄樂氏矣。夫樂氏書爲地理名著，書之可貴，正因其保存大量古佚書；然其書既非叢書性質，又非《大典》式之類書，故其採用古書，多在行文中偶引數句或數行，一鱗半爪，並非將全部古書抄入。即在此卷中引用《史》、《漢》、《南越志》、《梁天監起居注》等十二種，其中引無名氏《交州記》三次，《交阯記》一次，劉欣期《交州記》一次，均散見各條目下，前後皆不連貫，其非一人所撰之《交州記》甚明而與樂氏書其他各卷體例相同，故可信其爲鈔自樂氏書。余恐讀是書者震於《永樂大典》之名，以爲眞古之《交州記》也，故發其覆於此。

永樂《交阯總志》的發現

永樂《交阯總志》三卷（註一），爲明代永樂五年（一四〇七）後新設立的交阯布政使所修的地方志（其轄境相當於今越南共和國的北方）。不載明史《藝文志》。在國內亡佚已五百多年。法國人一九三二年在越南河內出版時，誤題爲《安南志原》（註二）。北京圖書館因其法文書名與法文長篇考證，分類編目時，被編入西文書目中，其他圖書館亦罕有藏本，因此，國內知有此書者極少。

原書不題作者名氏。近人或據法國人之研究考證，以爲明末清初桂人高熊徵所編。按書前《總要》部分，確爲清廣西思明府儒學教授高熊徵所撰之《安南志紀要》。高氏自序稱因綜《省志》（指《廣西通志》）及谷應泰《明史紀事本末》、李仙根《使事紀要》二書纂成帙。題曰《安南志紀要》。故書末仍附李氏、谷氏原文各一段。其書敍述中越史事，至清康熙三十年（一六九一）調解黎莫之爭止。內容簡略，殊不足道。高氏書今亦難得；惟南京大學圖書館藏有清刻本。封面書《安南志》醒目三大字，卷端題《安南志紀要》（註三）。卷首有康熙三十年閩人黃良驥與高氏《安南志紀要》兩序，次高氏《安南志》原序一篇。蓋此書高氏原名《安南志》，後改名爲《安南志紀要》。今此河內本無《

紀要》黃、高兩序，只錄《安南志》原序一篇。法國漢學家、《秦代初平南越考》之著者鄂盧梭 L. Aurousseau 與葛斯拜唐 E. Gaspardone 遂誤認書名爲《安南志原》。不知《安南志》原序者，即高氏原來之舊序，非《安南志原》之序也。讀錯書名，乃成笑話。且永樂帝既改「安南」爲「交阯」，官書自不當再稱安南，亦可見改題者之無識。

《總要》引用清人著作，又稱清朝爲「本朝」。而全書又均稱明朝爲「國朝」，明軍爲「官軍」，元朝爲「前元」。若果爲高氏一人手筆，前後不當有此矛盾。谷應泰原文後，緊接「建昌府」，不倫不類，文氣不接，使讀者驚異，經仔細研究，乃知建昌府以下其餘部分，爲明初記載交阯各府州縣之總志。大概就是明邱濬《平定交南錄》所稱之《交阯郡志》（註四）。考明《文淵閣書目》有《交阯總志》、《通志》兩種，而此本數次引用《交阯通志》，知此書名，應作爲《交阯總志》，而不是《安南志原》。

明永樂十年（一四一二）、十六年（一四一八），曾兩次頒降《修志凡例》（註五）。交阯以重新再入中國版圖，亦奉命纂修。今此本內容，分「建置沿革、分野、疆域、城池、山川、坊郭鎭市、土產、貢賦、風俗、戶口、學校、軍衛、郡縣廨舍、寺觀祠廟、橋樑、古迹、宦績、人物、仙釋、雜志，詩文」二十一類，與十六年凡例全同。不過此本首卷建置沿革部分，建昌府前，已有少數缺文。其中古迹一項，十年凡例，又細分「城郭故址、宮室、臺榭、陵墓、關塞、岩洞、園池、井泉、陂堰、景物」，與此本相同；惟缺「臺榭、陵墓」多「津渡」，改「關塞」爲「關隘」。書中幾次提到「謹依凡例」云云。故此書體制完全以當時兩次頒降凡例爲依據；不過「軍衛」後新增「戰伐勛績、守御勛績」而已。書中兩次引用《永樂十五年須知册》，敍事至永樂十七年（一四一九）止。知其纂修於十七年左右，可能出於當時掌交阯布政司、按察司事黃福等人之手。書中大量引用當地十七府州縣之檔案、調查報表。故法文書名頁上方題爲Collection de Textes et Documents sur L'Indoo-chine《印度支那正文與檔案滙編》。中間題爲Ngan-nan Tche Yuan 《安南志原》。兩百餘年後之高氏，以一普通教官，豈能窺見此類明代檔案、文書？本書資料豐富，爲研究明初交阯地方之政治、軍事、經濟、文化、建設方面不可缺少之書。如設立大小衙門八百三十七。城十九。堡二十。學校一百六十一（內府學十四、州學三十四、縣學一百十三）。急遞鋪（驛站）三百七十四。橋樑三百三十五。寺觀、祠廟八百六十一。歸於東關縣瀘江東西對岸，舟楫擺渡，間阻於風波，英國公張輔始創建浮橋以利交通。又附有當時露布、榜文之原件等，有幾篇爲《永樂實錄》所不載，均爲極有價值之第一手資料。

根據以上分析，知河內本所謂《安南志原》，實由兩書拼接而成。《總要》部分一萬三千餘字全爲高氏《安南志紀要》原書。其餘三卷五萬餘字，完全爲《交阯總志》。高書爲私家著述，與《交阯總志》之爲官書，性質不同，內容又異。竟被移花接木，將兩書硬接，合二而一，殊爲魚目混珠。可能原書爲抄本，抄寫者將兩書抄釘在一起，遂混爲一編。故應一分爲二，再分開爲兩書，以各還廬山眞面目。

明宣德四年（一四二九）楊士奇編定的《文淵閣書目》新志「往」字號第三厨書目，著錄《交阯通志》、《交阯總志》（註六）及交州府等十六府《府志》（十七府中缺《諒山府志》）。有的篇幅較少，則合兩三府爲一編，如《建昌・鎭蠻二府志》、《奉化・建平二府志》、《新平・順化・升華三府志》一册，又《廣威・嘉興・歸化・宣化・演州五州志》一册。各書未詳卷數、纂修人及版本，有的可能爲原本或抄本。宣德與永樂時間極近，故稱「新志」，舊藏北京大內，均早亡佚，實爲可惜。明初永樂方志，國內存者寥寥。惟此《交阯總志》，雖爲法國人竄改名目，幸而尙存，眞是鳳毛麟角，希有珍本矣！

此書河內出版，故越南學者見者較多；但直至最近越南著名史學家仍相信葛斯拜唐的考訂，以爲是高熊的書。這顯然是錯誤的。並且說成是「明代高熊徵的《安南志原》，於清初成書」。高氏仕於清康熙末葉，離明之亡已六七十年，豈能稱爲明人？四十多年來，國內外學者始終不明此書之眞相，以訛傳訛，故有闡明說清之必要。又聞河內舊存有不知編者的《交州志》，爲中國佚書，不知與此《交州總志》異同若何。惜無機緣至龍編，訪求考訂，作比較研究。

現在研究越南史者，一般都感到缺少有系統的專書。自漢、唐至宋、元，我國記載交州史地之著作，多至四十餘種；但幾乎全部亡佚。現在流傳較廣的元黎崱《安南志略》二十卷，爲日本人清光緖甲申年（一八八四），在上海鉛印的樂善堂本，差訛極多。而文津閣《四庫全書》本，舛訛脫漏，更爲荒唐。明嘉靖間，廣西李文鳳的名著《越嶠書》二十卷，國內始終無刻本，只有抄本流傳，錯誤也不少。與此永樂《交阯總志》，爲研究越史者最重要之三部參考書。在向科學文化進軍時，各方面亟需資料，希望出版界能把它們整理出來，廣爲流布。

【附註】

註　一：一九四九年七月借得北圖《安南志原》一本，請盛兆敏同志抄錄全書，多年來只知其書材料寶貴，不知其爲《交阯總志》也。

註　二：中文書名有《安南志原》四大字，旁有「河內西曆一九三一發行」，下旁「法國遠東學院訂刊」兩小行。法文書名頁作一九三二。

註　三：高氏《安南志》（安南志紀要），一九六三年蒙老友南京大學圖書館館長施延鏞同志托王樹棪同志抄來。所據疑爲清康熙原刻本，計一萬三千一百五十四字，首附地圖。

註　四：邱氏稱：「予因考《交阯郡志》所載露布，榜文……以爲此錄」。今此本詩文類，載有朱能等榜文。總兵官新城侯張輔平安南露布文，又平安南獻俘露布文，又進賀平定安南表文。次開設交阯三司及軍民衙門詔書，申明教化榜文兩件。黃福進賀交阯太平表。均爲極寶貴的原始史料，有幾篇爲《永樂實際》，李氏《越嶠書》所不載。邱氏稱《交阯郡志》載露布榜文。今此本卽有露布榜文，故所謂「郡志」，實卽「總志」。今按詩文類稱「仍依凡例，擇取其詩文中之有關於風俗民事者附載之，而以國朝平安詔書，露布等文，揭於其首」。今河內本只有永樂詔書、露布、榜文，而無其他風俗民事之詩文，可知此本末尾，亦有殘缺。

或疑《交阯郡志》只是《交州府志》的別稱，明清慣例只有一府一州才能稱爲一郡。按邱氏所稱的郡志，可能指廣義的古郡，如南海、桂林、象郡的郡。明文淵閣著錄有《交阯通志》、《總志》，又有《交州府志》而無《交阯郡志》。故邱氏所稱「郡志」，當指「省志」，而非「府志」。

註　五：大明永樂十年頒降凡例，見嘉靖《壽昌縣志》。十六年凡例，見《天一閣方志目》馮貞群序。

註　六：老友譚其驤教授懷疑《交阯通志》，《交阯總志》實際只有一書。他說：「修一省方志，是一件相當繁重的事。安南列入明朝版圖只有二十年（永樂五年至宣德二年，即一四〇七——一四二七）揆之常情，不可能修了一次，再修一次，所以可能實際上只有一種書。傳抄時書題未取得一致，文淵閣著錄時，但以標題爲據，列爲二節，未遑核其內容也。」所言似爲有見。不過他說河內本「只有三卷，一省的總志，不應如此簡要，故此書很可能是一本通志或總志的摘抄本」。則個人有了不同的看法。文淵閣著錄交阯地方志，均無卷數。此河內本作三卷，是原本或後人所分并，已不可考。交阯地方修志時，因缺乏文獻參考，篇幅自然不會太多，所以有的二三府合爲一册。今此總志，全書有五萬餘字，不能算太簡單，也看不出有摘抄的痕迹。

（一九七五年春寫於嵊縣瞻山，作爲跋文，寫在傳抄本《交阯總志》後。七十八年春稍加修改，改爲今題。）

「安南志略」解題

安南志略二十卷，元安南黎崱撰，清光緒甲申（十年）上海樂善堂鉛印本

黎崱（崱音士力切），字景高，號東山，安南淸化人。東晉交州刺史阮敷後也。幼爲黎𢌿義子，故從其姓。九歲試童科，仕安南陳氏至侍郎，佐彰憲侯陳鍵幕。元至元乙酉（二十二年，安南陳仁宗紹寶七年）唆都自占城進兵，鍵率崱等數萬衆，拒之於淸化，戰不利，遂率衆降附。其國人遣繫於途鍵被射死。崱抱鍵屍，上馬宵遁，馳數十里，至丘溫葬之，屬吏被殺幾半。崱入朝，授勅從仕郎，遙授紙縣令尹，賜錢五百緡。後遙授同知安暹州事，加章議大夫，僉歸化路宣檢司事。入中國五十餘年，晚自號靜樂，寓居漢陽，鄰太白祠，傍水種竹，吟風弄月，消遣世慮於江山之外。薄聲利，嗜文章，讀書好古，廣記博覽，杜門著書，老而不倦。嘗輯其見聞，採歷代國史，交阯圖經，作「安南志略」二十卷，行於世。崱又著「郎官湖小志」，安定中再遊廬山，紀其所見幷人物藝文爲二卷，今皆不傳。

黎崱，安南淸化人，故本書每卷均題：「古安東山黎崱編」，淸化，古愛州也。年踰弱冠，隨陳

益稷等歸附，久居漢陽。遂爲中國人。其遠祖爲東晉交州刺史阮敷，實爲中夏產。安南人與中國人，血統關係，密切不可分，此不過其一例耳。

書首有察罕，程鉅夫，元明善，趙秋，劉必大，許善勝，許有壬，龍仁夫，「高宋氏堂」？歐陽玄，夏鎭諸人序文。序之最早者爲大德十一年（一三〇七），最晚者爲至元六年庚辰（一三四〇），自序作於元統初元（一三三三），其書蓋經三四十年而始成，用心勤苦，宜乎詳瞻美備，具有條理，成一家言也。書中凡國土源流，封爵沿襲，山川風俗，人物官職，使介往來，詔表歌辭，纖細備載，足稱信史。雖有小疵，亦不足爲病。不特爲安南現存史地書中之最古者，亦爲最有價値者。

黎氏著書之動機，據察罕序因「無所用於世」。元明善序則因「哀彰」憲之志不伸，而名亦隳滅，常懷報國之願，」；乃撰此志，以致其意。兩說不同。黎氏閒居漢陽，食祿不視事，故得杜門著書，以消覊旅之愁。其立言敍事，信而有徵，博得當時學士大夫之好評，以爲有裨於遷固之遺逸，職方氏之缺典，或譽爲安南之倚相。四庫提要曰：「所記安南事實，與元史列傳，多有異同，可證史氏之譌。敍述彬彬然，具有條理，不在高麗史下云。」黎氏記親見之事，自較傳聞者爲可信也。惟清彭元瑞稱：「於元兵傾覆國都，敍次落莫絕無內詞。反不如越史略，雖野樸，猶足廣異聞也。」書中對於元兵之殘暴，一字不提，則因崩旣降元，已爲元人，自不得不有所避忌也。

此書元天曆中修經世大典時，曾被採入，作安南錄一卷；惟經世大典，早已無存。至元五年許有壬序有「好事將板之」之語，惟六百年來從未有刻本流傳。明人藏書目著錄者甚少，清人所藏皆爲寫本，又多爲傳鈔四庫文瀾閣本。今日最通行者爲光緒甲申上海樂善堂鉛印本，乃日本人所印者也。其所據之底本，據岸吟香自稱係錢竹汀少詹曾手校之五硯樓舊藏鈔本。惟原本多訛脱，排印時又經竄改，故滿紙錯漏，不可卒讀，最爲劣本。昔朱竹垞從海鹽鄭氏抄是書，已恨譌字太多，豕三虎六，疑難盡釋，知清初已乏善本。原書本二十卷，今缺卷一「地理圖」，卷十九「敍事」後半，亦有闕文，卷二十「名公題咏安南志」全闕。文津閣四庫全書本，雖分爲二十卷，核其內容，與十九卷本全同。惟將卷十七「至元以來名賢奉使安南詩」，「玉堂諸公贈送天使詩序」，割裂爲十七、十八兩卷。以卷十八之「安南名人詩」，改爲卷十九。卷十九之「圖志歌敍事」，改題爲二十卷。又卷十四「官制」以下空白四頁。

四庫全書因均爲寫本，又所謂「校對官」，「總校官」、「詳校官」，並未認眞校對，故每册往往有誤字，然未有若此書之誤謬顚倒者。如卷八均爲六朝交州刺史與太守，文津閣本於王機傳後，即接唐人張伯義，康謙，胡衡（朝衡之誤）、何履光等十三人。卷九爲唐安南都護刺史，文津本自柳楚賢後，忽接李凱、陳霸先、陶侃等六朝時數十人，後又接馬總，高駢諸人。至陳霸先傳中「簡文帝大寶初，爲交州刺史，後即帝位。」另起一行，誤以簡文帝爲交州刺史。張璉傳末，忽接唐張舟傳文半篇，張冠李戴，尤爲荒唐。然亦有可是正今通行本之誤者。聞北京大學所得李木齋藏書中有彭氏知聖道齋抄本，數年前廠肆中亦發見鈔本，均二十卷（即十九卷）本也。又德化李氏木犀軒收藏舊本書目，著錄與稽齋鈔三卷本一册，並云：「此乃三卷本，非殘帙」；不知與二十卷本內容如何也。

此書有 Camille Safnson 之法譯本，名 Ngan-nann-tche-luo, mamoires sur l'Annam 光緒二十二年（一八九六）北京北堂出版云。

清人著述中有關安南史事各書解題

一

海外紀事六卷

清釋大汕撰（一六三三—）

清康熙三十八年刊本

釋大汕，字石濂，俗姓徐，吳縣人，生於明崇禎六年。少美色，畫工沈某寵之，後見寵於張鼎孳。遘訟累，亡命至粵城爲僧，住長壽院。不剃髮，不奉經，不持咒，臂帶金鐲，衣紅衫。

清康熙三十四年春正月，大汕應廣南阮氏之聘，由海道至順化，大受崇信。阮王福週，與國母公主，皆受菩薩戒，僧衆受戒者千餘人。翌年初秋歸帆，飽載而歸，王除餽金刀、金鉢、杖外，又捐五千金修廣州長壽殿堂，梁上書「大越國」字樣。大汕又大修洋船出海，通外國，販賤賣貴，往來如織，於是長壽院富甲一時。紺殿禪房，器具什物，歌童舞女，無不悉備。上自達官貴人，以至州縣，皆與往還，聲勢赫奕。占飛來寺田七千石。嘗以優伶一部，號祥雪班者送阮王。

大汕多巧思，以花梨、紫檀、點銅、文石，作椅、桌、屏、櫃、盤、盂、杯、碗諸物，往往有新意。又善白描人物，布置園亭花石，好假託翰墨，廣邀名譽，故喜與名士遊，竊其詩句爲己作，一時名士，亦樂爲代筆，冀酬多金。後爲臬使許興嗣杖遣回籍。（以上據清劉世馨粤屑卷之四潘耒遂初堂文集卷八，卷九，民國吳縣志卷七十九雜記二）。

案大汕爲一藝術家，但據潘稼堂及劉菶谷所載，則爲一人妖，一飲酒食肉貪財好色之花和尚，荒誕卑鄙不足道。故乾隆廣州府志，番禺縣志，南海縣志，乾隆道光蘇州府志，均不載其名。

此書分六卷，每卷題：「嶺南長壽石頭陀大汕厂翁譔」。卷首有仇兆鼇、徐釚、毛端士，大越國王阮福週序文。阮序稱「大越彈丸，負山環海，斬蓬篙，驅犀象，而奠居者累十三世矣。寡人不敏，弱齡纘緒，常懼隕越，以遺前人羞。」……案廣南阮氏自阮潢開府順化，（追謚太祖嘉裕皇帝）至福週（或作福調，追謚顯宗孝明皇帝）不過六世，而序稱十三世，與史不合。序末題「丙子蒲月」，即康熙三十五年（一六九六），阮福週年僅二十二歲。故潘稼堂謂此序必爲大汕自作，或大汕賓客捉刀也。

阮福週破占城，置平順府。經略眞臘，置嘉定府。又命廣東雷州人鄚玖經營河仙一帶，於是阮氏之勢力直達暹羅灣。然而清政府所承認者，僅北方之黎氏政權，（時爲黎維禛，即黎維祫），對於廣南阮氏歷代割據稱雄事，初不相知。故大汕上福週條陳首爲「修貢中朝，以正名號」，求得中國政府合法之承認，以與東京黎氏抗。此事至嘉慶初其裔孫阮福映統一全越時，始告實現。

大汕至順化時，年已六十三，故書中每自稱老僧。康熙三十四年正月上元燈夕，自廣州乘海舶，二十八日抵越，隨杖僧衆多至五十餘人。因阮氏敬信三寶，大受供養，盡飽天厨妙供，又命出宮女四五十人歌舞，官民男女均齎銀幣檳榔請謁，可想見當時中圻人民信佛之盛況。其國師興運，字果弘者，則大汕法嗣也。據書中所記阮王體胖，虔誠信佛，居弟子列，有削髮爲僧之意。並云：「既蒙明示，亦覺宿世元係大明僧，偶然失足至此。」

大汕所到者，爲順化，會安兩地。順化爲阮氏首都，會安則通外洋之商港，各國客貨碼頭，大唐街長三四里，悉閩人，仍服明朝服飾，可見國人（早期華僑）在商業上之勢力。凡客此者必娶一婦，以便交易，則有類眞臘。國境內人民納身稅十二千，種稻輸於公者七八，私得二三，故不易得飽食，國用多賴洋船稅收。民年十六以上，體質強壯者充軍，有事從戎，無事役於官府，未六十，不得還鄉與父母妻子相見。全國皆兵，故其武力遠駕北方之黎氏，而向南侵占城，與眞臘也。父母恐拏軍，其兒垂髫即送爲僧，故緇流甚多。書中所記風土謠俗，民間疾苦，得之耳聞目見。故仇氏序稱「比書流傳宇宙，可以補山經海志，職方記，王會圖之所不及」。爲研究舊阮前期史之資料。惜自我宣傳，詩文，法語，幾佔一半，未免爲全書之累。潘氏謂「記事一書，無非自誇」，又謂「以頌揚我皇上者頌揚阮氏，爲大不敬，至無禮」。故稼堂曾致書粵東當事，要求將其所刻書板，盡毀之。

此書四庫入存目，求之多年不能得，近見於東莞倫氏藏書中。雖爲康熙原刻本，惟四，五，六各卷多有脫葉，有缺十餘頁者。封面前有摩西題字，章爲「東海黃公」。後閱吳縣志卷七十九知爲黃振元，籍常熟，僑吳最久，長於詩詞，以佯狂死，亦蘇州一奇人也。

二

海南雜著一卷

清澎湖蔡廷蘭撰（一八〇一——一八五九）

清道光丁酉（十七年）年刊本

蔡廷蘭，字香祖，號秋園，澎湖人。年十三，補弟子員，旋食廩，名籍甚。道光十二年澎湖飢，興泉永道周凱，奉檄勘賑。廷蘭賦詩以進，備陳災黎窮困狀，凱大加稱賞。十四年主講臺灣引心書院。越明年鄉試罷歸，由金門遭颶風，船經十晝夜，抵越南之思義府菜芹汎登岸，乃由陸返閩。途次與南國人士，以詩相酬和，藉以採風問俗。行四閱月，歷萬餘里，因見聞所及，成海南雜著一卷。十七年凱調任臺灣道，舉充拔萃科。是年同鄉薦，郡守聘主崇文書院講席，兼引心、文石兩書院。二十四年會試成進士。二十九年補峽江知縣，值荒歉，自捐司房筆資，請豁免逋賦，並設法賑恤，多所全活。咸豐二年七月解任，是歲充江西鄉試同考官。九月署南昌水利同知。三年回峽江任。六年委署豐城縣。捐賑二千七百兩，修築張家嘴羅家隄岸。時粵寇逼境，以防堵出力，保升同知。九年三月在任病故，年五十有九。廷蘭自少力學，以博雅稱，於詩工古體，於文尤善四六。爲諸生時佐輯澎湖續編，網羅故實，多出其手。著惕園古近體詩兩卷，駢體文、雜著各若干卷。（以上節錄光緒澎湖廳誌卷七人物上，文學，引誦清堂文集，見臺灣全誌，大正十一年鉛印本。）

書名海南雜著，觀書名或疑爲記載海南島之書，實則爲一越南漂流記。蔡氏因遭颶風漂入越南，越南國王特准由陸路齎送回國。蔡氏因述洋中遇險，風濤駭異，出死入生之經過，名曰「滄溟紀險」。次述登陸後，受其國官吏士民，及流寓福建同鄉之種種優待，恍如漁郎之誤入桃源。蔡氏與其弟隨同護送員兵，由廣義，廣南，過越京，富春城，出廣治，廣平，河靜，乂安，清華，寧平諸省，而抵河內。經諒山，入鎭南關，以達中國。一路由南往北，按日記載，凡沿途所歷山川道里，城郭宮室，風土景物，均有記載，曰「炎荒紀程」。又略敍其國沿革，及嘉隆復國經過，與當時之官制，考試，刑法，物產，地理，生活情形，曰「越南紀略」。此三篇爲上卷。其下卷皆途次唱酬之詩，封面題「俟續編」。光緒澎湖廳誌卷十四已稱「其詩無由見。」今通行道光刻本，僅上卷。其下卷始終未續刊，非殘帙也。

在昔輪舟未興前，帆船航行海上，最易出危險。安南人往往漂至浙江日本等處，中國人與日本人，亦常漂往安南。乾隆五十九年（日本寬政六年，一七九四）日本仙台人漂三郎等漂至安南，後由浙江乍浦送還日本。近藤守重詢漂民始末爲之記，或名爲「南漂記」。此海南雜著，即蔡氏之南漂記也。所記均親見親聞，信而有徵，文筆亦生動。與英人 John Craufurd 及 George Finlayson 之記載，均爲明命時代之良好史料，研究越南近代史最有價値之參考書也。

此書除道光時徐繼畬瀛環志略偶一引用外，百年來無人注意，而俄國外交部亞洲司在一八七七年（光緒三年）已有俄文譯本出版。（在俄文東方論文集卷一內）譯者爲北京俄國正教會教士 Eulampius (E. Ivanoff)，書名爲「一個中國人關於安南的記載」(Zapishi Kitaitsa of Anname)。翌年 L. Loger 又據俄譯本譯爲法文，（在東方語言學校特刊，原書未見）改題爲「安南紀程」。俄文譯者稱：「是書之價值，在敍述由安南沿東京灣至廣西之路線。其缺點爲敍述受優待之處多，而於記錄社會風土者較少，且其所記，已多見於前人之書」云。譯者對於是書之批評，可稱公允；惟末句所云，似不盡然。蓋書中所記明命時代之典章制度，風土人情，多爲前人所未道。其妙處尤在蔡氏之自注，惟譯者對於注文，均混作正文，或加刪削，已失其書本來面目矣。

蔡氏以一廩生，於道光十五年（一八三五越明命十六年）到越南。斯時越南國王爲阮福晈，方嚴禁鴉片烟，賣者與食者俱置死罪。福晈通書史，崇儒術，政治修明，國富兵強，年號「明命」（嘉慶二十五年、一八二〇——道光二十年、一八四〇），爲越南之全盛時代。故越史稱爲「聖祖仁皇帝」。對於中國最爲親善，嘗曰：「天朝所欽服，當世守臣節，諸夷不足言也。」與 G. Finlayson 所記「現朝廷（指明命朝）每一事所效法之模範，爲中國，而非法國」之言相合。國中法律「士人每丁年繳稅錢十二貫，唐人減半。」其優待華僑如此。即民間亦「好納唐人爲壻，呼唐人爲叔」。故對「天朝文士」蔡廷蘭，上下無不敬若上賓，親若骨肉。與今日在越之華僑地位相較，何啻天淵？讀畢此書，即可發現越南受中國文化影響之深，及中越同胞血統關係之密切矣！

蔡氏以生居偏僻之臺灣澎湖，官又不顯，故姓氏不爲人所知。同治峽江縣志，豐城縣志，雖載其到任年月，惟均無傳，人名大辭典亦無蔡氏之名。其書雖流傳外國，而學者對於蔡氏之生平，仍苦不可考。故今不嫌其詳，節錄其本傳如右。

此書有臺澎兵備道兼提督學政富陽周凱序，劉鴻翶序。臺灣知府熊一本與柯龍章兩跋，卷首有吳孝銘、蔣鏞等題詞，每篇末又有周氏評語。在昔平市舊書攤上，多有此紅封面之小册，價不過一二毛，七八年來已遍覓不可得矣！

越南古錢述略

越南古代流通的貨幣，主要爲銅錢，或稱制錢。傳世最古的有前黎朝黎桓天福五年（九八四）所鑄的「天福鎭寶」錢，背文有一「黎」字。越史書稱爲「此南錢之始」。黎氏天福錢，宋代就在廣州流通，「稱爲交阯國黎字錢」。南宋初洪遵《泉志》引《國朝會要》云：「秘書丞朱正臣言：前通判廣州，竊見蕃商多往交州貿市，齎『黎』字錢及砂鑞錢至州，頗紊中國之法」。黎字錢與含雜質之砂鑞錢在廣州流通，而至紊亂中國幣制，可見其流通量之大。

後來李、陳兩朝所鑄錢數較少。宋鄭竦云：「純用中國小錢，皆商旅泄而出者。」元黎崱云：「交易用唐宋時錢。」這兩朝自鑄的錢本來不多，十五世紀初就已「百僅一存，」故傳入我國者極少。後黎朝黎利（太祖）很重視錢貨的作用，稱「錢乃生民之血脈，不可無也。」即位後，即鑄順天元寶（一四二八）。其子孫多自鑄錢，錢貨充足。清王錫棨《泉貨滙考》云：「自明正統二年（一四三七）封黎麟爲安南國王，自此後鼓鑄益富，其錢流入中國頗多。」黎朝末代皇帝黎維祁於昭統元年（一七八七）用諸路寺觀銅像銅器所鑄之「昭統通寶」，很多流入兩廣，故清金錫鬯《晴韻館收藏古泉述記》云：「在在多有，粵東西尤甚。」至新阮錢則更大量流入中國內地。清道光八年十一月初六日（一八二八）上諭：「御史張曾奏：風聞廣東行使錢文，內有光中通寶、景盛通寶兩種最多，間有景興通寶、景興巨寶、景興大寶、嘉隆通寶，謂之『夷錢』摻雜行使，十居六七，潮州尤甚……內地奸民利其錢質澆薄，依樣仿鑄，日積日多。……如有前項弊端，立即嚴拿究辦，將此各諭令知之。欽此。」（據舊筆記，疑出自孟氏《泉布統志》）但上諭所謂「嚴拿究辦」，效果並不佳，福建仍發生類此摻雜行使情況。道光庚子年（一八四〇），光中、景盛等錢，在福建大量使用，衝擊市場。清唐與昆《泉幣滙考》引御史杜士彥奏：「福建漳、泉地方所用錢文，俱係光中、景盛、寶興年號，體質薄小，摻雜沙土，每百文不及制錢五十文之重。又據查明漳、泉二府行用『夷錢』，每千幾及十分之六七，光中一種最多，景盛次之。」清政府以紊亂錢法，不得不派大員查辦。所謂光中錢，為阮文惠（即清史之阮光平）光中年（一七八八——一七九二）所鑄，光中錢銅或赤或純黃，薄如紙，稱「薄板錢。」有通寶、大寶等數品。通寶中有一種，背文篆書「安南」二字。景盛錢為文惠嫡子阮光纘景盛年（一七九三——一八〇〇）間鑄。寶興錢為光纘弟阮光垂寶興年（一八〇一）鑄。光中父子錢所以大量充斥福建市場，主要是由於漳、泉地方人民，自宋以來與越南交通頻繁。清初越南廣南中部重要商港會安有「大唐街」，長三四里，都是福建人開設的店鋪。道光年間每年有大批福建人渡海前往越南南圻一帶謀生。光中錢體質輕薄，華僑商販自然喜歡多多帶回以獲厚利。

唐與昆又稱：「嘉隆錢，背七分，近海地方頗多，間有銀鑄者，」可見浙江沿海地方也有嘉隆錢。

所謂嘉隆錢，爲舊阮阮福映嘉隆年（一八〇二——一八一九）鑄。

不過越錢並非全都像光中錢那樣輕薄，如黎灝（又名思誠）的光順（一四六〇——一四六九）、洪德（一四七〇——一四九七）錢，就仿唐開元通寶，以十文錢爲一兩。越南著名史學家潘輝注稱：「洪德、光順錢猶近唐制，餘者多失輕薄，故行之不能無弊。」（潘輝注《歷朝憲章類志》）。黎灝，越史稱爲「聖宗」，滅占城，侵老撾。洪德之治，國勢富強，故所鑄錢重量合乎標準，形制又美。清張端木《錢錄》、王錫棨《泉貨滙考》，均稱安南地產銅，其所鑄錢形質具佳。清孟麟《泉布統志》云：「光順、端慶、景統、大正錢法甚好，世稱安南之錢也。」清高煥文《癖泉臆志》云：「安南泉自大寶（一四四〇——一四四二）至廣和（一五四一——一五四六）十二種皆字文端楷，如出一手」。

越南不僅有銅錢，又有鉛錢，爲陳朝明宗大慶十年（一三二三）鑄，惟次年即被禁。（《大越史記全書・本紀全書》卷六）。莫朝莫登庸（太祖）明德二年（一五二八）「鑄新式鉛鐵錢頒行。」（除此，另有明德通寶銅錢）莫朝大慶鉛錢、明德鐵錢似均失傳。黎朝永壽五年（一六六二）曾「嚴戒暗曉鑄錢各社不得雜鑄鉛錫諸錢，雖屢禁鉛錢而盜鑄不止」。（見潘氏《歷朝憲章類志》）廣南阮氏用清康熙錢。至阮福闊（一七四六）採納華人（清人）黃某的建議，「買西洋白鉛鑄錢，開鑄錢局於涼館，輪廓文字依宋樣符錢式。又嚴私鑄之禁，於是泉貨流通，公私便之。」（《大南實錄前編》）。嘉隆初「設鑄幣局於北城（今河內），用華人董其事，華人請鑄青鉛錢，帝許之，鉛錢一百三十緡，值銅錢一百緡。銅錢則定每銅一斤鑄錢七百文。」（《安南初學史略》）嘉隆通寶鉛錢，背文有楷書

「七分」二字。其子阮福晈也鑄有明命通寶鉛錢，明命元年（一八二〇）一次即鑄成白鉛錢三萬緡。因爲鉛比銅便宜，所以鉛錢大量流行，並用鉛錢來發薪俸，如「巡撫官每月鉛錢十八千。」明命鉛錢以二錢准一銅錢，無形中較嘉隆時跌價了。

接近雲南的北圻聚龍銅礦，爲安南「貨泉所由出，」在保泰元年（一七二〇）以前，這個最大的銅礦完全由清人經營開採。據清梁廷枏《夷氛聞記》云：「廣東順德周彥材官越南，總理鑄錢事。」黎朝景興二十一年（一七六〇）山西鎭（即山西省，在河內附近）地方官招集客商開場鑄作，所謂客商，就是華商。有一種景興通寶，背文有「山西」二字者，就出自華商鑄造。自山西開鑄後，各鎭聞風興起，皆有錢場，熔造既多，貨幣廣布。越南史家稱當時民用流通，所以無飢荒之患也。故越錢由採銅冶煉，以至鼓鑄，都含有中國人之汗血勞動。對於發展越南經濟，調劑物資，起過良好作用，但也遭到潘輝注的反對，認爲「鑄作之權，一委客商，其法未爲盡善。」

越錢在本國使用時，習慣上並非足陌。陳朝交易用唐、宋時錢，七十文爲一百，七百文爲一貫。七十文稱百爲上供錢，民間使用則以六十九文爲一百。黎朝鑄順天錢，陌，僅五十文。太宗改定六十文，是爲古錢，即貫錢；三十六文爲使錢，即閒錢，均所謂省陌錢也。

清代古錢收藏家由於不明瞭越史，既不知黎、莫之分，也不辨新舊阮之別，對越南各王朝的姓名、世系、年號缺乏了解，或加以臆斷，故敍述越錢，多有錯誤。又由於有的年號與中國相同，而黎王又有兩個名字，因此更容易搞錯。如有的把天福黎字錢作爲石晉天福錢，背文「黎」字，《欽定錢錄》

以爲此乃所鑄之地，而不知其爲黎桓的國姓。

又如景興錢，清倪模《古今錢略》以爲「未知的爲何國所鑄。」清許元愷《選青小箋》以爲「景興年代，《明史》未載，故不能臆斷。」清孟麟以「景興巨寶爲北宋錢」，又以爲「道書錢」。又云：「景興通寶、永寶、至寶、泉寶、內寶、重寶、大寶、順寶、正寶、中寶爲宋琉球國錢」，自相矛盾。案景興爲顯宗黎維祧（一名維端，又名維禕）年號，凡四十七年（一七四〇——一七八六），在位較久。時專國政者爲鄭楹鄭森父子。所鑄錢除上各寶外，又有景興用、順、宋、至、泉、重、正、太、之等寶。背文又各有大、小、北、上、中、太、大、西、中、京、工、壬戌、癸亥、庚申、辛酉、山西等字，約四十種。景興十四年（一七五三）「以諸鎮鑄錢多濫薄，命罷之，惟畿內仍置日昭、壅橋二場，委重臣監督其事。」又三十七年（一七七六）攝政鄭森「開順化鑄錢場，將所獲銅炮器弊不堪用者，鑄景興順寶錢三萬餘緡。」（欽定越史綱目）。景興錢品種之多，爲越錢冠，故流入內地者僅次於光中錢。

清唐與昆云：「明命不知何國所鑄，姑錄之，以俟知者。」孟麟以明命通寶爲宋廢號錢。案明命凡二十一年（一七九一——一八四一），爲阮福映阮福晈之年號，越史稱爲「聖祖仁皇帝」，其所鑄銅、鉛錢甚多。見有一種背文有滿洲文二字，據說意即「元寶」。又鑄明命通寶大銅錢，大如清咸豐當百錢，背文有美好吉利語，分四字、八字兩類，前者如「天下大同」、「壽考萬年」等十七種。八字者如「國泰民安，風調雨順」、「福如東海，壽比南山」等二十三種，兩共四十種十萬枚。稱「美號錢」。此種美號錢似少見。

孟麟又誤以聖元通寶爲宋時日本國錢，誤以嘉隆通寶、泰德通寶爲明時日本國錢。

案聖元爲大虞胡季犛（即黎季犛）年號（一四〇〇），次年即傳位於其子胡漢蒼，稱「胡」朝。泰德（一七七八——一七八七）爲阮文惠之兄阮文岳年號，文岳初稱西山王，泰德十年稱「中央皇帝」。文惠統一全越，改泰德十一年爲光中元年（一七八八），稱「光中皇」。

此外清代各收藏家又把紹平、元和、永定、永壽、永治、永盛、保泰、安法等錢，多列入「不知時也」、「不知年代品」、或「未詳」、「俟考」、「無考品」中，其實均安南錢也。

紹平通寶爲黎太宗黎龍（或作元龍又名麟）紹平元年（一四三四）鑄「頒新錢六百餘貫，賜文武百官。」

元和通寶（篆書）爲黎莊宗（黎寧又名眴、又名檉）元和年（一五三三——一五四八）鑄。

永定通寶錢係莫朝莫福源（即莫宏瀷，稱宣宗）永定元年（一五四七）鑄。

永壽通寶爲黎神宗黎維祺（即黎維禔）永壽年（一六五八——一六六二）鑄。

永治通寶爲黎熙宗黎維祫（即黎維禛或作維禃）永治年（一六七六——一六八〇）鑄。

永盛通寶爲黎裕宗黎維禟（即黎維裪），永盛五年（一七〇九）鑄，背文有「己」字。

保泰通寶亦爲黎維禟保泰年（一七二〇——一七二九）鑄。

（諸家無考品中又有聖元、明德、景興、昭統、泰德、光中、景盛等錢，已見上文。）

清代錢幣收藏家除以上孟麟、王錫棨、張端木、唐與昆、倪模、高煥文、金錫鬯、許元愷等八家外，尚有戴熙《右泉叢話》、初尚齡《吉金所見錄》、秦寶瓚《遺篋錄》、李佐賢《古泉滙》、張崇懿《錢志新編》及近代楊守敬《右錢藪》等，也各著錄了不少越錢。綜合清代諸家所藏越錢，除上述各品外，又有黎利的順天元寶。太宗的大寶通寶。（一四四〇——一四四二）。仁宗黎邦基（即黎琮）的天與通寶（一四六〇）。憲宗黎鏳（即黎暉）的景統錢（一四九八——一五〇四）。威穆帝黎誼的端慶錢（一五〇五——一五〇九）。襄翼帝黎瀅（即黎晭）的洪順錢（一五〇九——一五一五）。昭宗黎椅（即黎譓）的光紹錢（一五一六——一五二二）。恭王黎椿（即黎忘）的統元通寶（一五二二——一五二七）。莫登庸子莫登瀛（太宗）的大正通寶（一五三〇——一五四〇）。登瀛子莫福海（憲宗）的廣和通寶（一五四一——一五四六）。少數還有陳朝太宗陳日照的元豐通寶（通字作虎尾）（一二五一——一二五八）。裕宗陳皞（即陳日㷆）的大治元寶通寶（一三五八——一三六九），均極難得。

探討越南錢幣著錄最豐富者，首推日本奧平昌洪的《東亞錢志》，多至一大册。收有絕無僅有的李朝太宗李佛瑪（即李德政）的錢二品，一爲明道元寶（一〇四二——一〇四四）。一爲天感聖武年（一〇四四——一〇四九）的天感元寶，背文有「乾王」二小字。

越南不僅行使制錢，舊阮朝且鑄造銀錠與金錠，以應商業發展需要。清乾隆間，廣東潮州、韶州人在北圻太原送星廠開採銀礦者，衆至二、三萬人。嘉隆初「戶部監造錢幣及金銀幣，幣價定自上旨。

設鑄幣局於北城，用華人董其事。……初只有十兩銀錠，值錢二十八緡，賫持換易，多有窒礙。乃於嘉隆十一年（一八一二）增鑄一兩銀錠。」《安南初學史略》。嘉隆十四年（一八一五）又鑄「中平銀片五錢」，背文「嘉隆年造」。其後明命、紹治、嗣德（一八四八——一八八三）等帝又屢有續鑄。明命有官銀一、二、三、四、五錢，一兩，五兩。紹治有十兩至百兩者。可見舊阮銀幣和黎朝銅錢一樣，自開採冶煉以至鑄造，均有中國人之功勞。此等銀錠，形狀與中國之元寶或銀錠異，均作長條，有二龍戲珠紋。嘉隆、明命又鑄金錠，每金兩一，當銀兩十七，有五錢、一兩……稱爲「官金」或「內帑金」。明命十九年（一八三八）造黃金五十兩、捌歲，稱「大南元寶」。所謂捌歲，意謂含純金八成，非足赤也。亦長條形，此外還有百兩者。這類金銀大元寶，因嚴禁運回中國，故清代錢幣收藏家多未寓目，惟會稽孟麟得到嘉隆年造「精銀一兩」。誤以爲明時日本國幣。近人袁寒雲（世凱子）藏有明命重寶金錢一枚，重二錢一分，背紋雲龍，比普通銅元小。

古代中、越兩國在經濟方面有密切的關係。以上僅就越南古幣一項，略加探索，窺豹一斑，已見關係深廣及華人對越南經濟開發之力矣。

越南的醫學名著《懶翁心領》

越南的醫學有其光輝悠久的歷史。過去越南人把他們的醫學稱爲「南醫」，以別於中國的「北醫」（現在亦改稱爲「東醫」）。越南的醫書流傳到我國來的很少，去年北京圖書館與中醫研究院合編的《中國圖書聯合目錄》，收入了國內五十九個大圖書館所藏的全部醫書凡七千多種，是一個比較完備的醫書目，其中著錄數百種日本和朝鮮的漢文醫書，卻找不到一本越南醫書。現存越南古代醫藥書籍約有二、三十種，其中最有名的莫過於黎朝末年（十八世紀末）黎有卓所著的《懶翁心領》，或稱《海上心領遺書》，或作《海上醫宗心領全帙》，或作《海上懶翁》，則誤以作者筆名爲書名了。

黎有卓號海上懶翁，本越南海陽省唐豪縣遼舍社人，爲黎朝吏部尚書黎某之第七子。弱冠喪父，曾投筆從戎。後乃至河靜省香山縣情豔社母家，奉母家居，棄儒習醫。曾上京（今河內）求師，無所遇，回香山，又閉戶研究二十年，足不入城市。爲人治病，屢有全活，名動朝野。以人荐，於景興四十三年（一七八二年）被召赴京，治鄭王世子鄭檊病，自南北上，有《上京紀事》一卷，記其始末。卓既以醫自許，欲畢其能事，乃廣爲著述，苦心焦思，前後三十年寫成《心領》一書。又喜作詩，凡行醫所過山川勝迹，往往見諸吟咏。詩云：「豈是辛勤圖杳報？活人深念片心關。」又云：「長願世間人不病，吟詩酌酒野醫閑，」更可想見其懷抱矣。

《懶翁心領》全書，據黎氏凡例自述分爲二十八集，六十六卷。或作六十三卷，或作二十六卷者均誤。舉凡經典理論，內、外科，婦、產科，兒科，痲、痘，醫方、醫案、本草藥物，無所不包，是一部內容豐富的個人醫學叢書。據他自己說：是「臥薪嘗膽，瀝盡肝腸，吐盡底蘊」的作品。「遍搜百家，日夜苦攻，寸陰是惜」。而對他啓發最大的是清初浙江海鹽馮兆張的著作《馮氏錦囊秘錄》。他說：「及得《錦囊》全部，陰陽妙用，水火眞機，方能透悟；」但他又不局限於馮氏的圈子裏，如將《內經》問對諸篇，融會貫通，分爲陰陽、化機、臟腑、病能、治則、頤養、脈經等七條，《藥品滙要》中每品標明主用、合用、禁用、製法，比馮書眉目更爲清楚。又自抒己見，頗多心領神會之處，如「論我嶺南痲黃桂枝湯絕不可用」一章，便能因地制宜，根據氣候條件，閱驗心得，作出卓越的論斷。又將越南各地所產藥物，每味詳其性、治和當地的俗名，用喃字注明，寫出《嶺南本草》二卷。並搜羅了很多越南民間驗方，寫成《醫案》。因此更豐富更發揮了馮氏的學說，所以能夠「集諸家之大成，發前人之未發，」被稱爲越南的「醫聖」。假使把阮攸比作越南的歌德，也不妨稱黎有卓是越南的李時珍了。

黎有卓的著作，在生前已經有一部分被人傳誦，他自己想刊板，「奈力單功重」，不能如願。阮朝末年有位武春軒先生，經過多年搜購，又從河靜黎氏子孫處求得大部分，加以考訂編寫，又把它送給北寧省慈山府武江縣大壯社同人寺清高和尚，勸他刊行。這位急公好義的和尚終於負起刻書的重責，向各方面募緣，又繼續搜尋遺稿，從嗣德三十二年（一八七九年）起，廣集儒醫，商同考訂，在寺刊板，一直到咸宜元年（一八八五年），先後化了六年工夫，才把它刻成。此書每卷末有助緣刊刻者芳名，其中值得指出的，有「明鄉秀才石裕誠題助五貫，紙三百張」，（見卷二十六末），「清客陳紹助三貫，清客林有貴助二貫」（均見卷五）。所謂「明鄉」係指越南戶籍中世居越南的中國人，所謂「清客」「北客」或「唐人」，則指當時的華僑。他們三人雖然出錢不多，而集腋成裘，對於此書的刻成，不無小補。從這件刻書小事上，也可看出過去中越兩國人民的友誼了。

此書首有武春軒、黎延序引，黎有卓自序，釋清高刊書小引。半頁八行，行二十一字，字體有楷書，有行書，又有宋體字（即明體字），因全書字數甚多，所以寫工不一，其中有出於和尚手筆者。校對不精，訛誤不少，如「丸散」誤作「凡散」，「昏暈」誤作「昏彙」，「綱目」誤作「剛目」等。避阮朝廟諱極謹嚴，凡種、宗、洪、任、時等字，均缺筆。黑硬紙面，紙念裝訂，外形如包背裝，而並不包背，書根用毛筆直寫，如宋人蝴蝶裝書之寫法。

一九六二年夏北京圖書館通過國際交換關係，從越南民主共和國河內國立中央圖書館獲得這部名著三十七册（內有缺卷），使我們有機會看到越南的醫書面貌，該館的隆情厚誼，是值得我們感謝的。

馬援傳（公元前一四——四九年）

馬援，字文淵，扶風茂陵人也。（註一）其先趙奢，爲越將，號曰馬服君，子孫因爲氏。援三兄，況、余、員，並有才能，王莽時皆爲二千石。援年十二而孤，少有大志，諸兄奇之，嘗受齊詩，意不能守章句，乃辭況，欲就邊郡田牧。況曰：「汝大才，當晚成，良工不示人以樸，且從所好。」會況卒，援行服期年，不離墓所，敬事寡嫂，不冠不入廬。後爲郡督郵，送囚至司命府，囚有重罪，援哀而縱之。遂亡命北地。遇赦，因留牧畜。賓客多歸附者，遂役屬數百家，轉遊隴漢間。嘗謂賓客曰：「丈夫爲志，窮當益堅，老當益壯。」因處田牧，至有牛馬羊數千頭，穀數萬斛。既而嘆曰：「凡殖貨財產，貴其能施賑也；否則守錢虜耳！」乃盡散以班昆弟故舊。

世祖即位，援留西州，隗囂甚敬重之，以援爲綏德將軍，與決籌策。是時，公孫述稱帝於蜀，囂使援往觀之。歸謂囂曰：「子陽井底蛙耳，而妄自尊大，不如專意東方。」建武四年冬，囂使援奉書洛陽。援至，引見於宣德殿。援曰：「天下反覆盜名字者，不可勝數；今見陛下，恢廓大度，同符高祖，乃知帝王自有眞也」。帝甚壯之。八年，帝自西征囂，至漆，諸將多以王師之重，不宜遠入險阻，計冘豫未決。會召援，夜至，帝大喜，引入，具以群議質之。援因說隗囂，將帥有土崩之勢，兵進有必破之狀。又於帝前聚米爲山谷，指畫形勢，開示衆軍所從道徑往來，分析曲折，昭然可曉。帝曰：「虜在吾目中矣！」明旦，遂進軍。囂衆大潰。

九年，拜援爲太中大夫，副來歙，監諸將平涼州。十一年夏，璽書拜援隴西太守。援乃發步騎三千人，擊破先零羌於臨洮，斬首數百級，獲馬牛羊萬餘頭，守塞諸羌八千餘人詣援降。是時，朝臣以金城破羌之西，途遠多寇，議欲棄之。援上言：「破羌以西，城多完牢，易可依固。其田土肥壤，灌溉流通，如令羌在湟中，則爲害不休，不可棄也。」帝然之。於是詔武威太守令悉還金城客民，歸者三千餘口，使各反舊邑。援奏爲置長吏，繕城郭，起塢候，開導水田，勸以耕牧，郡中樂業。又遣羌豪楊封譬說塞外羌，皆來和親。又武都氐人背公孫述來降者，援皆上復其侯王君長，賜印綬。帝悉從之。視事六年，徵入爲虎賁中郎將。援自還京師，數被進見。爲人明鬚髮，眉目如畫，（註二）閑於進對，尤善述前世行事。每言及，三輔長者下至閭里少年，皆可觀聽，自皇太子諸王侍聞者，莫不屬耳忘倦。又善兵策。帝常言：「伏波論兵與我意合，每有所謀，未嘗不用。」

十六年二月，交阯女子徵側及女弟徵貳反。徵側者，麊冷縣（山西省安朗縣）雒將之女也，嫁爲朱鳶雒將子詩索妻，甚雄勇。交阯太守蘇定以法繩之，側怨怒，又仇定之殺其夫，故反。定張眼視錢，諜目討賊，怯於戰功，奔還南海。側攻沒其郡，九眞、日南、合浦蠻夷皆應之，寇略嶺外六十五城，服諸雒將，自立爲王，都麊冷縣，復交阯、九眞二郡民二歲調賦。交阯刺史及諸太守，僅得自守，邊郡苦之。十七年，詔長沙、合浦、交阯，具車船，修道橋，通障溪，儲糧穀。於是璽書拜援伏波將軍，以扶樂侯劉隆爲副，督樓船將軍段志等，南擊交阯。軍至合浦，而志病卒。詔援並將其兵。遂緣海而進，於是隨山刊道，千餘里。十八年春，軍至浪泊上，（註三）與賊戰，破之，斬首數千級，降者萬餘人。援追徵側等至禁溪，數敗之，賊遂散走。明年正月，斬徵側、徵貳，傳首洛陽。（註四）封援爲新息侯，食邑三千戶。援乃擊牛釃酒，勞饗軍士，從容謂官屬曰：「吾從弟少游，常哀吾慷慨多大志，曰：士生一世，但取衣食裁足，乘下澤車御款段馬，爲郡掾吏，守墳墓，鄉里稱善人，斯可矣。致求盈餘，但自苦耳！當吾在浪泊西里間，虜未滅之時，下潦上霧，毒氣重蒸，仰視飛鳶跕跕墮水中，臥念少游平生時語，何可得也？今賴士大夫之力，被蒙大恩，猥先諸君紆佩金紫，且喜且慚。」吏士皆伏，稱萬歲。援將樓船大小二千餘艘，戰士二萬餘人，擊九眞賊徵側餘黨都羊等。（註五）自無功至居風，斬獲五千餘人，嶠南悉平。（註六）援奏言西于縣戶有三萬二千，遠界去庭千餘里，請分爲封溪、望海二縣。許之。援所過，輒爲郡縣，治城郭，（註七）穿渠灌溉，以利其民，條奏越律與漢律駁者十餘事，與越人申明舊制，以約束之，自後駱越奉行馬將軍故事。援樹兩銅柱於象林南界，以紀漢德之盛，與西屠國分漢之南疆也。二十年秋，振旅還京師，軍吏經瘴疫死者十四五，賜援兵車一乘，朝見位次九卿。援好騎，善別名馬，於交阯得駱越銅鼓，乃鑄爲馬式，還上之，馬高三尺五寸，圍四尺四寸。有詔置於宣德殿下，以爲名馬式焉。初，援軍還，將至，故人多迎勞之。平陵人孟冀名有計謀，於坐賀援。援謂之曰：「吾望子有善言，反同衆人耶？昔伏波將軍路博德開置七郡，裁封數百戶；今我微勞，猥饗大縣，功薄賞厚，何以能長久乎？先生奚用相濟？」冀曰：「愚不及。」援曰：「方今匈奴、烏桓，尙擾北邊，欲自請擊之。男兒要當死於邊野，以馬革裹屍還葬耳，何能臥床上，在兒女子手中邪？」冀曰：「諒爲烈士，當如此矣！」

二十四年，武威將軍劉尙擊武陵五溪蠻夷，深入，軍沒。援因復請行，時年六十二。帝愍其老，未許之。援自請曰：「臣尙能被甲上馬」。帝令試之。援據鞍顧盼，以示可用。帝笑曰：「矍鑠哉！是翁也！」遂遣援率中郎將馬武、耿舒、劉匡、孫永等，將十二郡募士，及弛刑四萬餘人，征五溪。明年春，軍至臨鄉，遇賊攻縣，援迎擊破之，斬獲二千，餘人皆散走，入竹林中。三月進營壺頭。賊乘高守隘，水疾，船不得上，會暑甚，士卒多疫死。援亦中病，遂困，乃穿岸爲室，以避炎氣。賊每升險鼓噪，援輒曳足以觀之，左右哀其壯意，莫不爲之流涕。耿舒與兄好畤侯弇書曰：「伏波，類西域賈胡，到一處輒止，以是失利，今果疾疫。皆如舒言。」弇得書，奏之。帝乃使虎賁中郎將梁松乘驛，責問援，因代監軍。會援病卒。松宿懷不平，遂因事陷之。帝大怒，追收援新息侯印綬。

初，兄子嚴、敦，並喜譏議，而通輕俠客。援前在交阯，還書誡之。援在交阯，常餌薏苡實，用能輕身省慾，以勝瘴氣，南方薏苡實大，援欲以爲種，軍還，載之一車。時人以爲南土珍怪，權貴皆望之。援時方有寵，故莫以聞。及卒後，有上書譖之者，以爲前所載還皆明珠文犀。馬武與於陵侯侯昱等皆以章言其狀。帝益怒。援妻孥惶懼，不敢以喪還舊塋，裁買城西數畝地，槁葬而已，賓客故人莫敢吊會。嚴與援妻子，草索相連，詣闕請罪。帝乃出松書以示之。方知所坐。上書訴寃，前後六上，辭甚哀切，然後得葬。又前雲陽令同郡朱勃，詣闕上書曰：「竊見故伏波將軍新息侯馬援出征交阯，土多瘴氣，援與妻子生訣，無悔吝之心，遂斬滅徵側，克平一州。得事朝廷。二十二年，北出塞漠，南渡江海，觸冒害氣，僵死軍事，名滅爵絕，國土不傳。海內不知其過，衆庶未聞其毀，卒遇三夫之言，橫被誣罔之讒，家屬杜門，葬不歸墓，若援所謂「以死勤事」者也，愿下公卿，平援功罪，宜絕宜續，以厭海內之望。」書奏，報歸田里。永平初，援女立爲皇后。顯宗圖畫建武中名臣列將於雲臺，以椒房故，獨不及援。東平王蒼觀圖，言於帝曰：「何故不畫伏波將軍像？」帝笑而不言。至十七年，援夫人卒。乃更修封樹，起祠堂。建初三年，肅宗使五官中郎將持節追策，謚援曰忠成侯。四子：廖、防、光、客卿。（據後漢書卷二十四馬援傳，唐章懷太子注南蠻傳，資治通鑑卷四十三，水經注卷三十六、三十七，今本東觀漢記卷十二，大越史記外紀全書卷三，唐書參修。）

論曰：交阯女子徵側、徵貳姊妹，因太守蘇定貪暴，失於撫字而反，攻陷郡治，九眞、日南、合浦蠻夷皆應之，寇略嶺外六十五城，自立爲王。以女子而驍雄如此，古今所罕見也。寇亂連年，於是光武拜援伏波將軍，（註八）往討之。援以交土多瘴與妻子生訣，乃以樓船陸師斬滅之。並平其餘黨於九眞，徙其渠帥三百餘口於零陵。是爲遷越民入內地之始。援又移內地之民於交，與土人雜居，於是交阯三郡，遂多漢人苗裔，所謂「馬留」不過其一部耳。又於交部立城郭，爲郡縣，穿渠灌溉，以利其民，與越人申明舊制，以約束之，故自後駱越奉行馬將軍故事。元代安南人家門首，必有小祠，刻木爲象，朔望陳於庭，老稚羅拜，其神曰：「馬大人」（註九）蓋即馬伏波也。至清代仍有伏波廟，其靈爽視明英國公張輔尤赫，自國王以下，罔不望門瞻禮，歲時禱祠。（註一〇）嗚呼！其威德深遠矣！明太祖以援討交阯，其功甚大，故特遣使往安南祭之，千載之下，猶使人追念其勛烈如此。宜乎銅柱標功，千古傳爲美談焉。惟諸家所云銅柱，或在欽州，或在凭祥，或在諒山，實爲大誤。水經注（卷三十六）「援樹兩銅柱於象林南界」。俞益期箋曰：「馬文淵立兩銅柱於林邑岸北。」晉書（卷九十七林邑國傳）「林邑國，本漢時象林縣，則馬援鑄銅柱之處也。去南海三千里」。唐書：「自交至銅柱五千里。」范曄後漢書（註一一）馬援征南海，鑄銅柱於林邑國，以極漢南界。」（註一二）凡此均足證銅柱之在林邑，而林邑固在交州南也。象林縣，據越人大南一統志，以爲在今平定省，而一統志又以富安省（在平定南）之大嶺，即唐書環王傳之銅柱山，爲援植銅柱處。今雖不能確指其在平定、富安與否，要必在北緯十六度以南，即漢日南郡以南地，而決不能在相去數千里外之兩廣，以銅柱爲廣越交界之表記者，宋明以後士大夫之陋見也。銅柱銘文多作：「銅柱折，交阯滅。」惟唐李宏臯云：平徵側於龍編，樹銅柱於象浦，銘曰：「金人汗出，鐵馬蹄堅，子孫相連，九九百年。」又安南境內銅柱，仿援而作者，唐馬總以銅一千五百斤建二銅柱於漢故處，以明伏波之裔，張舟亦建銅柱，今均不可考。（註一三）

附後記

近年來，越南御用史學家借歷史問題，大肆反華仇華，把二徵姊妹捧上天，說成是反抗外國侵略的英雄，而咒罵馬援是屠夫。

大家知道，越南自秦、漢三國、六朝、隋、唐及明永樂，千餘年來均爲中國郡縣，即越史所稱「

內屬」或「北屬」時期。伏波將軍馬援平定徵側，是在中國領土以內中央政府平定地方的叛亂，根本不存在什麼侵略問題。由於馬援平定叛亂，廢除落後的雒將雒田制度及奴隸制法律，而推行封建法律，使交阯社會從奴隸占有制，轉向封建社會，使社會向前發展進了一步。馬將軍爲維護國家統一，作出大貢獻，又爲安定地方秩序，發展生產，治城廓，興修水利。所以應該肯定馬援是有大功於祖國，有益於交阯人民的大軍事家、政治家。

越南人民因他對越有功，故同內地兩廣、浙江一樣，也設立馬伏波廟，以紀念其恩德。在陳朝家家祭拜馬大人像。黎朝、阮朝把馬伏波改稱「本頭公」，南北各處均供奉本頭公極虔敬。可見公道自在人心，人民是最好的歷史裁判員。越南御用史學家的咆哮顛倒黑白是枉費心機的。

【附註】

註一：清嘉慶扶風縣志卷八古迹伏波村在縣（今陝西興平）西七里漢伏波將軍馬援故里。

註二：東觀記曰：援長七尺五寸，色理髮膚，眉目容貌如畫。

註三：即今河內西湖，唐高駢以天南勝地在此，謂鳳凰飲水格。一說在北寧省。

註四：越史稱徵側爲徵女王，後土人哀慕，於福祿喝江社立祠奉祀之，今河內有圓明寺，亦祀徵側。

註五：杜佑通典卷一百八十八：援進擊九眞賊都陽等，破降之，徙其渠帥三百餘口，於零陵，嶺表悉平。

註六：水經注卷三十七，建武十九年九月，馬援上言：「臣謹與交阯精兵萬二千人，與大兵合二萬人，船車大小二千艘，自入交阯於今爲盛。十月援南入九眞，至無功縣，賊渠降。進入餘發，渠帥朱伯弁郡，亡入深林巨藪，犀象所聚，羊牛數千頭，時見象數十百爲群。援又分兵入無編縣，王莽之九眞亭，至居風縣，帥不降，並斬級數十百，九眞乃靖。

註　七：晉書地理志下，後漢馬援平定交部，始調立城郭，置井邑。大越史記：援又築藺城於封溪，其城圓如藺，故以爲名。

註　八：援以伏波將軍往征交阯，及平徵側，乃封新息侯。近法人、日人著述中，以伏波之號，爲援平交阯後所封，又援征交阯時年已七十六。均誤。本傳援建武二十四年征武陵蠻，時年六十二，翌年卽卒，年六十三。則建武十八年征交時，年五十六歲，至二十年振旅還京，亦不過五十九歲耳。

註　九：元陳孚安南卽事詩注。

註一〇：淸潘鼎珪安南記遊。

註一一：太平御覽卷八百十三。

註一二：今本範書援傳不載。

註一三：馬援廟在吾鄉嵊縣俗稱三眼大帝廟，塑像有三隻眼，廟現已毀。

士燮傳（一三七——二二六年）

爲越人崇敬的士王——南交學祖

士燮，字威彥，蒼梧廣信人也。其先本魯國汶陽人，至王莽之亂，避地交州，六世至燮父賜，桓帝時爲日南太守。燮少遊學京師，事潁川劉子奇，治《左氏春秋》，察孝廉，補尙書郎，公事免官。父賜喪闋後，舉茂才，除巫令。

遷交阯太守。交州刺史朱符爲夷賊所殺，州郡擾亂。燮乃表弟壹領合浦太守。次弟徐聞令䵋，領九眞太守。䵋弟武領南海太守。燮體器寬厚，謙虛下士，中國士人往依避難者以百數。耽玩《春秋》，爲之注解。陳國袁徽與尙書令荀彧書曰：「交阯士府君既學問優博，又達於從政，處大亂之中，保全一郡，二十餘年疆場無事，民不失業，羈旅之徒皆蒙其慶，雖竇融保河西，曷以加之？官事小闋，輒玩習書傳，《春秋左氏傳》尤簡練精微，吾數以咨問傳中諸疑，皆有師說，意思甚密。又《尙書》兼通古今大義詳備，聞京師古今之學，是非忿爭，今欲條左氏尙書長義上之。」其見稱如此。燮兄弟並爲列郡，雄長一州，偏在萬里，威尊無上，出入鳴鐘磬，備具威儀，笳簫鼓吹，車騎滿道，胡人夾轂焚燒香者常有數十，妻妾乘輜軿，子弟從兵騎，當時貴重震服百蠻，尉他不足踰也。

朱符死後，漢遣張津爲交州刺史。津與燮共表言：「伏見十二州皆稱州，而交獨爲交阯，何天恩不平，若普天之下可爲十二州者，獨不可爲十三州？」詔報聽許。拜津交州牧，加以九錫，彤弓彤矢，禮樂征伐，威震華夏與中州方伯同，自津始也。同治蒼梧縣志卷十七引交廣記，在建安二年。晉書地理志作建安八年，張津爲刺史，士燮爲交阯太守，共表立爲州，乃拜津爲交州牧。津後又爲其將區景所殺。而荊州牧劉表遣零陵賴恭代津，是時蒼梧太守史璜死，表又遣吳巨代之，與恭俱至。漢聞張津死，賜燮璽書曰「交州絕域，南帶江海，上恩不宣，不義壅隔，知逆賊劉表又遣賴恭闚看南土，今以燮爲綏南中部將，董督七郡，領交阯太守如故。後燮遣吏張旻奉貢詣京都，是時天下喪亂，道路斷絕，而燮不廢貢職。特復下詔拜安遠將軍，封龍度亭侯。後巨恭相失，舉兵逐恭，恭走還零陵。

建安十五年，孫權遣步騭爲交州刺史。騭到，燮率兄弟奉承節度，而吳巨懷異心，騭斬之。權加燮爲左將軍。建安末年，燮遣子廞入質，權以爲武昌太守，燮、壹諸子在南者，皆拜中郎將。燮又誘導益州豪姓雍闓等，率郡人民使遙東附。權益嘉之，遷衛將軍，封龍編侯。弟壹偏將軍，都鄉侯。燮每遣使詣權，致雜香細葛，輒以千數，明珠、大貝、流離翡翠、瑇瑁、犀、象之珍奇物，異果蕉耶、龍眼之屬無歲不至。黃武中，嘗獻橘十七實同一蔕，以爲瑞異，羣臣畢賀。晉嵇含南方草木狀卷下壹時貢馬凡數百匹，權輒爲書厚加寵賜以荅慰之。燮在郡四十餘歲，黃武五年年九十卒。葛洪神仙傳曰，燮嘗病死已三日。仙人董奉以一丸藥與服以水含之，捧其頭、搖捎之，食頃已開目動手顏色漸復，半日能起坐，四日復能語，遂復常奉字昌異侯官人也。

權以交阯縣遠，乃分合浦以北爲廣州，呂岱爲刺史，交阯以南爲交州，戴良爲刺史。又遣陳時代燮爲交阯太守。岱留南海，良與時俱前行到合浦，而燮子徽自署交阯太守，發宗兵拒良，良留合浦。交阯桓鄰燮舉吏也，叩頭諫徽，使迎良，徽怒，笞殺鄰。鄰兄治子發，又合宗兵擊徽，徽閉門城守，治等攻之，數月不能下，乃約和親，各罷兵還。而呂岱被詔誅徽，自廣州將兵晝夜馳入，過合浦，與良俱前，壹子中郎將匡，與岱有舊，岱署匡師友從事，先移書交阯，告喩禍福，又遣匡見徽，說令服罪，雖失郡守，保無他憂，岱尋匡後至。徽兄祗、弟幹、頌等六人，肉袒奉迎，岱謝令復服，前至郡下。明旦，早施帳幔，請徽兄弟以次入，賓客滿坐。岱起擁節，讀詔書，數徽罪過，左右因反縛以出，即皆伏誅，傳首詣武昌。壹、䵋、匡後出，權原其罪，及燮質子廞，皆免爲庶人。數歲，壹、䵋坐法誅廞病卒，無子，妻寡居。詔在所月給俸米，賜錢四十萬。三國志卷四十九節錄士燮傳

論曰：漢季三國，天下大亂，羣雄割據，干戈擾攘無虛日，民之死於鋒鏑及飢疫者，不可勝數，故我國史上以三國時代人口爲最少，生民之苦於斯爲極，獨交州一區爲當時世外桃源，居民富庶，安享太平之福者四十餘年，則士燮之賜也。中原士人亦以爲樂土，往依避難者以百數，如

程秉：吳志本傳秉汝南南頓人也。逮事鄭玄，後避亂交州，與劉熙考論大義，遂博通五經，士燮命爲長史，權聞其名儒，以禮徵秉。著周易摘商、書駁、論語弼，凡三萬餘言。

薛綜：吳志本傳綜沛郡竹邑人也。少依族人避地交州，從劉熙學，後除合浦交阯太守。

許靖：字文休，汝南人，孫策渡江，走交阯，以避難，士燮加禮遇，與陳國袁徽同寓交阯。

劉熙、袁徽等皆績學名儒，儒道南行龍編，遂爲嶺南文化中心矣，燮從政之餘，輒以治經禮賢下士

與士大夫共興儒學以教州人。（明嚴從簡殊域周咨錄卷六，燮初開學校，取中夏，經傳翻譯音義，教本國人始知習學之業，然中夏則說喉聲本國話舌聲字與中華同而音不同。）所謂富而教之，交州之人讀儒書服仁義，深受孔子之教者，燮之餘澤也。越南四字經曰士王爲牧，教以詩書，薰陶美俗。越儒吳士連曰：「我國通詩書習禮樂，爲文獻之邦，自士王始，其功德豈特施於當時，而有以遠及於後代，豈不盛矣哉。」阮德達曰交南文獻與朝鮮埒，士王功也，故越人尊之爲王，旣爲專廟祀之。（元陳孚安南即事詩士燮祠，將歷高駢塔未蕪，自注云：士燮爲交阯太守，有惠政死葬焉。士人祠之甚謹，又越人裴昌嗣題超類士王廟詩云：天南聖學爲開源，景仰靈祠北斗尊。）又祀之於歷代帝王廟及文廟中，（皆阮明命時事）誠衷心悅而誠服之也。若燮者，豈非所謂以德服人者歟？又燮爲蒼梧廣信人，史有明文，即今廣西梧州也。宋紹聖間，梧州守李亨塑燮父子幷陳元等六人像，創爲六賢堂。蒼梧縣西北四里有燮塚，（均見永樂大典卷二千三百四十二）蓋衣冠塚也。（燮卒於官墓在南境，見宋劉敬，叔異苑。又大越史記外記卷四，世傳王既葬後至晉末，凡百六十餘年，林邑人入寇，掘發王塚，見其體面如生大懼，乃復封瘞，士人以爲神立廟事之，號士王僊。）而越人每以士王生於越爲榮，不知漢時雖嘗以廣信爲交州治所。故燮可稱交州人，然非越南人也。

附後記

三國薛綜疏稱「漢武帝開九郡以來，頗徙中國罪人雜居其間，稍使學書，粗知言語，使驛往來，觀見禮化」是爲中國文字語言傳入越南之始。東漢初任延任九眞太守，教民牛耕，定婚禮，制冠履，建立學校，導之經義，是爲正式開設學校，傳入儒家經典之始。餘姚虞翻以論議忤孫權，遠徙交州十餘年，雖處罪放，而講學不倦，門徒常數百人。吳交州刺史陶基「設庠序，立學校，合境化之。」宋交州刺史杜慧度「頗好莊老，崇修學校」以至城門不夜閉，道不拾遺。唐代王福時爲交阯令，大開文教。安南都護馬總以「儒術教俗」。上述諸賢，對於傳入中國文化，均起過良好作用，而對後世影響最深遠者莫過於士燮。

士燮任交阯太守四十餘年，內地學人往依避難者以百數，其中著名者有劉熙、薛綜、許靖、許慈、袁徽、牟子、及異人董奉等，使交阯成爲人文淵藪，文化中心，燮學問優博，達於從政，官事之暇，玩習書傳，注《左傳》、《尚書》，兼通古今大義。開學校，取經傳翻譯音義，以教越人。「感於越人學習漢音之困難，乃將音韻譯爲越聲，平仄俱有一定方式，音韻不變，而判別顯然，其譯法頗爲技巧，越人之所以能吟詩作對聯，皆得力於此。士燮並創「喃字」，假借漢字片段，演爲越字，此種字多半是形聲，半是會意。」（註）燮改良了教育法，使越人的教育，得到更廣泛普及，故越人稱之爲「南交學祖」又尊爲「士王」。順城三椏有士王廟與墳。

士燮在交阯著《春秋左氏經注》十三卷，梁朝有吳衞將軍《士燮集》五卷（隋亡）。又著《交州人物志》，爲紀載交州人物的第一部專書。唐劉知幾《史通》雜說云：「交阯遠居南裔，越裳之俗也，敦煌僻處西域，昆戎之鄉也，求諸人物，自古闕載。既而士燮著錄，劉昞裁書，則磊落英才粲然盈矚者矣。」故燮不特爲政治家，又爲經學家，及史學家，所惜者三書均早佚，其所著交州人物姓名亦不可考。即晉劉道會所撰，記士燮及陶璜事之《交州雜事》九卷，也早亡佚，兩賢之善政美績亦多失傳矣。

【附註】

註：據越南通鑑一九六一年版。越南已故史學家陳文玾先生也告我喃字，可能由士燮創造。

一九八八年十一月補記於嵊縣瞻山老家，時年八十一歲

高駢傳（？——八八七年）

高駢（？——八八七年）字千里，幽州人，南平郡王崇文曾孫也。（註一）父承明，神策虞候。駢家世仕禁軍，幼而朗拔，好爲文，多與儒者遊，喜言理道，兩軍中貴翕然稱重。事朱叔明爲司馬，有二雕並飛，駢曰：「我且貴，當中之。」一發貫二雕。號落雕侍御。後歷右神策都虞候。會黨項羌叛，令率禁兵萬人戍長武城，時諸將御羌無功，唯駢伺隙用兵，出無不捷。懿宗深嘉之。西蕃寇邊，移鎮秦州，尋授秦州刺史，本州經略使。

先是李琢爲安南都護，貪於貨賄，虐賦夷獠，人多怨叛，遂結南詔，合勢攻陷安南城，屠之。將吏遺人多客伏溪洞，人不聊生，自是累年，亟命將帥，未能收復。咸通五年，帝將復安南，因夏侯孜言，拜駢爲安南都護，本管經略招討使，召還京師，見靈臺殿。於是容管經略使張茵不討賊，更以茵兵授駢。六年七月，駢治兵於海門，（註二）未進。監軍李維周惡駢，欲去之，屢趣駢使進軍。駢以五千先濟，約維周發兵應援。駢既行，維周擁餘衆不發一卒以繼之。九月駢次南定。峰州蠻衆五萬方獲田。駢掩擊，大破之，（註三）收其所獲以食軍。七年六月，南詔酋龍遣善闡節度使楊緝（新唐書作楊緝思）助安南節度使段酋遷守交阯，以范昵些爲安南都統，趙諸眉爲扶邪都統。監陳敕使韋仲宰將七千人至峰州。駢得以益其軍，進擊南詔，屢破之，捷奏至海門。維周皆匿之，數月無聲問。帝怪之，以問維周。維周劾駢駐軍峰州，玩寇不進。帝怒，以武衛將軍王晏權代駢，鎮安南。召駢詣闕，欲重貶之。是月駢大破詔蠻於交阯，殺獲甚衆，遂圍交阯城。十月，圍交阯十餘日，蠻困蹙甚，城且下。會得王晏權牒，已與李維周將大軍發海門。駢即以軍事授韋仲宰，與麾下百餘人北歸。先是仲宰遣小使王惠贊，駢遣小校曾袞入告交阯之捷，至海中，望見旌旗東來，問遊船云「新經略使與監軍也。」二人謀曰：「維周必奪表留我。」乃匿於島間。維周過，即馳詣京師。帝得奏大喜，即加駢檢校，工部尚書，復鎮安南。駢至海門而還。晏權暗懦，動稟維周之命，維周凶貪，諸將不爲之用，遂解重圍，蠻遁去者太半。駢至，復督勵將士攻城，遂克之。斬段酋遷首，騎將麻光亮與趙諸眉，范昵些，及土蠻爲南詔向導者朱道古，皆就戮。楊思縉自裁。生擒其將張銓，李善龍（新書作譊龍），舉衆萬人降，斬首三萬餘級。南詔遁去。又有杜存凌者恣虐不道，與朱道古皆爲安南巨患，亦誅滅之（註四）。駢又破土蠻附南詔者二洞，誅其酋長，土蠻帥衆歸附者萬七千人。七年十月，駢奏蠻寇悉平。（註五）十一月壬子，帝御宣政殿，大赦天下，免咸通三年以前逋負，賜文武官階勛爵，以復安南故也。安南陷沒者十年，至是始收復。進駢檢校、刑部尚書，仍鎮安南。以都護府爲靜海軍，（註六）授駢節度，兼諸道行營招討使。

駢修築安南城，（註七）周圍一千九百八十丈零五尺，高二丈六尺，脚廣如之，四面女墻高五尺五寸，敵樓五十五所，門樓五所，甕門六所，水渠三所，踏道三十四所。又築堤，周圍二千一百二十五丈，高一丈五尺，脚闊三丈。造屋五千餘間。（註八）又以廣州至交水路潛石梗途，漕運艱澀，多覆巨舟。駢乃於九年四月（註九）開鑿海派，諭其下曰：「天道助順，神功扶直，今鑿海派，用濟生民，苟不徇私，何難之有？前時都護鎬師不至，持法不堅，負約營私，人皆怠惰。今我則不然，祇濟王事耳」。逾月之間，將欲開達，中有巨石，嶄嶄亘數丈，勁硬如鐵，鑿下刃卷，斧施柄折，役者氣沮。五月間，忽有巨雷數百聲，視其艱難之石，倏被震碎，其餘巨石亦爲震雷墮裂。於是洩海成派，舟楫無滯，安南備儲不乏，民賴其便，稱「天威徑」，以其爲天威神功所開也。（註一〇）初褚遂良竄沒日南，子孫雕零。駢特表洗雪，請尋訪苗裔，護喪歸葬。駢在安南多行善政，至於洞獠海蠻，莫不醉恩飽義，清建生祠（註一一）。

帝嘉其才，遷檢校，工部尚書，鄆州刺史，天平軍節度觀察等使。治鄆之政，民吏歌之。南詔蠻寇巂州，掠成都，乃以駢爲成都尹，劍南西川節度觀察等使。乘傳詣軍，及劍門，下令開城，縱民出入。左右諫寇在近，脫大掠，不可悔。駢曰「屬吾在安南，破賊三十萬，驃信聞我至，尚敢耶？」當是時蠻攻雅州，壁盧山，聞駢至，亟解去。（註一二）蜀土散惡，成都比無垣墉。駢乃計每歲完葺之費，甃之以磚甓，雉堞由是完堅。傳檄雲南，以兵壓境，講信修好，不敢入寇。進位檢校、尚書右僕射、江陵尹、荊南節度觀察等使。

乾符四年進位檢校、司空、潤州刺史、鎭海軍節度、浙江西道觀察等使、進封燕國公。六年冬，進位檢校司徒，揚州大都督府長史、淮南節度副大使知節度事，兵馬都統鹽鐵轉運使如故。駢至淮南，繕完城壘，招募軍旅、土客之軍七萬，乃傳檄征天下兵，威望大振。朝廷深倚賴之，進位檢校、太尉、同平章事。廣明元年夏，黃巢之黨自嶺表北趨江淮，由採石渡江。駢但握兵保境而已。其年冬賊陷河洛，中使促駢討賊，冠蓋相望。駢終逗撓不行。既而兩京覆沒，盧携死。駢大閱軍師，欲兼幷兩浙，爲孫策三分之計。僖宗知駢無赴難意，乃以宰臣王鐸爲京城四面諸道行營兵馬都統崔安潛副之，韋昭度領江淮鹽鐵轉運使，增駢階爵，使務並停。駢既失兵柄，又落利權，攘袂大詬，累上章論列，語詞不遜。及王鐸與諸道之師敗賊關中，收復京城。駢聞之，悔恨萬狀，而部下多叛，計無所出，乃托求神仙，屏絕戎政，軍中可否取決於呂用之。於府第別建道院，日與用之等授道家法籙，談論於其間，賓佐罕見其面。

自光啓二年十一月，雨雪陰晦，至三年二月，不解，比歲不稔，食物踊貴，道殣相望，飢骸蔽地。三月，蔡賊過淮口，駢令其將畢師鐸出軍御之。師鐸與高郵鎮將張神劍，鄭漢璋等，率行營兵反攻揚州，四月城陷。師鐸囚駢於道院，召宣州觀察使秦彥爲廣陵帥。既而蔡賊楊行密自壽州率兵三萬乘虛攻城，城中米斗五十千，餓死大半。九月，師鐸出城戰敗，慮駢爲賊內應，彥令師鐸以兵攻道院，亂卒升階，曳駢數之，曰：「公上負天子恩，下陷揚州民，淮南塗炭，公之罪也。」駢未暇言，首已墮地矣。駢與兒姪七人死於道院，都一坎瘞之，裹之以氈，後故吏鄺師虔收葬之。據《舊唐書》卷一百八十二高駢傳，《通鑑》卷二百五十，《新唐書》卷二百二十四下叛臣傳，卷二百二十二中南詔傳下，《全唐文》卷八百二十，八百五十，《越史略》《大越史記全書》外紀卷五、《唐會要》卷四十五、《唐文拾遺》卷四十一參修。

論曰：自李琢爲都護，以貪暴激亂，土酋遂引南詔入寇，乘隙陷安南。都護蔡襲死於難，府內之民被屠、虜掠者十五萬，安南糜爛，民不堪命。而朝廷所遣征討之旅，往往敗沒，觀皮日休詩云：「南荒不擇吏，致我交阯覆，聯綿三四年，流爲中夏辱（一作致我交阯辱）。儒者鬥即退，武者兵益黷，軍容滿天下，戰將多金玉，刮得齊民瘡（一作癰），分爲猛士祿。雄雄許昌師，忠武冠其族，去爲萬騎風，往爲一川肉。昨朝殘卒回，千門萬戶哭，哀聲動閭里，怨氣成山谷。」（註一三）

觀皮氏所刺譏，當時中原騷動之狀可見矣。及駢大破南詔，收復交城，於是陷沒十年之安南，重爲唐有，「掩韓信滅趙之功，呑樂毅定齊之策」，非駢私言，實公論也。拯民於水火之中，如解倒懸，故越人敬若神明，生爲立祠，尊之爲王。夫自兩漢以來交阯賢牧亦多矣，而交民敬愛呼之爲王者惟士王與高王耳。至今北寧義安，均仍有高王廟，爲越人所膜拜，則豈非駢能捍大患，有大德於民乎？駢又造大衆城，鑿海道，工程艱巨，利澤久遠，故越人樂道不忘，均有神話流傳。惟歐陽修《新唐書》列駢於叛臣傳，世人亦多忽其在安南之大功，余故表而出之。

附後記

高駢不特爲武將，又是詩人，《千家詩》中收錄其山亭夏日一首。而其立功於安南，尤爲越史家吳時仕所稱美。其言曰：「高駢在交南，破南詔，以拯一時之生靈，築羅城，以壯萬年之都邑，其功韙矣！至於通漕路，置使驛，凡事皆奉公而行，無一毫之私。」又曰：「張舟破占、環，城驩、愛，高駢果敗詔，保全安南，皆有功於我士，而駢之任久於舟，今國中婦孺猶能言之。前後牧守皆不能及駢，蓋駢之功爲獨盛也。」越史家陳文玾先生嘗告余，「趙陀、馬援、士燮、高駢，都被我們奉爲一村莊的保護神。」馬伏波被稱爲「本頭公」而士燮、高駢則並尊爲王。舊河內遠東博古學院圖書目錄有唐高都勃海郡王詩傳、高駢遺稿、地理高駢稿，惜未能見。

【附註】

註　一：孫光憲《北夢瑣言》卷七，唐高相國崇文，本薊州將校也，因討劉辟有功，授四川節度使，太尉，駢即其曾孫也。

註　二：高駢南征述懷云「萬里驅兵過海門，此生今日報君恩，回期直待烽烟靜，不遣征衣有淚痕」。可見其當時胸懷矣。《皇越地輿志》海陽鎮秦屬南海，漢屬交阯，唐置海門鎮，後稱洪州，丁、黎、李、陳間爲洪州，南策諸路，黎朝因之。

註　三：通鑑考異曰《舊唐書》本紀實錄，新書南詔傳、於邕管大敗林邑皆誤。今案林邑在安南南，至德後號環王，後稱占城，不復稱林邑，與邕管不發生關係，溫公之言是也。

註　四：此事見唐崔致遠補安南錄異圖記。

註　五：《皇越地輿志》載駢破南詔，李翁仲顯靈助順，駢爲修廟宇，祠在瑞香社。

註　六：自此後安南遂爲靜海軍節鎮。

註　七：或稱羅城，駢築大羅城時，見龍肚神君之神活，詳見《越甸幽靈》，見《皇越地輿志》引。

註　八：《大越史記全書》外紀卷五所載數字與此大致相同，惟作造屋四十餘萬間。通鑑作城周三千步，造屋四十餘萬間，今從《越史略》。法人伯希和云駢所築羅城，今河內城西北角新賽馬廠方面尚可見其遺址。

註　九：《舊唐書》、《通鑑》均作八年二月，今從裴碑記。

註一〇：《全唐詩》駢過天威徑詩曰：「豺狼坑盡卻朝天，戰馬休嘶瘴嶺邊（《全唐詩》作烟）歸路險巇今坦蕩，一條千里直如弦。」北夢瑣言卷二「安南高駢奏開本州海路，初交阯以北距南海有水路，多覆巨舟，駢往視之，乃有橫石隱隱然在水中，因奏請開鑿，以通南海之利。其表略云『人牽利楫，石限橫津，纔登一去之舟，便作九泉之計。』時有詔聽之。乃召工者啖以厚利，竟削其石，交廣之利，民至今賴之以濟焉。駢不特開安南威徑，又開廣西博白戌灘以通舟。永樂大典卷二千三百四十二引元一統志云『博白縣西南馬門灘之下北戌灘，唐咸通中，高駢爲安南都護，既平蠻獠，詔歸闕，自海路由合浦而上，經是灘，險不可行，又中伏巨石。駢因留俸錢，遺海門防遏使楊俊營治之。至今舟楫通行無限阻。乾符中俊立碑，以紀事，碑今存。』駢又於東究山上建塔。東究山在北江府嘉林州，一名東皋山，駢建塔其山，見《東西洋考》卷一及《大明一統志》。又明解縉詩云：交阯名藩百雉雄，高駢塔在古城東」知永樂初塔尚存。駢又建西方廟，原名崇福，在今山西省青舍鄉西方村，越南畫報有照片。

註一一：立碑記功。今惟存唐司空圖復安南碑文，文長不錄。

註一二：《北夢瑣言》卷五咸通中南蠻圍西川，朝廷命太尉渤海高公駢自天平軍移鎮成都，戎車未屆，乃先以帛書軍號其上，仍畫一符，於郵亭遞之，以壯軍聲。蠻酋懲交阯之敗，望風而遁。

註一三：案此爲皮氏三羞詩之一。孫光憲《北夢瑣言》題懿宗朝舉子作《全唐詩》兩載之，殊非。

張輔傳

張輔字文弼，河南祥符人。河間忠武王玉長子也。母王氏，爲元樞密院判王執中之女。太宗皇帝靖難，玉爲元勛。輔雄壯有父風，從父力戰有功，授蔚州衞同知。東昌之戰，玉歿於行陣。輔襲職，爲都指揮同知，統父兵，戰夾河、藁城、彰德、靈璧有功。從入京師，封信安伯，祿千石，予世劵。妹爲帝妃。邱福朱能言：「輔父子功俱高，不可以私親故，薄其賞。」永樂三年進封新城侯，加祿三百石。

初安南有黎季犛者，字理元，自推其先祖胡興逸，本浙江人，五季時守演州。其後有胡廉者，爲黎氏義子，遂以黎爲姓，季犛其四世孫也。歷仕陳朝，爲陳氏外戚，累進封同平章事，加輔政，太師、攝政欽德興烈大王，自稱國祖章皇，逼陳王顒（越史僭稱順宗）出家，縊殺之。立顒子䝉（少帝）尋又廢之。遂移陳祚，自爲帝，時年六十五，國號大虞，改姓胡，以爲舜帝胡公滿之後。未踰年，以位與其子黎蒼（大越史記稱胡漢蒼）自稱太上皇，同聽政。殺戮陳宗室，及上將軍陳渴眞等，暴虐煩苛，人心不附。其故王之孫陳天平（註一）自老撾來奔。季犛佯請歸國。帝遣都督黃中以兵五千送之，前大理卿薛嵓爲輔。季犛伏兵芹站，殺天平，嵓亦死。黎氏俘囚官兵，發乂安種田，官吏留偽京收養。帝大怒，謂成國公朱能曰：「朕推誠容納，乃爲所欺，此而不誅，兵將奚用？」能等皆曰：「逆賊罪大，天地不容，臣等請仗天威，一舉殄滅之。」帝遂決意興師。

四年七月辛卯（註二）帝命朱能佩征夷將軍印，充征討安南總兵官。帝又察知輔沉雄有膽力，諸老將皆不如（註三），遂拔輔爲征夷右副將軍，帥豐城侯李彬等十八將軍（註四）會左副將軍西平侯沐晟兵合八十萬，分道進討。兵部尚書劉儁贊軍事，北京行部尚書黃福（註五），大理寺卿陳洽給餽餉。帝諭之曰：「安南之人，皆朕赤子，今其勢如在倒懸，汝往當如救焚拯溺，不可緩也。惟黎賊父子及其同惡，在所必獲，其協從及無辜者必釋。爾宜深體朕心，毋養亂，毋玩寇，毋毀廬墓，毋害稼穡，毋恣取貨財，毋掠人妻女，毋殺戮降附，有一於此，雖有功不宥。毋冒險肆行，毋貪利輕進，罪人既得，即擇陳氏子孫之賢者立之，使撫治一方，然後還師，告成宗廟，揚功名於無窮，此朕所望也。其往勉之！」能等頓首受命。又敕曰「安南僻在海陬，自昔爲中國郡縣，五季以來，中國多事，不能制之，歷宋及元，亦嘗悖叛，用兵圖之而無成功，然宋元所以無功者，蓋由將驕兵惰，貪財好色，爾其戒之。」十月戊子，能率師至龍州，以疾卒於軍。輔代領其衆以進。乙未，輔率師發凭祥，度坡壘關，望祭安南境內山川。令都督同知韓觀軍關下，督運餉，修道，遣鷹揚將軍都督僉事呂毅等前哨進至隘留關，賊衆三萬餘，依山拒守。毅督軍進攻，斬首四十級，生擒六十，餘賊皆走散。大軍遂度關，留兵守之。

輔以帝意，傳檄安南官吏軍民人等曰：「安南密邇中國，自我太祖高皇帝肇膺天命，統一寰區，其王陳日煃率先歸順，錫爵頒恩，傳序承宗，多歷年所。賊人黎季犛父子爲其臣輔，擅政專權，久懷覬覦，竟行弑奪，季犛易姓名爲胡一元，子黎蒼爲胡奆謬托姻親，益張威福手弑其主，戕及闔家，肆逞凶暴，虐於一國，草木禽獸，不得其寧，天地鬼神之所共怒。皇上即位之初，隆懷遠之德，黎賊父子遣使入朝，挾奸請命，稱陳氏宗族已絕，己爲其甥，暫權國事。朝廷惟務推誠，未嘗逆詐，而前安南王之孫爲所迫逐，逃入老撾，轉詣京師，訴其罪惡。朝廷初未之信，後因安南使人識其非僞，悲喜慰勞，不忘其故主，遂以璽書告諭，且欲興師。黎賊父子知國主之有後，慮天兵之下誅，遣使陳詞，乞赦誣妄，請迎歸國，以君事之。朝廷信而不疑，略其舊過，嘉與自新，悉從所請。遣使者以兵五千，護還國。而黎賊父子包藏禍心，設伏境上，遮拒天兵，阻遏天使，執殺前安南國王之孫。使臣以聞。皇上震怒，特命將兵八十萬討除逆賊。惟茲伐暴之師，必著聲罪之實，賊人黎季犛父子兩弑前安南國王，以據其國罪一也。賊殺陳氏子孫宗族殆盡，罪二也。不奉朝廷正朔，僭改國名大虞，妄稱尊號，紀元元聖，（註六）罪三也。視國人如仇讐，淫刑峻法，暴殺無辜，重斂煩徵，剝削不已，使民手足無措，窮餓罔依，或死塡溝壑，或生逃他境，罪四也。世本姓黎，背其祖宗，擅自改易，罪五也。凭籍陳氏之親，妄稱暫權國事，以上罔朝廷，罪六也。聞國王有孫在京師，誑詞陳情，迎歸本國，以君事之。及朝廷赦其前過，俯從所請，而益肆邪謀，遮拒天兵，阻遏天使，罪七也。其安南國王之孫始被迫逐，萬死一生，皇上仁聖矜憫存恤，資給護送，俾還本土。黎賊父子不思感悔，竟誘殺之，逆天滅理，罪八也。寧遠州世奉中國職貢，黎賊恃強，奪其七寨，占管人民，殺虜男女，罪九也。又殺其土官刀吉罕之婿刀猛慢，虜其女嚢亦，以爲驅使，強徵差發銀兩，驅役百端，罪十也。威逼各處土官趨走執役，發兵搜捕夷民，致一概掠走，罪十一也。侵占思明府祿州，西平州永平寨之地，及朝廷遣使索取，巧詞支吾，所還舊地十無二三，罪十二也。（註七）還地之後，又遣賊徒據西平州，刼殺朝廷命官，復謀來寇廣西，罪十三也。占城國王占巴的賴新遭父喪，即舉兵攻其舊州格列等地，罪十四也。又攻占城板達郎，白黑等四州，盡掠其人民孳畜，罪十五也。又加兵占城，取其象百餘隻，及占河離牙等地，罪十六也。占城爲中國藩臣，既受朝廷印章服物，黎賊乃自造鍍金銀印，九章冕服玉帶等物以逼賜其王，罪十七也。責占城國王惟尊中國，不重安南，以此一年凡兩加兵，罪十八也。天使以占城使者同往本國，黎賊以兵刼之於尸毗奈港口，罪十九也。朝貢中國不遣陪臣，乃取罪人，假以官職，使之爲使，如此欺侮不敬，罪二十也。斯其大者，餘悉不言。惟黎賊父子不臣之罪，滔天罔旣，理不能容，其諸國人遭罹荼毒積有歲年，深可憐憫。天兵之來，正爲弔爾民之困苦，復陳氏之宗祀，已嚴飭將士，秋毫無犯，可皆按堵如故，勿妄驚疑。其脇從官吏本出威逼，實非心從，可各安職役，皆不加罪。若曾同惡協謀，今能改心易慮，憣然效順，亦許自新，原任官職，亦仍其舊。其有各國諸人見在安南經商，或被拘留者，可悉赴軍門自陳，即與護送還國，其有願留買賣者聽。若能爲一國之人造福，生擒黎賊父子，送至軍門者，重加爵賞。敢有昏迷不悛，助惡拒命，天戈一指，掃蕩無遺。待黎賊父子就擒之日，即會集爾官員將吏，國人耆老，選求陳氏子孫，復其王爵，雪幽冤於地下，解

倒懸於國中，上以副皇上之心，下以慰爾民之望」。（註八）

初交人聞大兵南下，罔知所以，既聞榜示，咸知其曲在彼，及見榜末云，待黎賊父子就擒之後，選求陳氏立之，莫不延頸跂足，以待王師之至。輔又多以木牌書其榜文，順流放下。黎賊軍士見榜，厭黎氏苛政罔有戰心。庚子，輔兵入鷄陵關，至芹站，走其伏兵。抵新福縣，左副將軍晟軍亦自雲南至，營於白鶴。輔用法嚴，所至皆整謐，秋毫無犯，交人感悅。其三帶州僞僉判鄧原，及南策州人莫邃等來降以賊情實告。安南有東西二都，依宣、洮、沲、富良四江爲險，賊緣江南北岸立栅，聚舟其中，築城於多邦，（註九）橋艦相連數百里，水陸號七百萬，蓋悉驅國中老幼婦女以助聲勢非實也，欲據險以老輔師。輔以書諭季犛曰：「予奉命統兵，來問爾罪，能戰則率衆於嘉林以待，不能，赴軍門以聽處分」。賊已先有備禦，無悔罪意。輔遂自新福縣移軍三帶州，屯筒招市江口，造船置銃圖進取。會帝聞朱能卒，敕拜輔佩征夷將軍印，充總兵官。制詞以李文忠代開平王常遇春爲比，且言乘冬月瘴癘未興，宜及時滅賊。十二月晟奪宣江水上軍，遂次，與多邦城（註一〇）分壘。輔亦遣陳旭往攻洮江，大破賊兵。輔與晟率大軍直至多邦城下，城峻濠深，外設坑坎置竹刺如蝟，守具嚴備，賊兵如蟻。時輔軍攻具亦完，乃下令軍中曰：「賊所恃者此城，大丈夫報國家成功名在此舉，先登者不次升賞。」將士聞命，無不踴躍。佯欲他攻以懈賊，令都督黃中等將死士，人持夜明光火藥，銅角爲號，夜四鼓越重濠，雲梯附其城，積屍將與城齊，猶備攻不已。都指揮蔡福等先登，拔刀亂砍，賊衆驚呼，城上火齊明，銅角競響，將士登城，勇益倍。賊衆倉惶失措，矢石不得發，群躍下城散走。輔軍遂入城。賊又於城內驅象迎戰。輔以內府所製畫獅蒙馬衝之，翼以神機火器。象見獅股慄，又爲銃箭所傷，皆退走奔突，賊衆潰亂。斬賊帥梁民獻，蔡伯樂，追至傘圓山，相蹈藉及被殺死者不可勝計，獲象十二，器械無算。翌日，丁酉，輔等循富良江南下，遂擣東都。（註一一）賊棄城遁。得糧甚多，乃駐軍城東南，招輯吏民，撫納降附，其來歸者日以萬計，皆給榜諭，使復業，召其父老諭以弔伐之意，歡聲動地，欣然如脫虎口，歸慈父母。癸卯，遣別將李彬、陳旭擊西都城（註一二）。賊所恃者多邦城，多邦城既破，賊膽裂，焚西都宮室倉庫，逃入海。三江路州縣皆望風降。

五年春正月丙辰朔，輔調部將王友等，自注江濟軍，襲破籌江柵，又攻困枚萬刧江，普賴山，斬首三萬七千餘級。賊將胡杜聚舟於盤灘江。輔使降將陳封襲走之，盡獲其舟，撫定諒江、東潮等處人民，使皆安業。於是都邑聞風相繼降，其上書論黎賊過惡者，日以百計。尋擊破賊舟師於木丸江，斬首萬餘級，生擒賊將百餘人，皆斬之。二月丙戌朔，輔遣降人莫邃等宣上德意，安輯諸郡縣吏民，訪求陳氏宗族。三月甲子莫邃等同北江等府縣耆老尹沛等一千二百人詣軍門，言曰：「伏蒙給榜，遍諭國中，宣布聖天子德意，令官復原職，軍復原位，民復原業，訪求陳氏子孫嫡而賢者一人爲之奏請，復其王爵，以主國人。謹分詣諸處，宣布撫諭官吏軍民安業如故；惟陳氏子孫向被黎賊殲夷已盡，無有遺類，莫可繼承。安南本古中國之地，其後淪棄，溺於夷俗，不聞禮義之教，幸遇聖朝掃除凶孽，軍民老稚得覩中華衣冠之盛，不勝慶幸，感願復古郡縣，庶幾漸革夷風，永沾聖化。邃謹同耆老人等具表文一通，請獻於朝，以達下民之情。」輔等亦以爲黎賊父子旦暮就誅，而諸府縣皆已平定，宜有所統以撫治其民，即日馳奏。

辛巳，輔等敗賊於富良江，初追賊於膠水縣悶海口，賊敗而逃，其地下濕，又兼暑雨疾疫，不可以軍。輔謂晟曰：「賊聞大軍來不敢敵，故潛遁他所，以觀我動靜，我若回軍交州，留兵於鹹子關兩岸留戰船守備，彼必出悶海口以襲我，我俟其出，水陸並擊之，賊必成擒。」遂還屯鹹子關以誘賊，令都督柳升守之。賊果入富良江，連檣十餘里，又出精銳陸兵數萬，水步合七萬來挑戰，大軍兩岸夾攻，賊操海舟，橫截江中，用划船載木樹柵以拒。輔乘其柵未備，躬督將士力戰，賊不能支。升等繼以舟師橫擊之。賊大敗。擒其僞北江安撫使（註一三）阮希周，殺其將胡射等數萬人，積屍數十里，江水爲赤。復追至黃江悶海口，獲舟無算。黎賊父子僅以數小舟得脫。五月甲子（註一四）獲賊首黎季犛，及其子澄。先是降者言黎賊走乂安。遂調柳升率舟師前進，輔晟循舉厥江進至日南州奇羅海口，（註一五）升殺賊，得船三百餘艘。賊遁。輔等乘勝追之，升復引兵出奇羅海口。降人阮大獲僞右相國黎季貔。尋永定衞卒王柴胡等七人與賊遇，賊困敗，黨與皆散走。柴胡等生擒賊首黎季犛於止止灘，李保保等十人生擒其子黎澄於海口山中。乙丑，莫邃下頭目阮如卿（註一六）等於永盎海口高望山（註一七）獲僞大虞國王黎蒼僞太子黎芮，及黎賊子孫弟侄，賊將胡杜等。安南平。

六月癸未朔，以平安南，詔告天下。復敕輔等曰：「爾等生擒逆賊黎季犛父子，及其僞官，綏輯善良，撫納降附，秋毫無犯，市肆不驚，捷音來聞，良深嘉獎。昔宋元之時，安南逆命，興兵討之，皆無成績，今之此舉，實過古人，盛名偉烈，傳之百世。玆特遣人賫敕慰勞。」又曰：「爾前送上者老莫遼等表文，言陳氏子孫盡爲黎賊所戮，無可繼承，請如古制，復立郡縣。又得爾所奏，陳氏實已絕，郡縣不可無統，請設立三司，撫治軍民，今皆如所請。改安南爲交阯。立交阯等處承宣布政使司，都指揮使司，按察司，以都督僉事呂毅掌都司事，布政司，按察司，以尙書黃福兼掌之。設交州、北江、諒江、三江、建平、新安、建昌、奉化、清化、鎭蠻、諒山、新平、演州、乂安、順化凡十五府。分轄三十六州，一百八十一縣。又設太原、宣化、嘉興、歸化、廣威五州，直隸布政司，分轄二十九縣。其他要害，咸設衞所控制之。（註一八）以其地內屬，使秦漢以來之土宇，自五季陷於夷狄者四百餘年，一旦復入版圖。輔事仁義之師，弔伐並行，拯民塗炭，弘復故土，功德俊茂，振古無倫焉。帝乃敕有司陳氏諸王被弑者，咸予贈諡，建祠治冢。軍民死亡暴露者，瘞埋之，居官者仍其舊，與新除者參治。黎氏苛政，一切蠲除。仍禁差發，及停徵諸稅三年。遭刑者悉放免，禮待高年碩德，鰥寡孤獨無告者，設養濟院。又詔訪求懷才抱德，及文武術數諸人，禮遣赴京擢用。九月輔、晟遣柳升等賫露布，獻俘至京。帝御奉天門受之，文武群臣皆侍。兵部侍郎方賓讀露布畢。以季犛及子蒼僞將相胡杜等悉付獄；而赦其子孫澄，芮等（註一九）命有司給衣食。十月，輔等奏舉交阯明經抱德，及材武諸色，凡九千人，陸續遣送赴京。帝以冬月氣寒，命工部遣官以綿衣靴襪，即途中賜之。

六年六月丁亥，輔、晟等旋師至京。輔上交阯地圖，東西一千七百六十里，南北二千八百里。帝嘉勞之，賜宴於中軍都督府。己丑，吏部尙書蹇義等奏：新城侯張輔等平定交阯，建設軍民衙門，總四百七十有二，（註二〇）置城池十二所。安撫人民三百十二萬有奇，獲蠻人二百八萬七千五百有奇。

糧儲一千三百六十萬石，象、馬、牛共二十三萬五千九百餘隻，船八千六百七十七艘，軍器二百五十三萬九千八百五十二件。（註二一）帝曰：「朕爲天下生民主，豈欲窮兵究武，而貪土地人民之富哉？顧逆賊不可以不誅，窮民不可以不援，輔等能用朕命，慮謀奮勇，擒戮凶渠，平定一方，其功可謂雄偉不常者矣！」輔出班，叩首，謝曰：「此皆皇上成算，國家威靈所致，愚臣何力？」帝曰：「爾等功在國家，名著史册，永久不磨，雖漢馬伏波不足多也。」七月論平安南功，行封賞。癸丑，諭群臣曰：新城侯張輔南征之際實總師旅，審機出謀，克明克斷，率先將士，奮不顧身，遂生執凶渠，摧逆撫順。今進封爲奉天靖難推誠宣力武臣，特進榮祿大夫，右柱國，英國公，食祿三千石，子孫世世承襲。賜冠服玉帶，白金四百兩，鈔一千錠，綵幣四十表裏。西平侯沐晟進封爲黔國公。今爵賞有差。

時交阯賊簡定（註二二）作亂，尋僭大號，國曰：「大越」，紀元興慶。諸洲縣多應之，賊勢日盛。官軍屢出無功。帝發兵四萬命黔國公沐晟總師，由雲南往征之。十二月丁酉，晟與簡定戰於生厥江，敗績，都司呂毅，參贊尙書劉儁。參政劉昱等皆死之。（註二三）七年春正月，遂命英國公輔佩征虜將軍印，充總兵官，總師往討。時簡定信讒，殺其將鄧悉、阮景眞。悉子容，景眞子景異皆憤其父死非辜，乃迎入內侍陳季擴（註二四）至乂安，立爲僞帝，改元重光。尋尊簡定爲僞上皇，勢張甚。輔以賊負江海，不利陸師，乃就叱覽山取材造舟，招諒江、北江等府避寇者復業。遂進至慈廉州，廣威州孔目柵。七月敗賊黨阮世每衆二萬於鹹子關，斬首三千餘級，溺死無算，生擒賊帥二百餘人，得船四百餘艘。九月又敗賊黨阮景異於太平海口，於是季擴妄稱陳氏後，遣使求紹封。輔曰：「向者遍索陳王後不應，今許也，且若已反矣，即眞陳王亦僇不赦，吾奉命討賊，不知其他。」遂麾兵前進，自率舟師繼之，至清化，水陸之師畢會。十一月，簡定逃入美良縣吉利柵，又走入山潛伏。官軍大索不得，遂圍之，生獲簡定，並其僞將相陳希葛，阮汝勵等，送京師。誅之。八年正月，輔令於近城去處，增置屯田。又敗賊餘黨阮師檜於東潮州。斬首四千五百餘級，溺死尤多，生擒二千餘人，皆斬之，築京觀；惟季擴未獲。帝留沐晟討之，召輔班師。謁帝於興和。命練兵宣府萬全，督運北征。

陳季擴雖請降，授爲交阯布政使，實無悛心，乘輔歸，攻剽如故。沐晟不能制。交人爲吏卒所侵擾，往往起附賊，乍服乍叛，將帥玩寇，益以連年用兵，飢疫頻仍，死者甚衆，帝聞之。嘆曰：「張輔交人震憚，靖亂非輔不可。」九年正月，乃又命輔佩征虜副將軍印，充總兵官，與沐晟協力進討。二月，赦交阯嘯聚山林者罪，金、銀、鹽、鐵、魚課等項，停徵三年。輔用兵持重有遠略，賞罰必信，都督黃中素驕，違節度，詰之不遜，斬以徇。（註二五）將士惕息，無敢不用命者。七月輔、晟至月常江（註二六）水陸夾攻大敗賊將阮帥（註二七）等，獲船百餘，生擒僞將軍數人，又捕斬草寇黎蘂等。於是慈廉、福安諸州縣皆帖然。十年八月，擊賊於神投海，賊舟四百餘，分三個隊，銳甚。輔衝其中堅，聯舟急擊，刀槊火器迅發。賊卻走。復追躡之，與鈎連死戰，自卯至巳，賊大敗。擒渠帥七十五人，及從賊千餘人斬之，溺死無算。十月輔軍至乂安府。僞少保潘季祐與子僚等降，賊將降者相繼。十一年三月，季擴還乂安，賊軍僅存十之三四。四月輔等又進乂安，季擴逃化州。潘僚以賊之兵數多寡，山川險易來告。輔於是決志平化州（註二八）會諸將議攻取之計。晟曰：「化州山高海闊，未易圖也。」輔曰：「生我是化州，作鬼亦是化州，未平化州，我何面目見主上乎？」遂發舟師攻之。九月與賊將阮帥戰於蔡茄港（二九）南北相持，賊將鄧容伏兵象，夜襲輔船。輔覺，急以小船得脫，尋復與戰。賊軍奔潰，自是竄伏山谷。十二月輔、晟軍至順州（註三〇）戰愛子江（註三一），賊驅象前行。輔士卒一矢落象奴，二矢射象鼻，象奔還自蹂其衆。裨將楊鴻等乘勢繼進，矢落如雨，賊大敗，擒其帥五十六人。追至愛母江，盡降其衆。十二年正月，輔率兵至政平州，聞賊屯暹蠻昆蒲諸柵，遂引兵往，懸崖側徑，騎不得進，輔與將校徒行山箐中，夜四鼓，抵其巢，悉擒阮景異、鄧容等。（註三二）又獲賊將阮帥於南靈州。三月季擴逃乂安竹排山。輔遣都指揮師祐往捕之。季擴勢窮走老撾。仍令祐進兵追索之，進克老撾三關，至金陵箇，蠻人散走，棄季擴與其妻妾於及蒙冊南么之地，遂生縛季擴及其孥，（註三三）送京師。磔於市（註三四）賊餘黨有挈家去老撾或占城者，於是交阯復平。輔承制以賊所取占城池，設升、華、思、義四州（註三五）俱隸升華府，統黎江等十一縣，官其降人，留軍守之，仍以書報占城王，使知建置之故。閏九月，輔等各率官軍還朝。十三年春至京。於是復賞輔，晟各白金五百兩，鈔二萬錠，幣五十表裏，餘升賞各有差。

夏四月，復命佩征夷將軍印，充總兵官，鎮交阯。而餘寇陳月寇作亂，又討平之。十四年五月輔奏：「自廣東欽州天涯驛，經貓尾港，至涌淪佛淘，從萬寧縣抵交阯，多由水道。陸行止二百九十一里，比丘溫故路近七驛，宜設水馬驛傳，以便往來。」從之。十一月，敕輔馳傳還京。輔四至交阯。前後經營凡十年，建置郡邑，及增設驛傳遞運，創建東津渡浮橋，規畫甚備。

交人所畏惟輔，輔返一年而黎利反。（註三七）累遣將討之，無功。至宣德時，柳升敗沒，王通私與賊盟，倉卒引還。廷議棄交阯，蹇義、夏原吉曰：「交南本中國地，太宗皇帝平定此方勞費多矣，小丑作孽，何患不克？若二十年之功棄於一旦，臣等以為非是，且與之無名，徒示弱天下。」輔曰：「陳暠之表出於黎利之譎詐，（註三八）不可從也。安南之地將士勞苦十年乃得之，今當益兵滅此而後可耳。安遠、成山侯（註三九）非將也，而少發兵，少發兵不足以制敵，臣請行，保以一年擒利。」宣宗嘿然，卒用楊士奇、楊榮議，棄交阯。輔爭之不能得也。

輔自交阯還，兩從文皇北征阿魯台，虜遁去，最後窮追絕大漠，無所獲。上與諸將計所嚮，輔奮請曰：「願假臣萬騎，給一月糧，必為陛下殲此虜。」帝壯之，而不能用，遂班師，還之榆木川，帝崩。輔受遺命，諸軍悉受節度。時輔女弟為皇貴妃，而女復侍東宮。仁宗即位，冊為敬妃。輔掌中軍都督府事，進太師，燮理元化，譽望益隆。數賜羊酒，並支二俸，尋命輔所受太師俸，於北京倉支給，時百官俸米皆給於南京，此蓋特恩云。太宗喪滿二十七日，帝素冠麻衣以朝，而群臣皆已從吉，惟輔與學士楊士奇服如常。帝嘆曰：「輔武臣也，而知禮過六卿」，益見親重。尋命知經筵事，監修《文廟實錄》。宣德元年漢王高煦謀反，誘諸功臣為內應，潛遣人夜至輔所。輔執之，以聞，盡得其反狀，因請將兵擊之。帝決策親征，命輔扈行。事平，加祿三百石。刑部奏決重囚，輔同五軍府九卿審於朝，以枉者五十六人上，詔讞而釋之，囚有朝審自輔始。輔威名益盛，而久握兵。四年，都御史顧佐請保全功臣。詔輔解中軍都督府務，朝夕侍左右謀畫軍國重事。進階光祿大夫，左柱國，朝朔望，賚繡麟衣一襲，銀鞍馬一匹，歲時寵錫有加。

英宗即位，加號翊運佐理，以先朝元老預大政，知經筵，監修實錄如故。輔雖起家武臣，然好接引文士，嘗請帝乞賜一日假，率武臣等諸國子監聽講。許之。是日輔率公侯伯二十餘人儼然造焉，講畢，宴款，諸侯伯皆列坐。祭酒李時勉獨引輔抗禮，諸生歌鹿鳴之章，賓主盡歡而散，時稱武臣盛事云。輔雄毅方嚴，治軍整肅，屹如山岳，天下倚爲重，平定交南，三擒僞王，威名聞海外，四夷莫不知名。以元勛世冑，國戚仁賢，歷事四朝，爲國柱石，凡朝廷大政事大議論，無一不與，與蹇夏三楊同心輔政，二十餘年海內宴然，輔有力焉。王振擅權，文武大臣望塵頓首；惟輔與抗禮。也先入犯，振導英宗親征，輔從行。不使預軍政。輔老矣，默不敢言。至土木，死於難，年七十五。（註四〇）朝廷遣禮官諭祭命有司營葬。（註四一）景泰中，追封定興王，諡忠烈。輔元勛厚德，善用兵，功甚多，望最大，器度弘偉，顧盼有威，端重靜默，不妄言笑，臨事嚴而心實寬厚。治家有禮，尤禮敬士大夫，能遠權勢，知機變，貴而不驕，富而不侈。天下以是重之。

輔年六十餘，母王氏尙高年康健。退食之際，錦袍玉帶，從容奉甘旨，升堂上壽，樂天倫之樂。正統四年四月始卒，年八十五。輔妻李氏，正統七年秋卒。輔有二子：長子忠以疾廢。庶子懋，吳氏出，九歲襲爵，爲公六十六年，爲太師二十五年，握兵柄者四十年，尊寵爲勛臣冠。正德十年卒，年亦七十五。贈寧陽王，諡恭靖。孫侖嗣。傳爵至世澤，流寇陷京師遇害。（註四二）

論曰：「自南漢劉宏操白藤江之敗，交州始不見中國軍吏踪迹。迨宋太祖封丁部領爲王，於是將千餘年之故土，視同化外，交州遂從此淪爲藩屬矣。元世祖以無敵之師席捲寰宇，而三次用兵安南，折將喪師，終於無功。自胡季犛以外戚擅權，篡陳自立，殺使虐民人心離散。明成祖以仁義之師，命張輔弔伐之。輔以三十三歲之青年將軍，八月之內（註四三）蕩平全交，成功之速前史罕聞，可謂得取亂侮亡之道矣！求立陳氏後不得，乃徇越民請之，不得已而郡縣之，改僞大虞國爲交阯，立都、布、按三司以治之。於是東西一千七百六十里，南北二千八百里之地，（註四四）經四百餘年之淪陷，復入中國懷抱，數百萬之生靈出水火而登衽席，重爲華夏，歡欣鼓舞，交海增光，嗚呼！盛德大業至矣哉！此成祖之聖武神功爲元世祖，清高宗之所不及，而張輔之勛烈，所以高於馬伏波也。輔又獲僞王簡定，重光，反側既定，交阯以安。惜成祖爲德不卒，信中官馬騏之讒，召輔還朝，而黎賊之亂作矣。及宣宗棄交，楊士奇、楊榮迎君之惡，實有以促成之。於是以辛苦所收復之失地，遽拱手讓之叛寇，輔十載之功，隳於一旦。此其可痛，有甚於金牌之召岳飛，可耻有類於石氏之割地賂契丹，而當時朝論，尚援漢棄珠崖以爲美談，不亦喪心病狂乎？使宣宗能聽輔之諫，則黎利雖桀黠，亦不過輔一舉手一投足之勞，足以擒之。蓋交人所畏惟輔，使輔而死則已矣，而宣德二年，輔年不過五十三且曾慷慨請纓，保以一年擒利矣，乃留而不遣；第責交事於懦怯之王通，輕驕之柳升，則鼎折足，覆公餗，又誰咎也？又使成祖能效太祖命沐氏世鎭雲南故事，而命輔之子孫世守交阯，則交阯至今仍如雲南之爲我有無疑，安能淪爲異族之殖民地哉？」

附後記

㈠

此文從一九四九年前作《中國歷代統治安南名宦傳》中錄出，可補正《明史張輔傳》。關於明永樂帝爲什麼要討伐安南黎季犛（即胡季犛），《明史》《明實錄》及各種史書都沒有說出眞正的原因。只有查伊璜（繼佐）《罪惟錄外藩列傳》透露了此中眞相這一點。因爲永樂帝曾遣使節曾惟譴責黎季犛篡殺之罪，而季犛狂傲地回答說，「天下還有比這更大的不合理的事，難道只有我嗎？」他含蓄地說出了永樂殺侄篡位之事。這點是永樂最犯忌諱，最怕人家揭露的。黎季犛的這番挖苦，狠狠地刺痛了他的心。所以一聽使臣回來滙報，就暴跳如雷，大發脾氣地說：「罪大惡極，天地所不容。」「此而不誅，兵將奚用？」的話來，於是決計要用兵討伐了。

㈡

一九四九年前某日，謁見張亮塵（星烺）先生於其地安門外寓所。余談起英國公張輔這樣年輕，立了這樣大功，爲我國歷史上少見之民族英雄，故明代有《英國公三擒僞王》的戲劇以歌頌之。惟不知今世有無其後裔？張先生很高興地說：「我先就是他的子孫」並從書桌上出示《桃源張氏家譜》給我看，眞是意想不到的巧事。故張先生爲拙作序文中亦涉及之。張先生及其尊翁相文先生（發見開封猶太教碑等）均爲著名史學家，可見名德之後，遺澤深遠矣！

㈢

文中所引《安南志原》，實爲《永樂交阯總志》。說詳余《永樂交阯總志的發見》一文。

一九八二年六月補記於杭州北郊

【附註】

註　一：大越史記全書諱稱僞陳王添平，陳元輝家奴，卽阮康。

註　二：胡漢蒼開大四年。

註　三：輔時年三十二。

註　四：平定交南錄，今言均作二十五將軍，此從明本史傳。

註　五：諸書作刑部尚書者誤。

註　六：當從大越史記作聖元。

註　七：胡漢蒼開大三年，明遣使求還諒山祿州之地。季犛命行遣黃晦卿爲劃地使，晦卿以古樓等村凡五十九村還我。季犛責晦卿以所還數多，凡明所置土官密令土人以毒鴆之。

註　八：此榜文據明抄紅格張輔原本太宗實錄，與張氏馭交記卷四，及安南志原卷三所錄，出入頗多。

註　九：越史記胡漢蒼開大三年遣東路太守黃晦卿督民夫築多邦城，以捍賊。謂御明兵也。越史僭妄，謂明人曰北寇曰賊，而自稱曰中國。

註一〇：明羅洪先廣輿圖輿化府，卽古多邦城。

註一一：卽今河內。

註一二：今清化。

註一三：實錄作僞工部尙書。

註一四：甲子爲十一日

註一五：奇羅海口在今安南河靜省奇英縣。

註一六：實錄作土人武如卿。

註一七：高望山亦在奇英縣。

註一八：此爲初立郡縣時之情形，後爲十七府。永樂中各州縣建置廢幷，頭緒紛繁，詳見實錄。

註一九：黎澄以善造神槍，仕明官至工部尙書，祿食者近四十年。子叔林，官至工部右侍郎。

註二〇：安南志原卷二作所屬府州縣大小衙門通計八百二十七。

註二一：此數字諸家所載頗有異同，此據太宗實錄，大越史記全書作明人計所獲府州四十八，縣一百六十八，戶三百一十二萬九千五百，象一百一十二，馬四百二十，牛三萬五千七百五十，船八千八百六十五，象馬牛之數似以越史所載爲得實。

註二二：卽陳頠越史僭稱後陳簡定帝，又以爲陳晛藝宗次子，與陳季擴並儒弱，耽於酒色。

註二三：大越史記載永樂六年（興慶二年）十二月十四日，國公鄧悉大破明師於逋姑杆，簡定援桴鼓之，令諸軍乘機縱擊，自已至申，明人敗北。斬兵部尙書劉儁，都司呂毅，及新舊軍十餘萬衆，獨沐晟走脫奔古弄城。

註二四：陳季擴大越史記僭稱重光帝，以爲簡定之侄，陳頠之庶子，陳頊之孫云。

註二五：大越史記斬黃中，在永樂十二年。因刺客登輔船，輔怒數以守備不謹，斬之。諸將皆失色。

註二六：卽清化馬江。

註二七：作阮師者誤。

註二八：大南一統志卷二化州今承天及廣南之奠磐府。

註二九：大南一統志引鳥州近錄蔡茄港在廣平。

註三〇：大南一統志卷三注順州今廣治。

註三一：在今廣治。

註三二：二人姓名明史作鄧景異、阮鎔、太宗實錄作鄧景異、鄧鎔，當以越史爲是，今從之。

註三三：大越史記擒季擴在永樂十一年十二月，此據實錄。

註三四：十二年八月壬寅，張輔執送賊陳季擴、阮帥至京師，伏誅，見實錄。越史記諱稱季擴至途中赴水死。

註三五：升州，華州（或作花）在今安南廣南省；思州、義州更在其南，在今廣義省。

註三六：安南志原卷二，交阯都指揮使司在交阯府城內鼓樓西街之北，原係交阯布政使衙門。永樂十一年七月內署布政司事尚書黃福起。永樂十三年十一月總兵官英國公張輔改設布政司於鼓樓東街之南，而以見在本司改爲都司。淨武處近在交阯府城外東關縣西南，周圍約一十二里，內有將台，台之北上有淨武亭三間，亭之外十餘丈，有土城一座，綿亘東西南，約五六里，東際府城東南隅，西際府城西南隅，內有總兵官鎭備官軍凡一十二營，每營周圍又設垣墻，各開東西南北四門，通號外營，皆英國公張輔所創也。

註三七：黎利交阯清華梁江藺山鄉人，初從陳季擴反，充僞金吾將軍。後束身歸降，以爲淸化府俄樂縣土官巡檢。譎詐多謀，善用兵，驍雄有大志。明宣宗爲其所欺，棄交阯與之。越史僭稱太祖高皇帝，爲後黎朝始祖。

註三八：越大史記載黎利用陳暠之名，僞表請封，既得計，即殺暠而自稱帝。

註三九：安遠侯柳升，成山侯王通。

註四〇：明王世貞定興王世家，尹守衡河間王世家均作七十二，此從英宗實錄及明史，時正統十四年八月也。

註四一：光緒順天府志輔墓在蘆溝橋南長新店。子懋附葬。明楊榮故河間王夫人王氏墓志銘，輔父河間王玉，母王氏，合葬於宛平縣京西鄉。正統六年九月乙卯太師英國公張輔奏臣父母墳塋在蘆溝橋西南，乞賜祭掃，從之。

註四二：據明張輔修紅格原寫本太宗實錄卷四十四起至卷六十一，仁宗實錄卷一之下卷四上、宣宗實錄卷十三至十五、英宗實錄卷一百八十一、一百九十三，景泰附錄三太宗實錄卷四十五～五十、五十二、五十三、五十六、五十七、六十、六十一、一百〇一、一百〇三，明史卷一百五十四張輔傳，卷六卷七成祖本紀，卷三百二十一安南傳，明李贄續藏書卷九，尹守衡明史竊卷二十二，王世貞弇州史料前集卷二十二，邱浚平定交南錄，大越史記全書卷八，卷九）。

註四三：永樂四年十月至五年五月。

註四四：此指永樂五年而言尚未算入升華思義四州。

中越關係書目（國人著述）

凡　例

一、本書目收錄國人有關安南的古今著作。一九四九年，本人撰安南書目提要七十種，又有安南書目序跋一大本，凡五萬言，今僅記簡目。

一、關於安南人的著作，余曾編有草目數百張，文化大革命全部被毀棄，今幸存早期所編書本目錄，著錄越人著作約五百種，不再補入此目中。又曾採購日文有關安南書四十種，已多散失，有目無書，也不再錄入。

一、古代有關著作，多半亡佚，其有流傳者，詳其板本。凡本人所藏者多為抄本、亦有印本，於書目首上加○，以資識別。

一、近人翻譯本，及報刊所載普通論文，均不收入。

一、本書目略依時代爲次，先總論，次專記。

一、本書目最近據舊稿倉促寫成，錯誤疏陋處，請讀者教正。

古代至唐以前

交州異物志 後漢·楊孚撰，清曾釗輯，南遺書本第六十二册。太平御覽作楊孝先交州異物志。
交州人物志 吳·士燮撰，唐·劉知幾史通雜說篇。河內舊存士王事跡一帙。
士燮集五卷 吳·衞將軍士燮撰，隋志別集，梁有，亡。
○交州記二卷 晉·劉欣期撰，清曾釗輯，說郛本。粵雅堂本。自有抄本或印本。
交州記 晉鄧忠缶撰 康熙南昌郡乘卷三十二。
交阯太守殷巨集二卷 晉·殷巨撰，鄭氏通志藝文略。
交州記 晉俞益期撰。太平寰宇記卷一五七引。
交廣二州記 晉·王範撰。新唐志，通志藝文略。
交廣春秋 晉·王範撰。見吳書孫策傳，裴注作交廣二州春秋。
交廣記 晉·黃恭撰。見太平御覽。
交州記 宋·劉澄之撰。初學記六引。
交州記 姚文咸撰。
交州集記 太平御覽引書目。
交州外域記 水經注卷三十七引。引雒田雒民。

交州雜事九卷　晉劉道會撰。記士燮及陶璜事，見隋志卷二舊事篇，舊唐書經籍志，新唐書藝文志均作交州雜故事。

交州先賢傳三卷　晉范瑗撰。隋志卷二雜傳，新舊唐志均作四卷。

交州名士傳　太平御覽引書目。

南越志七卷　宋・沈懷遠撰。宋・陳振孫直齋書錄解題卷八地理類「宋武康令吳興沈懷遠撰，此五嶺諸書之最在前者也。」隋志卷二雜史，兩唐志宋志均作五卷，宋高似孫史略卷五作八卷。說郛本作南越志一卷。宋板唐愼微經史證類大全本草多引南越志交州記，可知北宋尙存。

南越外紀　明初猶存，見交阯總志。

交州以南外國傳一卷　隋志、鄭樵通志藝文略。舊唐志南訛作來。麓山精舍叢書第二集釋地類古海國遺書鈔，清陳運溶輯。

日南傳　晉宋間之作。太平御覽卷三四八引。藝文類聚卷六十弩條。

唐

交州記　唐・曾袞撰。人呼曾尙書。見越史略卷一，誤作曾兗。

復交阯錄二卷　唐・鄭言撰。宋志記王式收復安南事。

安南奏凱記　唐・黃碣撰。閩侯縣志藝文，戰安南有功，爲漳州刺史，後爲董昌副。

宋

南越記一卷　宋・陳承韞撰。宋史藝文志傳記類，又祕書省續編到四庫闕書目，通志藝文略作陳承韜撰。

○安南紀略一卷　宋・鄭竦撰。在明鄭開陽雜著卷六。

安南志　宋・張洽撰。宋寧宗時直閣，越嶠書卷一引其所載郡縣。

交阯　宋史卷四百八十八。

交阯　宋史新編卷一百九十八。

交阯　文獻通考卷三百三十。

安南會要一卷　通志，又祕書省續編到四庫闕書目。

交阯　清徐松輯宋會要輯稿第一百九十七册。

交阯內附、封交阯　通鑑長編紀事本末卷十二、八十七。

交州之變　宋史紀事本末卷十五。

南蠻錄十卷　宋晁公武郡齋讀書志卷七僞史類「熙寧間交阯叛朝廷，議征討之，或纂歷代南蠻事跡及便宜上之。」

交阯事迹十卷　宋・趙勰撰。宋陳氏書錄解題卷七傳記知新州趙勰撰。明・陳第世善堂書目卷上史部四夷載記交阯事跡十卷，不著撰人。知此書明代尚存，通志藝文略作一卷，宋志作八卷。

安南邊說五卷　宋・趙世卿撰，宋志傳記類。

安南議　宋・陳次公撰　宋志故事類。

安南獻議文字幷目錄　宋・梁燾撰，宋志卷六。

安南土貢風俗一卷　宋・吳芸撰，宋志地理類乾道中（玉海作九年）安南入貢客省承詔具其風俗及貢物名數，爲安南上貢風俗一卷。又見陳錄。

元豐平蠻錄三卷　宋・游師雄撰，明陳第世善堂書目。

皇祐平蠻錄二卷　宋・馮炳撰，晁氏郡齋讀書志卷七作平蠻記一卷「記儂智高叛朝廷遣狄青討平之事」宋志，陳第世善堂書目作皇祐平蠻記二卷。

宋平儂智高記功碑　北京圖書館金石部藏拓本一份。

儂智高一卷　宋叔卿撰，宋志。

征南錄一卷　宋滕甫撰，宋志

景德交州圖　宋邵曄上，玉海卷十六。

交廣圖一卷　玉海卷十四「熙寧中，上以二廣邊機利害二十五條及邕州溪洞交洞圖三本幷交阯迹狀上之。」

交阯職貢圖　玉海卷一百五十三。今秘閣圖畫有占城三佛齊羅斛交阯職貢圖各一。

元

○安南志略二十卷　元・黎崱撰。安南人，隨陳益稷內附，元爲奉議大夫，僉歸化路宣撫司事，閑居漢陽時作。元統初元自序「綴葺紀聞，採歷代國史交阯圖經雜記」及元代兩國文書而成，近人或以爲安南書流入中國者非。清光緒甲申上海樂善堂鉛印本誤字不少。清文津閣四庫全書本錯誤尤多，亦缺一卷。北京大學、浙江圖書館均有舊鈔本，臺灣有舊鈔本二册，亦缺卷二十。

元天歷中經世大典採其書作安南錄一卷附入。

安南志略法文譯本一八九六年北京北堂出版（Ngann・nann・tche・luo）。

安南　元史卷二百九十。

安南　元史新編卷九十五。

安南　元史類編卷四十二。

安南　元書卷一百

安南　柯劭忞新元史卷二百五十一。

占城安南用兵　明陳邦瞻元史紀事本末卷五。

安南錄　元・陳孚撰，明楊士奇文淵閣書目卷十「陳剛中安南錄一部完全又一部一册缺」。

天南行記　元・徐明善撰，商務印書館鉛印說郛本卷五十一題安南行記，記至元二十五年奉使安南經過及詔文表章進貢物品單，陳氏世善堂書目史部亦作安南行記。

張尙書行錄　至元二十八年，見黎氏安南志略卷三附錄。

交州藁　元・陳孚撰，至元二十九年，以吏部尙書梁曾使安南，陳孚爲副，孚留交五十二日，記其山川城邑風俗爲圖一卷，諭以順逆禍福，爲書八篇，悉上於史館，道中得詩一百餘首，目之曰交州藁。明洪武壬午刊本，天順庚辰刊本，均未見。楊氏文淵閣書目陳剛中出使詩一部一册闕。四庫本交州稿四十一頁，內安南即事詩十四頁，最有價値，有自注，清代有單行鈔本安南即事詩一册。

元貞使交錄　元・蕭泰登撰，成宗元貞元年蕭方崖使交錄序，見志略卷三。蕭氏「自上都（開平）至安南州郡，山川人物，禮樂故實，異政殊俗，怪草奇花，人情治法，愈病藥方，逐日編次成一集。」板行於世，元刊本已佚。

安南行記　元・文矩撰，文矩，字子方，長沙人，英宗至治元年使安南副使。

南征稿　元・傅與礪撰，元統三年副使傅若金，江西新喩人，稿有詩歌百餘篇，今四庫本傅與礪詩集中尙存數十首。

安南圖　元・陳孚上於史館。

明

○越嶠書二十卷　明·李文鳳撰，此書自明代以來從未有刊本，國內外所藏均爲抄本。北京大學圖書館有明抄本，廣州中山大學圖書館藏抄本，臺灣藏舊抄本八册又舊抄殘本八册，又抄本十六册東洋文庫藏抄本十八册余有油印本六册，誤字不少。

安南　明史卷三百二十一。

安南　明史稿卷二百。

安南　明書卷一百六十一

安南　清查繼佐罪惟錄卷三十三。

安南　明張萱西園聞見錄卷六十八。

安南　大明會典卷二百五十、二百十一。

安南　明會要卷七十八。

安南　國朝典滙卷一百六十八。

安南　明陳循等寰宇通志卷一百十八明刻本，民國三十六年影印玄覽堂叢書續集本。

安南　明李賢等大明一統志卷九十，天順刻本。

安南　明嚴從簡殊域周咨錄卷五、六卷七占城，民國十九年故宮博物院鉛印本。

安南圖經大略　明·張岳撰，乾隆泉州府志卷七十四藝文。

○安南志一卷　明·蘇濬撰，明徐𤊹徐氏家藏書目，又見明文海卷三百四十九，清汪森粵西文載卷十八。

安南圖說一卷　明・鄭若曾撰，鄭開陽雜著之一，民國二十一年國學圖書館影印抄本。

安南圖志　明・鄧鍾撰，北京圖書館善本書目卷二，民國二十六年北平圖書館善本叢書第一集本，明廉州刊本未見。

安南考　明・鄭曉撰，在皇明四夷考卷上，鄭端簡公吾學編本，民國二十二年北平鉛印本。

安南　明・何喬遠撰，名山藏王享記二。

安南　明愼懋賞四夷廣記海國廣記，民國三十六年影印舊抄本

安南　荒徼通考內安南一册。

〇安南考　明・葉向高撰，四夷考卷十六上，寶顏堂秘笈續函本。

安南考　明・茅元儀撰，明版武備志卷二百三十八凡二十二頁附安南圖。

安南考　明・伍餘福撰，乾隆江南通志卷一百九十一藝文志。

安南國志　近古堂書目卷下典故類。

安南志　明・王世貞，弇州史料前集卷十七、十八。

安南傳二卷　明・王世貞撰，明活字本鳳洲筆記十七、十八册記錄滙編本，叢書集成初編本。

安南　明楊一葵裔乘卷二。

交阯　明張燮東西洋考卷一。

○馭交記十二卷　明・張鏡心撰，粵雅堂叢書續集三十四至三十七册，如皐冒氏叢書本叢書集成初編本。

安南國譯語　明・茅瑞徵輯，玄覽堂叢書續集華夷譯語內，在愼懋賞海國廣記安南內，錄自明四譯館語。

永樂

平定交南錄一卷　明・丘濬撰，或作定興忠烈王平定交南錄，一名平交錄，說郛續本弓十一，國朝典故本，記錄滙編本第二十三册，今獻滙言本，歷代小史本，借月山房滙鈔本第三十六册，粵雅堂本，嶺南遺書本第十八册，勝朝遺事初編本第二册，五朝小說本，臺灣藏明藍格抄本。

英國公平定安南　也是園藏書目雜劇，英國公即張輔。

平安南碑　明・胡廣奉敕撰，鈔本見明萬曆張萱內閣書目卷六傳記部。

平安南勅諭一卷　明朱睦㮮萬卷堂書目卷二作一册，黃氏千頃堂書目卷三十。

征安南勅　北京圖書館藏善本清抄本與征安南事蹟合一册，永樂四、五年征黎季犛所下勅書。

征安南事蹟一卷　朱氏萬卷堂書目，又黃氏千頃堂書目卷五，北京圖書館藏善本清抄本。

平安南錄　明祁承㸁輯徵信叢錄未見刻本。

征交阯案　明・顏季亨撰，國朝武功紀勝通考卷二。

平交賦　咸賓錄卷首引用諸書目錄。

安南事宜一卷　明・黃福撰，明史藝文志，千頃堂書目卷五。

黃忠宣公文集十三卷別集六卷　明・黃福撰，正統刻本，嘉靖刻本卷一奉使安南水程，卷二送英國公凱還……，卷三與劉儁、陳洽、黃中、沐晟等書，卷六賀交阯平定表，卷七檄文付交阯各土官二十餘人卷八招撫榜文卷九——十三、詩類與交阯有關。

交州志　爲中國專言安南地理之第一專書，由起源至十五世紀，專言地理位置，道路山水等，此書已亡於中國，而再發現於安南，見BEFEO，Tome 20，1920.

交阯遺編　明人撰，記東京，法國遠東學校有越人抄本越南內閣書目著錄。

交阯通志　交阯總志引。

交阯總志

交州府志

北江府志

諒江府志

新安府志

建昌、鎭蠻二府志。

奉化、建平二府志

三江府志

宣化府志

太原府志

清化府志

乂安府志

新平、順化、昇華三府志　一册

廣威、嘉興、歸化、寧化、演州五州志　一册，自交阯通志至此均見楊士奇文淵閣書目卷二十新志往字號第三厨書目（缺諒山府志）

案此類均爲永樂時交阯地方志，不見明史藝文志，今除交阯總志外，均早已亡佚。丘濬平定交南錄末稱「予因參考交阯郡志所載露布榜文……以爲此錄。」

○安南志原　實即上列交阯總志，被法國人與清高熊徵安南志紀要合訂，誤題爲安南志原。余有永樂交阯總志之發現一文，見蘭州大學學報一九八一年一期。本庫抄本。

○南翁夢錄　明·黎澄撰，宋彰正統七年刻本最早，已佚。說郛續（弓）十四，紀錄準編第十三册，五朝小說大觀本，涵芬樓秘笈第九集。黎澄爲大虞國太上皇黎季犛之長子，永樂五年被俘，後仕至明工部尚書，公餘追憶安南陳朝舊事佚聞爲此書，近人或以爲安南書流入中國者非。

宣德

安南棄守始末十卷　明不著撰人，清錢曾也是園藏書目卷四，或作一卷。

校補安南棄守始末　民國丁丑（二十六年）陶風樓石印本，鈔輯明實錄，多誤字，柳詒徵跋。

安南叛服　明史紀事本末卷二十二

交阯顛末　明刊明政統綜卷首參考書目。

嘉靖

安南來威輯略三卷　明・江美中撰，玄覽堂叢書本十六、十七兩册，美中父江一桂爲廣西太平知府，毛伯溫令其詔諭莫登庸稱臣入貢，美中輯其往來文誥之詞爲是書，嚴從簡序。

安南來威輯略六卷　明・梁天錫編，明隆慶五年馮時暘刊本六册，嘉叢堂藏書樓善本書目明本史部，凌瑄序或作三卷。

平交紀事十卷　明・翁萬達撰，千頃堂書目卷五，明志、翁氏東涯集有經略安南六事議、征安南議、安南受降議、征安南誓文。

平交紀略十卷　明志有平文紀略十卷，文疑爲交之誤，亦見朱氏萬卷堂書目。

交事紀聞一卷　明・張岳撰，名臣寧攘前編內，明志，千頃書目卷五。

平南錄　康熙間吉水刻大司馬襄懋毛公奏議選二卷，補遺一卷。

毛東塘安南疏稿一卷　明・毛伯溫撰。

兵部奏安南事一册　鈔本見天一閣失竊書目。

○安南奏議二卷　明・張瓚等撰，明嘉靖刊本，北京圖書館善本部藏，明抄國朝典故本（天津館藏），本庫鈔本。

安南奏議一卷　明・嚴嵩撰，四庫雜史類存目。

安南議　明・沈應龍撰，同治湖州府志卷五十八藝文略三。

議處安南事宜一卷　天一閣藏明刊本記嘉靖十九年，莫登庸投降事，後附毛伯溫三奏，烏程蔣汝藻傳書堂善本書目卷二有明刊本一卷，鄧氏國朝典故九十三，民國廿六年國學圖書館影印鈔本。

安南三議　明萬曆刊明政統綜卷首參考書目引。

莫登庸事蹟一卷　不著撰人，錢氏也是園藏書目卷四。

交黎剿平事略五卷　明・方民悅撰，北京圖書館藏鈔本，玄覽堂叢書本，天一閣書目作四卷，嘉靖二十八年，安南范子儀入寇，俞大猷討平之，民悅述其始末為此書，卷一為地圖，卷二至卷四為奏議，卷五為公移，嘉靖三十年方民悅刻本六册，或作四卷張鏊撰，或作總督歐陽必進撰。

交黎末議三卷　明・蔣光彥撰，千頃堂書目卷五，未見。

萬曆

莫茂洽傳　明・瞿九思撰，萬曆元年授莫茂洽都統使，茂洽爭中國地，安南得村一百二十六，鄭松逐茂洽，萬曆武功錄卷四，汪氏粤西文載卷十八。

○綏交記一卷　明・楊寅秋撰，名臣寧攘前編，明文海卷三百八十記五十三，萬曆二十五年黎維潭降。

安南紀行集　明・張以寧撰，陳第世善堂書目卷上作「南歸紀行集張以寧使安南作」宣德三年張隆刊本，未見。

使交集　明・吳伯宗撰，洪武四年狀元，陳氏世善堂書目卷上絳雲樓書目作使交錄，明史藝文志吳伯宗集二十四卷，內南宮、使交、成均、玉堂凡四種。

使交稿　明・任亨泰撰，洪武二十一年狀元，湖北詩徵傳略作使交稿，同治襄陽縣志卷六僅存使安南稿六十一首。

使安南集　明・林弼撰，見林登州集，洪武三年夏四月與王廉同使安南，四年二月還，復命，九年，又使安南，宋濂使南稿序。

南征錄　明・王廉撰，宋濂南征錄序。

奉使安南水程日記　明・黃福撰，或作使安南日記，明刊黃忠宣公文集第一册，明刊記錄彙編本，明司馬泰文獻彙編卷四十八，商務印書館叢書集成初編本，極簡略。

使交錄　明・黃諫撰，正統壬戌探花，天順元年，千頃堂書目卷八，出使或作使南稿，乾隆高郵州志卷十文苑。

使交錄十八卷　明・錢溥撰，四庫史部傳記類存目六「浙江范懋柱家天一閣藏本，天順六年出使所作，多載贈答詩文，而其山川形勢土俗人情乃略而不詳」，楝亭書目明志各作一卷。

使交錄　明・張弘至撰，康熙松江府志卷五十藝文，武宗立，使安南。

使交阯集　不著撰人，內閣大庫書檔舊目八十四號使交阯集一本。

使交紀事　越南內閣抄本一册，題阮啓撰，從書名看，當爲明人撰述。

使交錄紀行稿　近古堂書目卷上地志類。

○交行摘稿一卷　明・徐孚遠撰，鈞璜堂存稿本附錄四十一首，藝海珠塵本，越南輯略已全錄其詩。

○安南供役記事一卷　明・朱之瑜撰，民國舜水遺書本。

安南圖　明廉州府刊，見明周弘祖古今書刻卷上。

清

○安南志紀要　清・高熊徵撰，封面大字題「安南志」一九三二年，河內出版之安南志原頭半部（總要）即全錄高氏安南志紀要原文一萬三千餘字，首冠地圖，康熙原刊本藏南京大學圖書館，余有鈔本。

安南紀略二卷　清・查禮編，北京圖書館藏藍絲闌抄本一册，全部抄錄史傳、通志、殊域周咨錄，別無新材料，有任棟序，查氏官太平知府，卒於乾隆四十七年。

安南事略　朱竹垞曝書亭目錄安南事略一本，相字號，安南雜錄一本，人字號。

安南事略　抄本二册，南京大學圖書館藏。

安南事略二卷　道光南寧府志卷四十一、四十二雜類志，摘抄史傳、通志，附朝貢事宜。

○越南輯略　清・徐延旭撰，徐氏兩次出關，駐諒山八月，奉命繪該國地圖，中法戰爭中庸懦誤國，清光緒三年梧州郡署刻本三册。

安南國紀略　道光雲南開化府志卷八兵防有安南國圖。

安南　清史稿卷五百三十二。

安南　乾隆勅編續通典卷一百四十八。

安南　乾隆勅編皇朝通典卷九十八。

安南　乾隆三十二年勅編續通志卷六百三十八。

安南　乾隆十二年勅編續文獻通考卷二百三十九。

安南　乾隆十二年勅編皇朝文獻通考卷二百九十六。

安南　清劉錦藻清朝續文獻通考卷三百三十三。

安南國　清康熙會典卷七十二。

安南　乾隆二十九年勅編大清一統志卷四百二十二，嘉慶大清一統志卷五百五十四。

交阯　清顧炎武天下郡國利病書卷一百十八。

安南　清顧祖禹讀書方輿記要卷一百二十。

安南部滙考　古今圖書集成邊裔典卷九十一至九十五。

安南　清・尤侗撰，在尤氏外國傳內。

越南紀略　清・黃友召撰，光緒湖南通志卷二百四十八藝文四，未見。

越南源流考　清不著撰人稿本八厚册，科學院圖書館陳列。

○安南雜記一卷　清・李仙根撰，説鈴本，昭代叢書本，學海類編本，小方壺齋叢鈔本，叢書集成本。

○越南地輿圖說六卷　清・盛慶紱撰，盛氏同治元年進士，光緒初元充越南護貢官，光緒九年盛氏求忠堂刊本，光緒觀象廬叢書本，是書完全抄襲皇越地輿志，略加删節而成。

越南輿地略　附道里記，此即皇越地輿志之删節本，抄本一册，燕京大學舊藏。

越南輿地圖說　清・鄒代鈞。

安南地理考　清・李文田撰，見佛山忠義鄉志卷十五藝文，可能未刊。

越南疆域考一卷　清・魏源撰。

越南山川略　清・徐延旭撰。

越南道路略　清・徐延旭撰。

中外交界各隘卡略　清・徐延旭撰。

越南世系沿革略　清・徐延旭撰，以上五種均見小方壺齋輿地叢鈔。

○南越五主傳三卷　清・梁廷枏輯，附南越叢錄二卷，順德龍氏中和園鉛印本，近人或誤作梁啓超撰。

安南藥品考　未詳何人著，見光緒上海日本樂善堂印本書目四册，洋二元。

乾隆

欽定安南紀略三十二　清乾隆五十六年敕撰，故宮普通書目卷二作三十卷鈔本存三十一册，北京圖書館重抄本，一九八六年景印本。

御題平定安南戰圖銅版紙印本六幅　北京圖書館藏乾隆銅版印本十一頁，故宮存全套。

○安南軍營紀略一卷　清・陳元燮撰，陳氏手稿本北京圖書館藏，本庫有抄本，陳氏自記親征安南先勝後敗事。

征撫安南記一卷　清・魏源撰，聖武記卷六。

征安南記略一卷　清・師范撰，滇系中，以上兩短篇均有小方壺輿地叢鈔本。

昭忠祠列傳續集　清嘉慶抄本，內有平定安南存官員五卷，兵丁三十七卷，此外有平定廓爾喀、臺灣、征緬甸等，北京圖書館藏。

安南土官韋福琯滋擾諒山案（乾隆七年）　史料旬刊十六，一九三〇年十一月。

安南清查英氏後裔案（乾隆十六年）　史料旬刊十四，一九三〇年十月。

安南攻剿沙匪案（乾隆十八年）　史料旬刊四十，一九三一年七月。

黎奇珍潛赴安南滋事案（乾隆四十年）　史料旬刊四十，一九三一年七月。

安南脫回廠徒案（乾隆四十年）　史料旬刊二十一、二十二、四十，一九三〇年十二月，一九三一年七月。

安南進貢案（乾隆四十三年）　史料旬刊十八，一九三〇年十一月。

安南夷人陳延暄阮文富剃發改裝私越隘口案（乾隆四十三年）　史料旬刊十八，一九三〇年十一月。

安南檔（乾隆五十七年至六十年）　清軍機處存檔，見故宮出版文獻叢編十二、十三輯。

安南事件稿　甲子年清抄本，嘉慶八、九年册封阮福映幷八次遣回內投黎維祾等黎氏族人共一百九十四名。

嘉慶東南靖海記　清・魏源撰，聖武記卷八。

道光中越邊境糾紛案稿　抄本一册見浙江圖書館特藏書目續編

越南檔　同治十、十二、十三年，故宮檔案館內三册，係購入，非原藏，一册題欽命總理各國事各衙門清檔，內多富浪沙（法國）侵略南圻史料。

光緒

繪圖越法戰書四卷　上海王氏印本，本庫藏殘本二册，似散失。

畫圖中法和戰曲直記二卷　揚州吳氏測海樓藏書目錄卷四，未見。

中法戰事記　清・鄧佐槐撰，宣統東莞縣志卷八十四藝文略，未見。

法越戰事一卷　清不著撰人，清金武祥粟香三筆卷三引六七頁，似身歷越南軍中者所記。

越南戰略　無名氏輯，清光緒壬辰，刊本未見。

越事摘錄　誦先氏編，光緒十年紫雲軒刊本一册（原二册），清華大學藏。

法越事宜　不著撰人，八千卷樓書目。

法越事記　清・翁同龢撰，瓶廬叢稿二十六種稿本三十册內，北京圖書館藏善本、抄本。

越法戰書不分卷　清・王廷學撰，清光緒十年上海王氏刻本。

越事備考十一卷　清・劉名譽輯，光緒二十一年刊本。

越事備考案略二卷　清・劉名譽撰，北京人文科學研究所藏書簡目，光緒二十一年刊本二册。

○請纓日記十卷　清・唐景崧撰，光緒癸巳，臺灣布政使署自刊本，四册。

浙東籌防錄四卷　清・薛福成撰，一作五卷，光緒十三年寧波道署自刊本，光緒刊庸庵全集六、七册。

金鷄談薈十四卷卷首一卷　清・歐陽利見撰，清光緒己丑寧波提署排印本。

○法越之役　清・趙炳麟，見趙氏光緒大事彙鑑卷一趙柏岩集內。

黑旗戰記　類似小說，光緒間坊印本。

見聞筆記　不著撰人，手稿本，北京圖書館倫明書，記光緒乙未丙申，內九頁，記中法戰爭。

克復諒山大略一卷　甚稱七十餘老將馮子材之功「洋人自入中國以來未有如此次之大敗者」當大勝之時，忽聞撤兵之旨，馮憤甚，汪氏振綺堂叢書二集本僅五頁，或作張之洞撰者恐非。

○馮翠亭宮保鎭南關戰爭　清朱孔彰半隱廬叢書卷五。

蘇元春大戰法兵圖　進呈彩繪本，附說明十餘幅，北京圖書館藏。

光緒十年中法交涉電報檔　軍機處，文獻叢編廿六年，五。

清光緒朝中法交涉史料　故宮博物院輯，民國三十二年鉛印本。

中法合訂越南新約　光緒十二年刊本，國學圖書館總目卷十五史部政書類。

中越東西定議全界約文　清・孫傳鳳錄，光緒漸學廬叢書本，光緒袁氏漸西村舍刻本。
○中越勘界往來電稿四卷　清・鄧承修撰，附語冰閣奏議後，石印本。
○滇越界約附廣東越南界約廣西越南界約　光緒二十年鉛印本一册。
滇越界約　劉春霖等輯，清光緒二十三年鉛印本。
中法新約續議界務條款商務款　并附章不分卷，光緒鉛印本一册。
中法會捕越南邊界章一卷　刊本一册以上二種上海復旦大學藏。
越南亡國慘　柚道人著，新朔望報本，光緒卅二年（一九〇六）刊本。
越南魂　齊悅義著，安徽白話報第一期，光緒戊申刊，以上兩種見阿英編晚清戲曲小說目。
走安南玉馬換猩絨　清酉元亭主人撰，共十六回，在照世杯內，一九五七年上海古典文學出版社，著者約順康間人，中越兩國商販在廣西互市情況，三、七才是交易的日子，廣西牙行經紀，皆有論萬家私。
奉使安南日記　清・吳光撰，康熙三年祭黎神宗正使，又作使交集，吳興叢書本，吳太史遺集本。
○安南使事紀要四卷　清・李仙根撰，康熙七年正使，副使爲楊兆傑或作一卷，舊鈔本或作李仙根、楊兆傑著，康熙刊本北京圖書館藏，本庫抄本，此書有滿洲文本作使事紀略，故宮藏鈔本四册。
日南記事　清・楊兆傑撰，乾隆江夏縣志卷十，乾隆時藏於家，今未見。民國湖北通志卷八十一藝文志，清汪琬堯峯文鈔卷二十五作安南日記，與日南記事疑爲一書，康熙刻本未見。

使交紀事附使交吟　清・周燦撰，康熙刻願學堂集本，康熙二十二年六月弔祭黎維禧、黎維禶。與安南世系略，南交好音共稱南交四種，南交好音爲越人撰，使交紀事、雜記、記述該國地理物產風俗，因爲目見，故多可信。周氏臨潼人，順治己亥進士，禮部郎中，奉使安南，詩四十八首。

皇華詩草二卷　清・鄧廷喆撰，康熙五十八年正使「使還，裒集恩況所被，道塗所經，風物所志，得如干首倡和贈送之什，以次附焉。」見鄧淳嶺南叢述卷十七。

○奉使越南國封祭紀略　清・寶清撰，道光廿二年刊本，封面題越南紀略，余有抄本一冊附手跋。

海外紀事六卷　清・釋大汕撰，康熙三十八年（一六九九）寶鏡堂刻本六冊。

安南記遊一卷　清・潘鼎珪撰，潘氏晉江人，康熙廿七年有事於粵，海舟飄入其國作此。龍威祕書第五十五冊，說鈴第八冊，古今說部叢書本第六集，小方壺輿地叢鈔第十帙本，叢書集成初集本，一八八九年法文譯本。

○海南雜著　清・蔡廷蘭撰，道光十七年刻本，一八七七年俄譯本，一八七八年法譯本，余有抄本。

○越南遊歷記四卷　清・嚴璩、恩慶同撰，光緒三十一年鉛印本。

越南遊記　清・陳□撰，小方壺齋輿地叢鈔本。

接護越南貢使日記　清・賈臻撰，道光己酉五月十五日，賈氏叢書本。

迎護越使南旋日記　清・吳嗣仲撰，自同治己巳（八年）六月初三日至七月十六日，後附越南陪臣黎峻、阮思僩、黃竑和詩，見方樹梅明清滇人著述書目史部。

護送越南貢使日記二卷　清・馬先登撰，同治八年刊本。

再送越南貢使日記一卷　清・馬先登撰，同治八年刊本。

越南朝貢過楚紀事　清・張福璜撰，抄本一册，見浙江圖書館特藏書目續編油印本。

○越南全境百里分輿圖　光緒九年點石齋石印。

○越南地圖　光緒間木刻彩印本，有徐延旭識語，謬誤極多。

近人著作

越南小志　梁啓超撰，原題新民叢報社社員編，一作闕名，梁任公飲冰室文集卷三十六，光緒三十二年新民叢報館編印本。

越南略說　張椽誠輯，民國四年石印本一册舊燕大藏。

越乘　余群玉撰，民國十七年本，未見。

○越南古史及其民族文化之硏究　陳修和撰，民國三十二年鉛印本。

○中越兩國人民的友好關係和文化交流　陳修和撰，一九五七年中國青年出版社。

越南　黃澤蒼撰，民國二十三年商務印書館再版本。

○越南概觀　民國二十五年參謀本部第二廳第四處編。

○郡縣時代之安南　黎正甫撰，民國三十四年鉛印本一册。

○越南新志　梅公毅撰，民國三十四年再版，中華書局鉛印本一册。

○越南　徐瘦秋編，民國二十五年鉛印本。

越南問題　中央電訊社調查處，民國二十九年版。

○越南問題　陳序經撰，民國三十八年嶺南大學西南社會經濟研究所鉛印本。

越南受降日記　朱偰撰，民國三十七年商務印書館本。

越南與中國　吳芜撰，民國二十九年湖南永順民衆教育館編印，石印小册僅五頁。

安南紀略　民國馬關縣志卷五，又黎維禰來往公文見卷八，大旨抄開化府志。

越南國志　方道濟撰，書目提要初編墨筆眉批云「近人方道濟越南國志體例較詳，其書未見」。

越南地理與中越經濟關係　王文元編，重慶正中書局。

中越經濟關係　王文元撰，一九三七年凡二百頁。

越南民族運動史　楊義旗編，一九四五年民族史地研究會。

甲申戰事記　池仲祐撰。

劉永福傳　李健兒撰，民國二十九年商務印書館本，凡數十萬言冠劉象二張。

劉永福歷史草　羅香林輯，正中書局鉛印本，一作黃海安撰，民國三十六年鉛印本。

黑旗大將軍事實

中法越南關係始末　邵循正撰。

○中法戰爭文學集　阿英編，湖新書局本，收集中法戰爭史料頗備。

駱越雜詠百首絕句　莫雨澗撰，莫爲海防學校教員謝彬雲南遊記引十餘首詠越南風土人情，有小注。

南行雜記　胡愈之撰，民國二十九年生活書店鉛印本一册。

漂泊西南天地間　朱偰，民國三十七年正中書局鉛印本，卷末多記河內古蹟及遊海防。

滇越遊記　胡嘉撰，一九三九年長沙商務印書館本一册。

附　錄

安南內屬時期名宦傳　張秀民稿本

安南內屬時期職官表　張秀民稿本

安南古錢拓本　本人藏安南古錢幣一百餘枚，請曾毅公先生搨成一册。

占城考

今日法屬印度支那，分爲五部，曰東京、曰安南、曰交止支那、曰柬埔寨、曰老撾。安南爲法之保護國，有王居順化，王阮姓，阮福映之後也。其地面積凡十五萬平方公里，越人自稱其地曰中圻，面山帶海，北部爲平原，西部及南部多山，山不甚高，河流短急，氣候炎熱，終年無霜雪。其地周時爲越裳，秦爲象郡，趙佗王南越，實兼有其地。漢爲日南郡，後漢之末，象林功曹姓區，有子名連，攻殺縣令，自號爲王，是爲林邑，建國之始。至東晉，林邑強盛，爲交州巨患，若占波、瞻波，皆林邑之別名也。至唐肅宗至德後，更號環王，至僖宗乾符四年，改名占城國，自是至明代遂爲其正式國名。占城當宋元明初，常屢敗安南、眞臘之師，以蒙古之強，卒不能平定其國，儼然南方一強國焉。至明憲宗成化時，安南黎聖宗破其國，俘其王槃羅茶全，占城遂爲安南附庸，至清康熙時，阮氏盡取其地，於是占城乃亡。

占人（ Cham ）或作（ Tcham ）雖屬馬來群島系統人種（ Malayopolynesien ），受印度文化之洗禮，而其受中國文化之影響亦甚深且巨，且常受中國之册封，其貢使之往來，史不絕書，顧未有專書記其事者。正史雖有四夷占城傳，而缺略多牴牾。若宋趙汝適諸蕃志、元汪大淵島夷志略、明馬歡瀛涯勝覽、費信星槎勝覽、張燮東西洋考，其述及占城者，殊爲簡單，此外則不免海客談瀛，失之虛誕，或展轉抄襲，並無價值也。同馬可波羅（Marco Polo）於十三世紀末親遊占城，稱其國之富庶，是爲西歐人知有占城之始。近來西人之研究占城之歷史考古者，頗不乏人，而尤以法人（Georges Maspero）之占城王國 Le Royaume d Champa 一書（馮氏漢譯本刪去書中附注改稱占婆史）被譽爲占城史之空前著述，實則其書闕略謬誤殊甚，又引用漢籍亦不免有誤解處，未能稱爲完書。占人本國無史籍，碑刻文物之遺存於今者，復殘缺不完，故今欲考占城之眞正歷史，實爲至難，文獻不足故也，今就群書所載，斷自五代以後，略述占城之史地與我國之關係於下，時間匆促，未能詳考焉。

國王世系大略

欲明占城史，當先知其國王世系，今就五代宋元明史，及馬氏占婆史，考其國王世系大略於下。

占城國王之名，首見於我國史乘者，爲五代史之釋利因德漫。次爲宋史之釋利陁盤，其始即位蓋與宋太祖同時，釋利陁盤卒，波美稅繼立，亦名波美稅褐印茶，又名波美稅陽布印茶。繼波美稅者，爲施利陁盤吳日歡。既卒，安南人劉繼宗據其地，稱占城王。劉繼宗卒，占人楊陁排爲王。繼之者，爲楊普俱毗茶室離，爲施離霞離鼻麻底，爲尸嘿排摩惵，爲陽補孤施離皮蘭德加拔麻疊，及其子刑卜施離值星霞弗。又數世爲施里律茶盤麻茶楊溥，亦爲安南李氏所俘。繼之者爲訶梨跋摩三世，又數傳而爲楊卜麻疊，時已在南宋高宗初年也。又其子鄒時闌巴嗣立（此據宋史）。鄒時闌巴死，子闍耶訶梨跋摩二世立，未幾爲鄒亞娜所篡，鄒亞娜後爲眞臘所俘。其後又數世，至元世祖至元十四年，失里咱牙信合八剌哈迭瓦即位，亦即孛由補剌者吾也，繼之者爲補的（即補底）。又數傳而爲制阿難，制阿難死，其婿茶和布底立。又繼之者爲阿答阿者，時在明太祖洪武初年也，占城又強，然終亦死於越人之手。其時閣勝繼立，閣勝死，其子占巴的賴嗣位，在位最久。繼之者爲摩訶賁該、摩訶貴來、摩訶貴由、摩訶槃羅悅等四人。摩訶槃羅悅既卒，其弟盤羅茶全繼位，爲安南黎氏所破滅。此後占城王雖有齋亞麻弗菴及其弟古來等，然已爲安南附庸矣。

疆　域

歐陽修新五代史占城傳云：「占城在西南海上，其地方千里，東至海，西至雲南，南鄰眞臘，北抵驩州」。案：所謂在西南海上，即今中國海之西南，東至大海，北抵驩州，驩州蓋指安南之河靜、乂安而言，南鄰眞臘，眞臘即今柬埔寨也。惟西至雲南，實爲大誤。占城在地理上無論如何不能與南詔雲南相鄰接，且雲南亦不在占城之西也。宋史遂沿襲其誤，宋史占城傳云：

「占城在中國之西南，東至海，西至雲南，南至眞臘國，北至驩州界，汎海南去三佛齊五日程，陸行至賓陀羅國一月程，其國隸占城焉。……北至廣州，便風半月程，東北至兩浙一月程，西北至交州兩日程，陸行半月程，其地東西七百里，南北三千里，南曰施備州，西曰上源州，北曰烏里州，所統大小州三十八，不盈三萬家，其國無城郭，有百餘村，村落戶三五百，或至七百，亦有縣鎭之名。」

宋會要云：

「熙寧九年，其貢奉使言本國東抵大洋海，發船去諸國，南抵眞臘國，計一月日程，別無水路，南抵眞臘國港，十八日程，西北去交州四十日程，並是山路，水路只可一十七程，所治一百處，差人主守，如州縣之類」。

宋趙汝適諸蕃志云：

「其地西七百里，南北三千里，國都號新州有縣鎭之名，甃塼爲城，護以石塔。」

明史占城傳云：

「國王古來言：臣國所有土地本二十七處，四府一州二十二縣，東至海，南至眞臘，西至黎人山，北至阿本喇補，凡三千五百餘里。」

據以上所述，占城之地，東臨大海，西與老撾大山爲界，北至乂安、河靜，西南與柬埔寨相接，即今安南中圻全部地，而北部稍缺。諸蕃志、宋史所云東西七百里，南北三千里，未免過大，而其地形南北長，東西短，大致相近。宋史又云：南曰施備州，西曰上源州，北曰烏里州，施備上源無考，烏州里州則今廣治廣南也。宋史又稱其所統大小州三十八，不盈三萬家，有百餘村，村落戶三五百或至七百，則占城在宋時人口不過數十萬而已。至明代，其國所有土地本二十七處，四府一州二十二縣，及爲安南黎灝所破，成化時，僅存自邦都郎至占臘五處，其後又屢爲黎氏阮氏所蠶食，至清康熙間，占城尺土無存矣。

物　產

占城地處熱帶，四時暄暖無霜雪，故草木繁茂，鳥獸滋生，山間衆香名木之外，礦產亦富，林邑之金自古聞名，其入貢我國者，多以金寶犀象、沉香、伽南、胡椒、荳蔻、犀角、象牙之屬，今據宋史、諸番志、瀛涯勝覽、星搓勝覽、東西洋考、明史所載，分類述其品名於下，藉見其土產之一斑焉。

甲：植物類

穀——米粒細、顆長、而雜紅。

秔米

粟

豆

麻子　宋史云：有秔米、粟、豆、麻子，官給種一斛，計租百斛。

冬瓜

黃瓜

胡蘆

芥菜

蔥
薑
蓮
甘蔗
蕉子（即香蕉）
梅
橘
西瓜
椰子
波羅蜜　狀如川荔枝，內有黃肉塊，大如雞卵，味甜如蜜，核亦可炒食之。
荳蔻
茴香
檳榔
胡椒
華澄茄
奇楠香（或作琦瑜、棋枬伽南香，又作伽藍香），惟此國一大山出，他國並無，其價甚貴，以銀對換。

沉香

箋香

速暫香

黃熟香

生香

丁香　沉香所出非一，眞臘爲上，占城次之，以所產氣味爲高下，不以形體爲優劣，箋香乃沉香之次者，而優於熟速，生速出於眞臘占城，而熟速眞臘爲上，占城次之，熟速之次者，謂之暫香。黃熟香，眞臘爲上，生香出占城眞臘，丁香其狀如丁字，因以名之。

檀香

龍腦香

降眞香

乳香

麝香木　出占城眞臘，其氣依稀似麝，故名。

烏木　黑潤，絕勝他國出者。

烏滿木

蘇木　去皮曬乾，其色紅赤，可染緋。

白藤

觀音竹　細如藤棍，長一丈七八尺許，色如黑鐵，每寸約二三節，他國亦無。

棕竹　宋陸游有占城棕竹杜杖詩。

吉貝　案即棉花。

乙：動物類

犀　趙氏云：犀狀如黃牛，只有一角，皮黑毛稀，舌如栗殼，其性鷙悍，其走如飛，專食竹木等刺，人不敢近，獵人以硬箭自遠射之，遂取其角，謂之生角，或有自斃者，謂之倒山角。角之紋如泡，以白多黑少者爲上，馬氏云：如水牛，大者七八百斤，體無毛，黑色鱗甲，皮厚，蹄有三跲，獨角在鼻端，長者可尺五寸，唯啖刺桐葉，并指大乾木。

象　所產巨象犀牛甚多，象牙犀角，廣貿別國，宋時民獲犀象，皆輸於王。象牙出大食諸國，及眞臘、占城兩國，以大食者爲上，眞臘、占城者爲下。大者重五十斤至百斤，其株端直，其色潔白，其紋細籀者，大食出也。眞臘、占城所產，株小色紅，重不過十數斤至二三十斤。

黃牛

水牛　宋史：畜產多黃牛、水牛。

山牛　不任耕耨，但殺以祭鬼，將殺，令巫祝之曰：「阿羅和及拔」譯云：「早教他託生」。

野水牛　馬氏云：邊海有野水牛，本耕牛，逃山中，自生長，年深成群，華夷考曰：占城野水牛甚狠，是人家耕牛，走入山，自生長，年深成群，但見人身穿青者，必趕來抵觸而死。

馬　馬小於驢。

豬

羊

虎

鵝

鴨　所產不多。

雞　大者不踰三斤。

山雞　宋時入貢，名山得雞。

鸚鵡

孔雀　宋史云：鳥獸多孔雀犀牛。

秦吉鳥

海燕　燕窩，即海燕之巢。

魚

玳瑁

蜂

丙：礦物類

金

銀

錫

鐵

硫磺

琥珀

水精

菩薩石　色瑩白，若水精類，日光射之，有五色，如佛頂圓光。

丁：貨類

吉貝花布（即棉布，下二種同）。

白氎布

朝霞布

占城孤班古縵

占城繡水織布　以上兩種見宋會要。

貝多葉簟

籐簟

黃蠟

酒　元汪大淵島夷志略：釀小米爲酒。

鹽　煮海爲鹽。

風俗

占人多信婆羅門教，及回教，故宋史稱其衣服風俗與大食國相類。又因人種及氣候炎熱之關係，其生活風俗，多與中土不同，諸家記之頗詳，今分類述之於下：

甲、衣服

王頭戴金帽，身被瓔珞。見諸番志

風俗衣服與大食國相類，無絲蠶，以白氎布纏其胸，垂至於足，衣衫窄袖，撮髮爲髻，垂餘髻於其後，其王腦後髽髻，散披吉貝衣，戴金花冠，七寶裝纓珞爲飾，腰股皆露，躡革履，無韈。婦人亦腦後撮髻，無笄梳，其服及拜揖與男子同。以上見宋史占城傳　王頂三山金花玲瓏冠，上衣花番布，若錦紬狀，下縈絲絲，帨巾數匝，跣足跨象，或乘小車，駕以二黃犢，衣服紫，惟王白服。其臣頂茭葦葉冠，亦類王冠，飾以金絲，其冠有品秩，上衣不過膝，下亦縈絲帨，衣服紫，惟王白服，禁服玄黃，違者死。

男蓬頭，女推結於後，上禿袖，短衫，下亦縈綵布，皆女裝也。男女俱跣行。以上見瀛涯勝覽

酋長頭戴三山金花冠，身被錦花，手中臂腿四腕，俱以金鐲，足穿玳瑁履，腰束八寶方帶，如粧金剛狀。……男女椎髻腦後，花布纏頭，上穿短衫，腰圍色布。以上見星槎勝覽

乙、飲食

粒食稻米，肉食水兕山羊之類。以上見册府元龜

頗食山羊水兕之肉，……地不產茶，亦不知醞釀之法，止飲椰子酒，兼食檳榔。以上見宋史占城傳

啖檳榔不絕口，如閩越俗，酒則釀甕飯，待熟，用筒咂之，賓王繞甕以次，而咂必注水，至味盡乃止。以上見瀛涯勝覽

一國之食，魚生不腐爛不食，釀不生蛆不爲美，造酒以米和藥丸，乾持入甕中，封固如法，收藏日久，其糟生蛆爲佳醞。他日開封，用長節竹竿三四尺，插入糟甕中，或團坐五人十人，量入水多寡，輪次吸竹，酒入口，吸盡再入水，若無味則止，有味封留再用。以上見星槎勝覽

國人皆食檳榔，終日不離口，飲食汚穢，魚非腐爛不食，釀不生蛆不爲美。以上見明史占城傳

丙、居住

王宮宏壯，墉塹整潔，門竪雕木獸，以爲威儀，民居茅茨，高不踰三尺，曲身出入，違制者有罪。以上見瀛涯勝覽

酋長所居高廣，室宇門牆以磚在甃砌，及堅硬之木，雕琢獸畜之形爲華飾，外週磚垣，亦有城郭

之備。……其部領亦分等第，門高有限，民下偏茅覆屋，門不過三尺，過者即罪之。以上見星槎勝覽
戶皆北向，居民悉覆茅檐，高不過三尺，部領分差等門高卑亦有限。以上見明史占城傳

丁、歲時

其風俗正月一日，牽象周行所居之地，然後驅逐出郭，謂之逐邪。四月有遊船之戲，定十一月十五日爲冬至，人皆相賀，州縣以土產物帛獻其王。每歲十二月十五日，城外縛木爲塔，及人民以衣物香藥置塔上，焚之以祭天。以上見宋史占城傳

每歲元日，牽象周行所居之地，然後驅逐出郭，謂之逐邪，四月有遊船之戲，陳魚而觀之，定十一月望日爲冬至。以上見諸番志

戊、婚娶

議婚男先詣女成偶，或旬日或旬有五日，然後父母親黨導以鼓樂迎歸，設酒宴。以上見瀛涯勝覽

案今日占人，花布纏頭，上穿短衫，或裸身，腰圍色布手巾，蓬頭跣足，或跨象，或騎牛，住於高不踰三尺之茅茨中，食稻米玉蜀黍，檳榔不離口，婚姻則貴女賤男，死喪則火葬或土葬，其生活習慣與上述多相類也。

占城與中國之關係

五代之入貢

自唐憲宗元和四年（八〇九），安南都護張舟破環王，廓地數圻，於是環王國北部歸於唐有，環王遷都於南，從此，其國勢衰弱，無復昔時林邑之兇暴，終唐之世，不復爲安南患。至僖宗乾符四年（八七七），進馴象三頭，當殿引對，亦能拜舞，後放還本國，惟斯時環王已改稱占城矣。自此直至占城之亡，其國名遂不復改。惟自五代以後，交阯獨立，中國與占城爲交阯所隔，陸路不通，使臣往來皆由海道。五代周太祖廣順元年（九五一），占城國王釋利因德縵，始遣使臣莆訶散貢方物，自乾符以來，至此七十餘年，凡經五代，占城皆無使者來，至是始復通焉。世宗顯德五年（九五八）九月，釋利因德縵使莆訶散來貢猛火油八十四瓶，薔薇水十五瓶，其表以貝多葉書之，以香木爲函，猛火油以灑物得水則出火，薔薇水云得自西域，以灑衣雖敝而香不滅，皆貯以瑠璃瓶，又有雲龍形通犀帶，菩薩石。以上見新五代史卷七十四，四夷占城傳，宋史卷四百八十九卷占城傳。

明年（九五九），占城國進奉使甫訶散金婆羅等辭歸，各賜分物有差，仍令賚金銀器千兩，繒綵十段，及細甲名馬銀鞍等，賜本國主，占城國重馬，宋代回賜，例有白馬，不知周世宗已先賜其名馬銀鞍，開其端矣。自唐季以及五代，占城入貢可考者，惟此三次。使臣莆訶散至宋太祖開寶五年，爲其國王波美稅所遣復來貢，蒲訶散蓋熟於海路及上國禮儀，故常爲占王所遣耳。

宋代之册封與入貢

宋代占城入貢凡數十次，以北宋太祖太宗眞宗仁宗四朝爲最多，南渡以後，惟高宗孝宗時各來貢數次，自孝宗以後則無聞焉，此則我國史文有闕，非百年之間，果無一次入貢也。宋太祖建隆元年（九六〇）十二月，占城釋利因塔蠻遣使菩訶薩布君等，以方物犀角象牙來貢，（見宋會要，宋史占城傳不載）此釋利因塔蠻，即前二年貢周之釋利因德縵也，而馬司伯樂占婆史，以爲釋利因陀盤誤矣！釋利因陁盤於翌年（九六一）始遣使莆訶散來朝，貢犀角象牙，龍腦香藥孔雀四，大食瓶二十，使回賜賚有差，以器幣優賜其王，三年，又貢象牙二十二株，乳香千斤。乾德四年（九六六）七月，江南國主李煜上言曰：

占城國使入貢，道出臣國，遺臣犀角一株，象牙二株，白龍腦三十兩，蒼龍腦十斤，乳香三十斤，沉香三十斤，丁香三十斤，煎香七十斤，石亭脂五十斤，白檀香百斤，紫礦五十斤，荳蔻二萬顆，龍腦後三片，檳榔五十斤，藤花簟四領，占城孤班古縵二段，闍婆馬禮偃鸞國古縵一段，闍婆沙剜古縵一段，闍婆繡古縵一段，大食繡古縵一段，大食縵錦古縵一段，占城繡水織布五疋，闍婆沙剜錦繡古縵一段，以其物來上。詔曰：「遠夷述職，欽我文明，經行既歷於彼邦，贄聘遂脩於常禮，煩持信幣，遠至上都，深認忠勤即宜收領，今後更有禮幣，不須進來。」

趙氏諸番志以此爲開寶四年（九七一）事，又以爲大食國同闍婆占城三國所共獻。案占城所獻貢品，有大食、闍婆之物，而趙氏遽以爲大食闍婆所獻，誤矣。其後占王波美稅褐印茶，即波美稅陽布印茶立，幾每年入貢。施利陁盤吳日歡，及劉繼宗，亦於雍熙間九八四——九八七來貢。劉繼宗者越人，入占爲王者也。淳化元年（九九〇），新王楊陁排自稱新坐佛逝國楊陁排，遣使李臻貢馴犀方物，表訴爲交州所攻，國中人民財寶皆爲所掠。上賜黎桓詔，令各守境。三年（九九二），遣使李良莆貢方物，賜其王白馬二兵器等。至道元年（九九五）正月，又遣使來貢，表文云：

前進奉使李良莆廻，伏蒙聖慈，賜臣細馬二疋，旗五面，銀裝劒五口，銀纏槍五條，弓弩各五張，及箭等，戴恩感懼，稽首稽首。臣生長外國，遠天都，竊承皇帝聖明，威德廣大，臣不憚介居海裔，遣使入朝，皇帝不棄蠻夷，曲加優賜，然臣自爲土長，聲勢尙卑，常時外國，頗相侵撓，況以前民庶，如芥隨風，星散流離，各不自保。近蒙皇帝賜臣內閑馹駿，及旗幟兵器等，鄰國聞之，知臣荷大國之寵，各懼天威，不敢謀害，今臣一國安寧，流民來復，非皇帝天德加護，何以至此？臣之一國，仰望仁聖，覆之如天，載之如地，臣自思惟，鴻恩不淺，且自天子之都，至臣所居之國，涉海綿邈，不啻數萬里，而所賜之馬，及器械等竝安全而至，皆聖德所及也。自前本國進奉，未嘗有旌旗弓矢之賜，臣今何幸，獨受異恩！此蓋天威廣被，壯臣土疆，臣雖殞身，無以上報，兼臣貢使往復，資給備至，恩重山岳，不可具陳。今特遣專使李波珠，副使訶散等，進奉犀角十株，象牙三十株，玳瑁十斤，龍腦二斤，沉香百斤，夾箋黃熟香九十斤，檀香百六十斤，山得雞二萬四千三百雙，胡椒二百斤，簟席五。前物固非珍奇，惟表誠懇。臣生居異域，幸遇明時，不貴殊珍，惟重良馬，僅皇帝念及外國，不罪懇求，若使介南歸，願垂頒賜，臣之幸矣！本國元有流民三百，散居南海，曾蒙聖旨，許令放還，今有猶在廣州者。本國舊有進奉夷人羅常占，見駐廣州，乞詔本州畫數點集兵籍，以付常占，令造舶船，乘便風，部領歸國，冀安生聚，以實舊疆，至於萬里感恩，一心事上，臣之志也。以上見宋史卷四百八十九占城傳

表文所言，戴德感恩，情詞懇切，出於至誠。上覽表，遣使詣廣州，詢問願還者，悉付波珠使還，後賜白馬二，遂爲常制。眞宗咸平景德間，占城又來貢，景德四年（一〇〇七），遣使布祿爹地加等，奉表來朝，表函藉以文錦。詞曰：

占城國王楊普俱毗茶室離頂首言：臣聞二帝封疆，南止届於湘楚，三王境界，北不及於幽燕，仰矚昌時，實邁往跡。伏惟皇帝陛下，乾坤授氣，日月儲英，出震居尊，承基御極，慈悲敷於天下，聲教被於域中，業茂前王，功芳徂后，蒼生是念，黃屋非心，無方不是生靈，有土並爲臣妾，眞風遍布，霈澤周行，凡沐照臨，共增聳抃。臣生於邊鄙，幸襲華風，蟻垤蜂房，聊爲遂性，龍樓風閣，尚阻觀光，再念自假天威，獲全封部，鄰無侵奪，俗有舒蘇，每遣下臣，問寧上國，蒙陛下恩霑行葦，福及豚魚，特因廻人，頒賜戎器。臣惟望闕焚香，歡呼拜受，心知多幸，曷答洪恩？聖君既念於賓王，微懇肯忘於述職，今遣專信臣布祿爹地加，副使臣除逋廝瑕珈耶等，部署土毛，遠光葳貢，雖表楚茅之禮，寔懷魯酒之憂，虔望睿明，甫寬譴戮。專信臣等廻日，軍容器仗，耀武之物，伏願重加賜賚。蓋念忝爲臣子，合告君親，服飾車輿，威儀斧鉞，不敢私制，惟望恩頒，干冒冕旒，不任死罪。以上見宋史占城傳

表稱自假天威，獲全封部，鄰無侵奪，俗有舒蘇，可見當時占城之太平景象矣。大中祥符三年（一〇一〇），占王施離霞離鼻麻底（宋會要作施離霞離罩麻庶）遣使朱渟禮來貢，四年（一〇一一），又遣使貢獅子，占城地不產獅，而特以獅子充貢者，無非表其誠恭而已。詔畜於苑中，使者留二蠻人，以給豢養，上憐其懷土，厚給資糧遣還，八年（一〇一五），遣使波輪訶羅帝來貢。訶羅帝因上言，有弟陶珠，頃自交州押馴象赴闕，今幸得見，欲攜以還，許之，仍賜陶珠衣幣裝錢。天禧二年（一〇一八），占王尸嘿排摩惵遣使羅皮帝加，以象牙七十二株，犀角八十六株，玳瑁千片，乳香五十斤，丁香花八十斤，荳蔻六十五斤，沉香百斤，箋香二百斤，別箋一劑六十八斤，茴香百斤，檳榔千五百斤來貢。（以上見宋史占城傳）明年（三年（一〇一九））使還，詔賜其王銀四千七百兩，并戈器鞍馬。天聖八年（一〇三〇）十月，占城王陽補孤施離皮蘭德加拔麻疊，遣使李蒲薩麻瑕陁琶來貢木香、玳瑁、乳香、犀角、象牙。慶曆二年（一〇四二）十一月，其王刑卜施離值星霞弗，遣使獻馴象三，皇祐二年（一〇五〇），又使俱金舍唎波微收羅婆麻提揚卜貢象牙二百一，犀角七十九，表二通，一以本國書，一以中國書。五年（一〇五三）四月，其使蒲恩馬應來貢方物，嘉祐元年（一〇五六）閏三月，其使蒲息陁琶貢方物，還至太平州，江岸崩沉，失行橐。明年（一〇五七）正月，詔廣州賜銀千兩，六年（一〇六一）九月，又獻馴象。

嘉祐七年（一〇六二）正月，廣西安撫經略司言，占臘素不習兵，與交阯鄰，常苦侵軼，而占城復近修武備，以抗交阯，將由廣東路入貢京師，望撫以恩信。五月，其使頓琵尼來貢方物。宋時占城入貢，多由泉州，此則改由廣東，迨明朝則全由廣東之道矣。六月，賜其王施里律茶盤麻常揚溥白馬一，從其求也。與熙寧元年（一〇六八）貢方物，乞市驛馬之揚卜尸利律陀盤摩提婆同為一人云。詔賜白馬一，令於廣州買騾以歸。五年（一〇七二），貢瑠璃、珊瑚、酒器、龍腦、乳香、丁香、華澄茄，紫礦。其後神宗討交阯，以占城與交阯素仇，詔使乘機協力除蕩，行營戰棹都監楊從先遣小校樊實諭旨，實還言其國送兵七千，扼賊要路，其王以木葉書回牒，詔使上之，然亦不能成功也。哲宗元祐七年（一〇九二），占城又表言，如天朝討交阯，願率兵掩襲。朝廷以交阯數入貢，不絕臣節，難以興師答，敕書報之，以其使良保故倫軋丹，副使傍木知實為保順郎將。徽宗政和中，（一一一一——一一一七），授其王楊卜麻疊金紫光祿大夫，領廉白刺史。楊卜麻疊言，身糜化外，不霑祿食，願得薄授奉給，壯觀小國，許之。宣和元年（一一一九），進檢校司空，兼御史大夫懷遠軍節度，琳川管內觀察處置使，封占城國王。自是每遇恩，輒降制加封邑。（以上均據宋史占城傳）是占城王雖稱王於其國中，而其所授官階，固與內地無異也。

高宗建炎三年（一一二九），占城王楊卜麻疊遣使進貢，遇郊恩，特授檢校太傅，加食邑。制曰：門下得大橫之兆，式帝命下九圍，推神筴之占，候陽明於七日，升煙泰時，登就吉儀，孚號明庭，誕敷沛澤。懷遠軍節度，琳州管內觀察處置等使，金紫光祿大夫，檢校太保，使持節，琳州諸軍事琳州刺史，兼御史大夫，上柱國，占城國王，食邑五千戶，食實封二千一百戶，楊卜麻疊，躬懷德善，世載忠勞，推虎落之雄，邁城池金湯之固，導騂施之節，書山河帶礪之盟。

屬予巡甸之初，適在當郊之歲，一時文軌方丕冒於海隅，萬里梯航，諒心存於魏闕，奉禋祠於奠璧，效方物於貢琛，進陞槐位之聯，中衍爰田之食。於戲戎祀國之大，事迨臻秦假之成，溥哻王之藎臣，用介龐鴻之祉，克祇猷訓，茂對寵光。可特授檢校，太傅，加食邑一千戶，食實封四百戶。（以上見宋會要）

紹興二十五年（一一五五），楊卜麻疊子鄒時闌巴嗣立（宋會要均作鄒時巴蘭），惟據馬司伯樂占婆史，則其間尚有二王也。占王世系，最為難明，我國史籍既有闕漏，而占城諸石刻、殘碑斷碣所載亦不盡可靠也。既立之後，遣使進方物，求封爵，錫宴於懷遠驛，以其父初封之爵授之，報賜甚厚。

制曰：

推恩以保四海，式昭博愛之仁，建國而親諸侯，厥有疏封之典，肆誕敭於命紱，用敷告於廷紳。占城番首鄒時芭蘭，節槩沉雄，器懷明果，眷言懿德，守信順而不渝，莫爾海邦，由忠勤以自厲，克輯寧於南服，尤嚮慕於中朝，茲修實贄之儀，適届陽郊之祀，有嘉誠欵，爰煥寵章，錫以山川，盡付土疆之舊，授之旄節，聿臨將之嚴，視爵秩於憲臺，衍圭腴於井賦，以定甸畿之列，以隆千里之瞻。於戲！率由典常，既恪修於臣職，永為藩輔，尚承衞於王家，往虵令猷，益綏純嘏。可特授金紫光祿大夫，檢校司空，使持節，琳州諸軍事琳州刺史，充懷遠軍節度觀察留後，兼御史大夫，上柱國，占城國王，食邑一千戶，食實封五百戶。（以上見宋會要）

三十二年（一一六二）十月，鄒時闌巴（原作鄒時芭蘭）加食邑五百戶，食實封二百。（亦見宋會要，宋史）

（占城傳均未載）鄒時闌巴屢敗眞臘越國之師，又討平賓童龍，雄武無敵，亦占城英主也。孝宗乾道三年（一一六七），子鄒亞娜嗣，掠大食國方物，遣人來貢，以求封爵，爲其國人所訴。詔卻之，遂不議其封。淳熙三年（一一七六），占城歸所掠生口八十三人，求通商。詔不許，四年（一一七七），占城以舟師襲眞臘，薄其國都，寧宗慶元（一一九五——一二〇〇）來，眞臘大舉伐占城以復仇，殺戮殆盡，俘其主以歸，國遂亡，其地悉歸眞臘。（以上見宋史占城傳）然眞臘雖併占城，其後眞臘軍退歸本國，王占城者仍爲占王子孫，占城固未亡也。而史書有闕，不能知其詳焉。

元代之征伐及立行省

元以蒙古入主中原，武功之隆，震古鑠今，其於占城也，不特令其朝貢，且嘗大舉討伐，並於其地立行省焉。世祖至元間（一二六四——一二九四），廣南西道宣慰使馬成旺嘗請兵三千人，馬三百匹往征之。十六年（一二七九）十二月，遣兵侍郎教化的總管孟慶元，萬戶孫勝夫與唆都等使占城，諭其王入朝。十七年（一二八〇）二月，占城國王保寶旦拏囉耶邛南詀占把地囉耶遣使貢方物，奉表降。六月復詔諭占城國。八月，占城馬八兒國皆遣使奉表稱臣，貢寶物犀象。十一月，復遣宣慰使教化孟慶元等詔諭占城國主，令其子弟或大臣入朝。十八年（一二八一）九月，占城國來貢方物，十月命失里咱牙信合八剌麻合迭瓦爲占城郡王，加榮祿大夫，賜虎符，（元史世祖本紀而元史占城傳在十五年今從本紀）立行中書省占城，以唆都爲右丞，劉深爲左丞，兵部侍郎也里迷失參知政事。唆都扎剌完氏，驍勇善戰，嘗降福州，破興化、漳州、潮州平，進參知政事，行省福州，徵入見。帝以江南既平，將有事於海外，陞左丞，行省泉州，招諭南夷諸國，至是改右丞，行省占城。亦黑迷失，畏吾兒人也，十八年拜荊湖占城等處行中書參知政事。庚戌，敕以海船百艘，新舊軍及水手合萬人，期以明年正月，征海外諸蕃，仍諭占城郡王，給軍食。十九年（一二八二），占城既服復叛，占城王子補的專國，負固弗服。萬戶何子志，千戶皇甫傑，使暹國宣慰使尤永賢亞闌等，使馬八兒國，舟經占城，皆被執。故遣兵征之。帝曰老王無罪，逆命者乃其子與蠻人耳，苟獲此兩人，當依曹彬故事，百姓不戮一人，乃發淮浙、福建、湖廣軍五千，海船百艘，戰船二百五十，命唆都為將討之，元史占城傳詳記其事曰：

十一月占城行省官率兵自廣州航海至占城港，港口比連海，海旁有小港五，通其國大州，東南止山，西旁木城。官軍依海岸屯駐。占城兵治木城，四面約二十餘里，起樓棚，立回回三梢砲百餘座，又木城西十里，建行宮，孛由補刺者吾親率重兵屯守應援。行省遣都鎮撫李天祐總把賈甫招之，七往。終不服。十二月，招眞臘國使速魯蠻請往招諭，復與天祐甫偕行，得其回書云：「已修木城，備甲兵，刻期請戰」。二十年正月，行省傳令軍中，以十五日夜半發船攻城，至期，分遣瓊州安撫使陳仲達、總管劉金、總把栗全以兵千六百人，由水路攻木城北面，總把張斌、百戶趙達以三百人攻東面沙觜，省官三千人，分三道攻南面，舟行至天明泊岸，為風濤所碎者十七八。賊開木城南門，建旗鼓，出萬餘人，乘象者數十，亦分三隊迎敵，矢石交下，自卯至午，賊敗北。官軍入木城，復與東北二軍合擊之，殺溺死者數千人，守城供餉餽者數萬人，悉潰散，國主棄行宮，燒倉廩，殺永賢亞闌等，與其臣逃入山。十七日，整兵攻大州。十九日，國主使報答者來求降。二十日，兵至大州東南，遣報答曰：許其降，免罪。二十一日，入大州，又遣博思兀魯班者來言，「奉王命，國主太子，後當自來」行省傳檄召之，官軍復駐城外。二十三日，遣其舅寶脫禿花等三十餘人，奉國王信物雜布二百疋、大銀三錠、小銀五十七錠、碎銀一甕爲質來歸欵，又獻金葉九節標槍，曰：「國主欲來，病未能進，先使持其槍來，以見誠意，長子補的期三日請見」。省官卻其物。寶脫禿花曰：「不受，是薄之也。」行省度不可卻，姑令收置，乃以上聞。寶脫禿花復令其主第四子利世麻八都八德剌第五子世利印德剌來見，且言「先有兵十萬，故求戰，今皆敗散，聞敗兵言，補的被傷已死，國主頰中箭，今小愈，愧懼未能見也。故先遣二子來議赴闕進見事」。省官疑其非眞子，聽其還，諭國主早降，且以聞疾爲辭，遣千戶林子全、總把栗全李德堅偕往覘之，二子在途先歸，子全第入山兩程，國主遣人來拒，不果見。寶脫禿花謂子全曰：「國主遷延不肯出降，今反揚言欲殺我，可歸告省官，來則來，不來，我當執以往。」子全等回營。是日又殺何子志皇甫傑等百餘人。二月八日，寶脫禿花又至，自言「吾祖父伯叔，前皆爲國主，至吾兄今孛由補剌者吾殺而奪其位，斬我左右二大指，我實怨之，願禽孛田補剌者吾補的父子，及大拔撒機兒以獻，請給大元服色。」行省賜衣冠，撫諭以行。十三日居占城，唐人曾延等來言：「國主逃於大州西北鴉候山，聚兵三千餘，並招集他郡兵未至，不日將與官軍交戰，懼唐人泄其事，將盡殺之，延等覺而逃來。」

十五日，寶脫禿花偕宰相報孫達兒及撮及大師等五人來降。行省官引曾延等見。寶脫禿花詰之曰：「延等姦細人也，請繫縲之，國主軍皆潰散，安敢復戰？又言今未附州郡凡十二處，每州遣一人招之，舊州水路，乞行省與陳安撫及寶脫禿花各遣一人，乘舟招諭攻取，陸路則乞行省官陳安撫與己往禽國主補的，及攻其城。」行省猶信其言，調兵一千屯半山塔，遣子全德堅等領軍百人，與寶脫禿花同赴大州進討，約有急則報半山軍，子全等比至城西，寶脫禿花背約間行，自北門乘象遁入山。官軍獲諜者曰「國主實在鴉候山立砦，聚兵約二萬餘，遣使交阯、眞臘、闍婆等國借兵，及徵賓多龍舊州等軍未至。」十六日，遣萬戶張顒等領兵赴國主所棲之境，十九日，顒兵近木城二十里，賊浚濠塹，拒以大木。官軍斬刈超距奮擊，破其二千餘衆，轉戰至木城下，山林阻隘，不能進。賊旁出截歸路，軍皆殊死戰，遂得解還營。行省遂整軍聚糧，搠木城，遣總管劉金千戶劉涓岳榮守禦。以上見元史卷二百一十占城傳

此次戰事，元軍先勝，後不聽唐人曾延之忠告，誤信寶脫禿花之狡詐，幾中其計，若非死戰，幾不得脫矣！此役元以唆都爲統帥，元史唆都本傳亦記其事曰：

唆都扎剌兒氏，驍勇善戰，入宿衞，從征花馬國有功。……潮州平，進參知政事，行省福州徵入見帝以江南既定，將有事於海外，陞左丞，行省泉州，招諭南夷諸國。十八年，改右丞，行省占城。十九年，率戰船千艘，出廣州，浮海伐占城。占城迎戰，兵號二十萬，唆都率敢死士擊之，斬首幷溺死者五萬餘人。又敗之於大浪湖，斬首六萬級。唆都造木爲城，闢田以耕，伐

烏里越里諸小夷，皆下之，積殳十五萬以給軍。二十一年，鎭南王脫歡征交阯，詔唆都帥師來會，敗交阯兵於清化府，奪義安關，降其臣彰憲昭顯。脫歡命唆都屯天長以就食，與大營相距二百餘里，俄有旨班師，脫歡引兵還，唆都不知也。交阯使人告之弗信，及至大營則空矣。交阯遮之於乾滿江，唆都戰死。事聞，贈榮祿大夫，謚襄愍，子百家奴。以上見元史卷一百二十九

唆都傳與占城傳所載，多有出入，元史蕪雜，多牴牾，不獨此爲然，然亦可資參證也。二十一年（一二八四）二月，命阿里海牙發兵萬五千人，船二百艘，助征占城，船不足，命江西省益之。三月六日，唆都領軍回，十五日，江淮省所遣助唆都軍，萬戶忽都虎等至占城，唆都舊制行省舒眉蓮港（蓋今尸耐港），見營舍燒盡，始知官軍已回。二十日，忽都虎令百戶陳奎招其國主來降。二十七日，占城主遣王通事者來，稱納降。忽都虎諭令其父子奉表進獻，國主遣文勞邛大巴南等來，稱唆都除蕩其國，貧無以獻，來年當備禮物，令嫡子入朝。四月十二日，國主令其孫濟目理勒蟄（本紀作路司理勒蟄）文勞邛大巴南等，奉表歸欵。是年，命平章政事阿里海牙奉鎭南王脫歡發兵，假道交阯，伐占城不果行。此元世祖用兵占城之經過也，終元之世，未能將占城收入職方焉。二十二年（一二八五）九月丙子，占城眞臘貢樂工二十人，及藥材鱷魚皮諸物。其後仁宗英宗文宗三朝，復屢入貢云。以上多據元史卷二百一十占城傳及世祖本紀

明代之册封與入貢

明代與占城，封使往來頻繁，關係較宋元為尤密，今擇要述之於下，洪武二年（一三六九），太祖遣官，以即位詔諭占城，其王阿答阿者先已遣使奉表來朝，貢象虎方物，帝喜，即遣官齎璽書、大統曆、文綺紗羅，偕其使者往賜其王。璽書曰：

二月四日，虎都蠻奉虎象至，王之誠意，朕已具悉。然都蠻未至，朕之使已在途矣，朕之遣使，正欲報王知之。曩者我中國為胡人竊據百年，遂使夷狄布備四方，廢我中國之彝倫。朕發兵討之，垂二十年，芟夷既平，朕主中國，天下乂安。恐番夷未知，故遣使以報諸國，不期王之使者先至，誠意至篤，朕甚嘉焉。今以大統曆一本，織金綺紗羅絹五十疋，專人送使者歸。且諭王以道，能奉若天命使占城之人安於生業，王亦永保祿位，福及子孫，上帝寔鑒之，王其勉圖，忽怠！以上見東西洋考卷

占城復遣使來貢。未幾，命中書省管句甘桓，會同館副使路景賢齎詔，封阿答阿者為占城國王。詔曰：

咨爾占城國王，素處海邦，奠居南服，自乃祖父，世篤忠貞，向慕中朝，恪守臣職。今朕肇承天統，撫馭萬方，欲率土之咸寧，嘗馳書而往報。而爾能畏天命，知尊中國，即遣使稱臣，來貢方物，思法前人之訓，以安一境之民。眷爾忠誠，良可尚嘉！是用遣官齎印，仍封爾為占城國王。尚慎終如始，永為藩輔。以上見東西洋考

又賜綵幣四十，大統曆三千。三年（一三七〇），遣使往祀其國山川，所至勒石紀其事。碑文曰：

朕賴天地祖宗眷祐，位臣民之上，郊廟社稷，以及嶽鎭海瀆之祭，不敢不恭。邇者，占城安南遣使奉表稱臣，已封其王，則其國境內山川，悉歸職方。考之古典，天子望祭，雖無不通，未聞有遣使致祭其境者，今思與普天之下，共享昇平之治，故具牲幣遣使，往祭於神，神旣歆格，必能庇其國王，世保境土，使風雨以時，年穀豐登，民庶得以靖安，庶昭一代同仁之意。是用刻石，以垂永久。以上見東西洋考

此碑不知立於占城何處，未知今日尚存否？四年（一三七一），其王奉金葉表來朝，長尺餘，廣五寸，刻本國字，館人譯之，其意曰：

大明皇帝登大寶位，撫有四海，如天地覆載，日月照臨。阿答阿者譬一草木爾，欽蒙遣使，以金印封爲國王，感戴欣悅，倍萬恒情。惟是安南用兵，侵擾疆域，殺掠吏民，伏願皇帝垂慈，賜以兵器，及樂器、樂人，俾安南知我占城，乃聲教所被，輸貢之地，庶不敢欺陵。以上見明史占城傳

帝命禮部諭之。又命福建省臣勿徵其稅，示懷柔之意。六年（一三七三），貢使信海寇張汝厚林福等，自稱元帥，剽劫海上，國主擊破之，賊魁溺死，獲其舟二十艘，蘇木七萬斤，謹奉獻。帝嘉之，命給賜加等，張林等稱雄海上，爲占城所滅，可知阿答阿者舟師之強盛，故能大敗安南也。十三年（一三八〇），遣使賀萬壽節。帝聞其與安南水戰不利，賜敕諭曰：

曩者安南兵出，敗於占城，乘勝入安南，安南之辱已甚。王能保境息民，則福可長享，如必驅兵苦戰，勝負不可知，而鷸蚌相持，漁人得利，他日悔之，不亦晚乎？以上見明史占城傳

占王不聽，常乘勝屢攻安南，至洪武二十三年（一三九〇），終爲越人所殺，兵猶火也，不戢將自焚，占王阿答阿者之謂也。十六年（一三八三），阿答阿者貢象牙三百株，及方物。遣官賜以勘合文册，及織金三十二、磁器萬九千。十九年（一三八六），遣子寶部領詩那日忽來朝，賀萬壽節，獻象五十四。明年（一三八七），復貢象五十一，及伽南、犀角諸物。明史占城傳謂阿答阿者失道，大臣閣勝懷不軌謀，二十三年（一三九〇）弑王自立。明年，遣太師奉表來貢，帝惡其悖逆，卻之。實則阿答阿者與安南戰時，爲火銃射死，非被其下所弑也。

永樂元年（一四〇三），其王占巴的賴奉金葉表朝貢，且告安南侵掠，請降敕戒諭。帝可之，遣行人蔣賓興王樞使其國，賜以絨綿、織金文綺、紗羅。明年，占王遣使奏：「安南不遵詔旨，以舟師來侵，朝貢人回，賜物悉遭奪掠，又畀臣冠服印章，俾爲臣屬，且已據臣沙離牙諸地，更侵略未已，恐不能自存，乞隸版圖，遣官往治。」四年（一四〇六），貢白象方物，復告安南之難。帝大發兵往討，敕占城嚴兵境上，遏其越逸，獲者即送京師。五年（一四〇七），攻取安南所侵地，獲賊黨胡烈潘麻休等，獻俘闕下，貢方物謝恩。帝嘉其助兵討逆，遣中官王貴通齎敕及銀幣賜之。六年（一四〇八），鄭和使其國，王遣其孫舍楊該貢象及方物，謝恩。十年（一四一二），其貢使乞冠帶，予之。復命鄭和使其國。十三年（一四一五），明軍方征陳季擴，命占城助兵。尚書陳洽言：「其王陰懷二心，愆期不進，反以金帛戰象資季擴，季擴以黎蒼女遺之，復約季擴舅陳翁挺侵升華府所轄四州十一縣地，厥罪惟均，宜遣兵致討。」帝以交阯初平，不欲勞師，但賜勅切責，俾還侵地。王即遣使謝罪。

十六年（一四一八），遣使貢瑞象，翰林儒臣金幼孜作賦以獻，今將金氏賦及序錄之於下：

序曰：恭維皇上膺受天命，統紹洪基，仁布寰宇，化周六合，是以扶桑月窟之境，雕題窮髮之地，莫不梯山航海，奔走來貢，蓋自三代以降，未有盛於今日者也。迺永樂十六年秋九月庚戌，占城國以象來進，其狀瑰詭雄壯，玄膚玉潔，文有白章，粲若華星，郁如雲霞，拜跪起伏，馴狎不驚，斯實希世之上瑞，天下太平隆盛之徵，夫百獸之中，其強悍勇猛者，莫逾於象，非若虎豹熊羆之屬可以力制。今占城以是象來貢，既有以見其形質之美，而其馴擾狎習，似與仁獸無異，於以見聖德之廣大，被於幽遠，草木鳥獸，咸沐恩光，而其感化之妙，固與鳳凰來儀，百獸率舞者，同一效驗之大矣！臣忝職詞垣，幸際聖明，屢覩嘉祥之盛，不可無紀述，以詠歌太平，謹拜手稽首而獻賦。曰：惟我皇明，受天命，臨寶位，治文德，隆至治，際天蟠地，覆冒無外，明無幽而不燭，化無遠而弗被。惟諸福之畢來，致嘉禎之駢萃，羌萬國以來庭，咸輿琛而奉贄，或貢以威鳳祥麟，或獻以錦豹靈犀，或進以渥洼龍文之天馬，或奉以西域卷鬣之神獅，其他若瑤琨球琳，大貝明珠，珊瑚瑪瑙，琥珀琿璖，珍奇異產，海委河輸，紛香焜燿，雜然前陳，則又不可以備書也。粵有巨獸，魁然其狀，濳海濱以廻翔，匿長林而自放，勢侔山嶽之穹窿，力抵萬鈞之雄壯，其生也大塊孕其眞，至和毓其精，瑤光助其神，斗宿濯其英，然後走百神，集衆靈，播休氛，協嘉禎，忽乘雲而下降，倏天開而日晶，采旼旼而燁煜，文璨璨而璘璸，耿繁星之布濩，瑩雪花而繽紛，如肪之潔，如玉之溫，經以白理，緯以玄黃，脩衆采以交互，紛五色而成章，炳炳蔚蔚，熠熠煌煌，六甲爲之呵衞，五丁爲之贊襄，嶽祇因之而獻瑞，坤珍以之而效祥。於是番首夷長，睨之而惕驚，象胥虞人，望之而辟易，不假羈檻而自致，匪藉尉羅而自格。乃告神明，涓吉日，載之以蔽空之長舟，藉之以幕雲之文席，左叱陽侯，右麾海伯，風師前驅而縮恧，天吳後從而匍匐，迅飈爲之帖息，魍魎竄伏以藏形，猰貐遠引而遁迹，欻星馳而雲駛，逾萬里於倏忽，沐恩光於九重，近龍顏於咫尺。觀其拜跽有常，動止有節，旣容與而弗驚，亦安舒而自帖，萬姓爲之駿奔，百僚爲之欣悅，麒麟參之以翶翔，騶虞隨之而蹩躠，於以導乘輿，服鸞輅，備萬舞，協韶濩，宣人文，詔皇度，兆至德之禎符，綿萬年之寶祚，囿斯世於泰和，措群生於豐遂，熙鴻化以彌流，亶聖心而祗畏，將以明刑弼教，保民圖治，答景貺於上天，貽嘉猷於後世，又豈徒誇盛美，侈多瑞，爲目前之奇玩而已哉？臣忝厠列於禁垣，幸瞻依於日月，愧學術之粗疎，莫形容於萬一，爰纘述於見聞，冀具存於事實，揚盛世之休嘉，著無前之偉績，祝聖壽以悠長，頌皇圖於無極。爲之頌曰：惟皇神聖，上帝之命，統臨萬方，靡不從令，維帝監觀，禎祥之格，丕昭神化，洽此文德，皇不自聖，益敬於天，匪象之瑞，所瑞惟賢，大哉皇仁！覃被八紘，如天之行，如日之升，上帝之歆，協於皇德，億萬斯年，其未無斁！以上見明嚴從簡殊域周咨錄卷七

宣宗宣德元年（一四二六），行人黃厚昌往頒正朔，緬其王不恪，卻所酬金幣以歸。英宗正統元年（一四三六），瓊州知府程瑩言：「占城比年一貢，勞費實多，乞如暹羅諸國例，三年一貢。」帝

是之，敕其使如瑩言，而番人利中國市易，雖有此令，迄不遵，故明代占城入貢次數最多也。英宗正統六年（一四四一），占王占巴的賴卒。其孫摩訶賁該以遺命，遣王孫逋提昆來朝貢，且乞嗣位。乃遣給事中管瞳，行人吳惠齎詔，封爲王，新王及妃並有賜。七年（一四四二）春，逋提昆卒於途，帝憫之，遣官賜祭。八年（一四四三），遣從子且楊樂催貢舞牌旗黑象。十一年（一四四六），占王摩訶賁該與安南戰，大敗被執。（明史占城傳在十二年非是）故王占巴的賴侄摩訶貴來，遣使奏：「先王抱疾，曾以臣爲世子，欲令嗣位，臣時年幼，遜位於舅氏摩訶賁該，後屢興兵伐安南，致敵兵入舊州古壘等處，殺掠人畜殆盡，王亦被擒。國人以臣先王之姪，且有遺命，請臣代位，辭之再三，不得已，始於府前治事，臣不敢自專，伏候朝命。」乃遣給事中陳誼，行人薛幹封爲王，諭以保國交鄰，幷諭國中臣民，共相輔翼。

代宗景泰三年（一四五二），遣使來貢，且告王訃。命給事中潘本愚，行人邊方，封其弟摩訶貴由爲王。天順元年（一四五七），入貢。二年（一四五八），摩訶槃羅悅新立。四年（一四六〇）九月，使來告王喪。命給事中黃汝霖行人劉恕封王弟槃羅茶全爲王。九年之間，三易其王，無怪越人責其視易君如奕棋也。憲宗嗣位應須賜蕃國錦幣，禮官請付使臣齎回從之。使者復訴安南見侵，求索白象，乞如永樂時遣官安撫，建立界石，以杜侵陵。兵部以兩國方爭，不便遣使，乞令使臣歸諭國王，務循禮法，固封疆捍外侮毋輕構禍，從之。

成化七年（一四七一），占王槃羅茶全爲安南所俘。王弟（或作王兄）槃羅茶悅，逃居佛靈山，遣使告難。比使者齎封誥至，已爲安南所執。前王孫齎亞麻弗庵，潛竄山谷，後安南畏懼明廷，遣人訪覓得之，還以故地，自邦都郎至占臘止五處。至是占城二十七處之地，僅存五處，版圖大削，岌岌不能自存矣。齎亞麻弗庵，權國未幾卒。其弟古來當嗣立。十七年（一四八一），遣使朝貢乞封。二十年（一四八四），乃遣給事中李孟暘、行人葉應册封古來爲國王。孟暘等言：「占城險遠，安南構兵未已，安南僞立之提婆苔，又竊據其地，稍或不愼，反損國威。宜令來使傳諭古來，詣廣東受封，並敕安南悔禍。」從之。古來乃自老撾挈家赴崖州。孟暘竣封事而返。古來又欲詣闕廷，奏安南之罪。二十三年（一四八七），總督宋旻以聞。廷議遣大臣一人往勞，檄安南存亡繼絕，古來返占城。帝報可，命南京右都御史屠滽往，至廣東，即傳檄安南，宣示禍福，募健卒二千人，駕海舟二十艘，令東莞商人張宣護送古來還國。安南以滽大臣，奉特遣，不敢抗，古來乃得入。孝宗弘治元年（一四八八），遣使入貢。二年（一四八九），遣弟卜古良赴廣東言安南仍肆侵陵，乞如永樂時遣將督兵守護。明廷諭其宜自強修政，撫卹國人，倘不能自強，專藉朝廷發兵渡海，代王守國，古無是理。然其國自被安南殘破後，民物蕭條，國步艱難，古來衰耄，未能自強，故終不能成中興之業也。三年（一四九〇），遣使謝恩。十二年（一四九九），遣使奏，本國新州港之地，仍爲安南侵奪，患方未息。尋遣王孫沙不登古魯來貢。十八年（一五〇五），古來卒。長子沙古卜洛遣使來貢，不告父喪，但乞命大臣往其國，仍以新州港諸地封之，別有占奪方輿之奏，微及父卒事，封事久不行。武宗正德五年（一五一〇），沙古卜洛遣叔父沙係把麻入貢，因請封。命給事中李貫行人劉廷瑞往，使者憚行設，詞不肯往。十年

（一五一五），令其使臣齎敕往其國，貢使亦不常至。世宗嘉靖二十二年（一五四三），遣叔王沙不登古魯來貢，訴數爲安南侵擾，道阻難歸，乞遣官護還國，報可。占城與明之關係，遂告終。嘉靖以後之占城歷史，史無明文，未能詳焉。以上多據明史占城傳、馬氏占婆史，敍至成化時槃羅茶全被執止，茶全以後之事皆未及。

結論

觀上所述，占城之國王世系、疆域、物產、風俗，及與中國之關係，已可見一斑。占城爲印度文明之國家，有高尙之文化，光榮之歷史，北宋時之訶梨跋摩三世南宋初鄒時闌巴（即闍耶訶梨跋摩一世），元代之制阿難，明初之阿答阿者，或北破安南，西破眞臘，武功赫赫，幷皆雄武之主。及槃羅茶全在位（在明成化時），爲安南黎氏所敗，國破身亡，占城一蹶不振，國勢衰弱，漸至不能自存，以至於亡，至今日占人孑遺不過數萬人，散見於安南南部及柬埔寨一帶，生活簡陋，日趨減少，固已自忘其過去之光榮，而人以其無足重輕，亦以山蠻等視之，漸爲世人所遺忘！自五代以來，以至於明，占城與我國封貢之往來，已如上述，惟昔人每以海外番夷視之，占人因遠隔海外，僻處炎徼，亦以蠻夷自居，又其國素無史籍，我國之記占城者，又多附會誇飾之辭，此余占城考之所爲作也。

占城考附錄

林邑及環王占城國王世系表

⋯中隔數代不可考
—直接相承但非父子或不知其關係
‖者表示父子

林邑

東漢末　區連
⋮
晉　范熊（區氏外孫）
‖
范逸
｜
范文（傳為揚州人）
‖
范佛
‖
范胡達（亦作須達）
‖
敵眞
｜
甥某
｜
敵文（敵眞兄弟）
⋮
宋　陽邁
‖
陽邁二世
｜
范神成
｜

純根當范
（人南扶）
‖
農諸范
（孫子邁陽）
‖
欵文范
‖
凱天范
‖
鎧勝式高
｜
摩跋羅陁律式高
‖
志梵　隋
‖
黎頭范　唐
‖
龍鎮范
｜
羅跋羅首羅陁拔
（子門羅婆）
｜
女嫡黎頭
｜
地葛諸
⋮
摩達多建
⋮
羅陁盧　唐

王　環

摩跋羅陁邠底畢　唐
｜
摩跋多薩利釋
（甥之王前）
｜
摩跋羅陁因
（弟王前）
｜
摩跋梨訶
（壻妹王前）
‖
摩跋陁建毗利釋

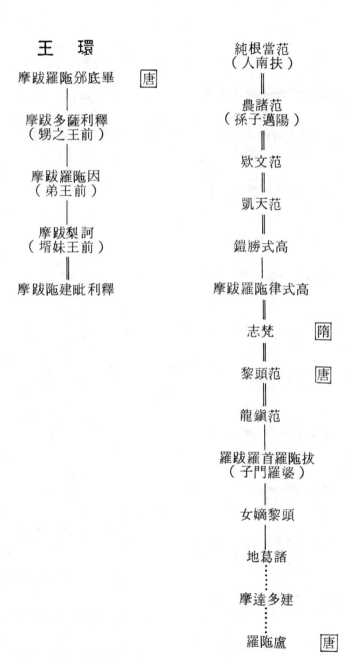

占城

占城
因陁羅跋摩二世
｜
闍耶僧伽跋摩
｜
訶羅跋摩
‖
釋利因德漫　[五代]
｜
釋利因陁盤　[北宋]
（即悉利多盤）
｜
波美稅
（即波美稅褐印茶）
｜
施利陁盤吳日歡
｜
劉繼宗
（安南人）
｜
楊陁排
（占人）
｜
楊普俱毗茶室離
｜
施離霞離鼻麻底
｜
尸嘿排摩楪
｜
陽補孤施離皮蘭德加拔摩疊

陽補孤施離皮蘭德加拔摩疊
‖
刑卜施離値星霞弗
（越稱乍兜）
｜
闍耶波羅密首羅跋摩
｜
拔陁羅跋摩二世
｜
施里律茶盤麻常楊溥
（越稱制矩）
｜
訶梨跋摩三世
‖
闍耶因陁羅跋摩二世
（僅一月被廢）
｜
釋利波羅摩菩提薩埵
（前王之叔）
｜
闍耶因陁羅跋摩二世
（復辟）
｜
楊卜麻疊　[南宋]
（前王之侄）
｜
闍耶因陁羅跋摩三世
｜
律陁羅跋摩四世
‖

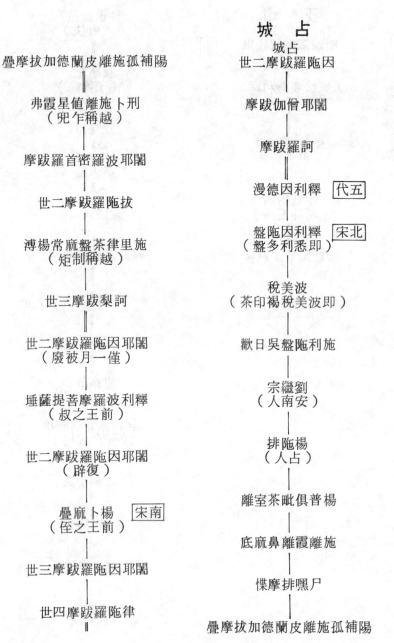

律陁羅跋摩四世
‖
鄒時闌巴
（即闍訶梨跋摩一世）
‖
耶闍訶梨跋摩二世
│
鄒亞娜
│
耶闍婆羅密首羅跋摩二世
│
耶闍恩陁羅跋摩六世
│
失里咱牙信合八剌哈迭瓦　元
（前王弟）
‖
補底
（即補的越稱制旻）
‖
耶闍僧伽拔摩四世
（越稱制至）
│
制陁阿婆粘
（越稱制能前王弟）
│
制阿難
│
茶和布底
│
阿答阿者　明
（越稱制逢峩）

阿答阿者
（越稱制逢峩）
│
闍勝
（越稱羅皚）
‖
占巴的賴
（越稱巴的吏）
│
摩訶賁該
│
摩訶貴來
（前王甥）
│
摩訶貴由
（前王弟）
│
摩訶槃羅悅
│
槃羅茶全　明成化
（前王弟為安南破滅
從此淪為安南附庸）
⋮
齋亞麻弗菴
│
古來
（前王弟）
‖
沙古卜落

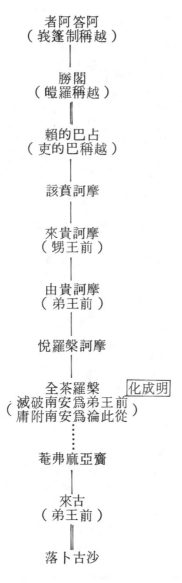

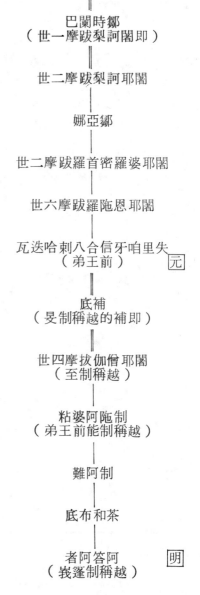

占城人移入中國考

一、占城與中國之關係

(一)政　治

在未述本文之前，須略敍占城與中國之關係，因占城二字，在國人耳目中較爲生疏故也。宋明以來士大夫，多視安南爲外國，每記越事，往往謬誤。然今日平津各大報，譯 Viet-nam「越南」爲「維南」，或「衞南」Viet Minh「越盟」爲「維明」，亦豈非可笑乎？至於地名之誤譯，更屬司空見慣。對於我同文同胞之越南，隔膜尚且如此。則視昔安南南部之占城國（Champa），以爲蕃夷小邦，與我無關，自無足奇矣！

五代史占城傳：「其地西接雲南」。阮氏廣東通志（卷三二七）「林邑國今廣西之蠻地」。今坊間出版之歷史教科書「林邑即今安南北部」。又或譯占城人（Cham）爲卡木人。錯誤雜出，不一而足，稽諸往史，不特安南爲中國千餘年之領土，即占城亦中國之郡縣，不僅藩屬已也。明憲宗尚知此意，成化十七年（一四八一）勅安南國王黎灝（越稱聖宗）曰：「爾安南占城二國，自秦漢而下，皆中國郡縣。」（明成化實錄卷二一九）即宋代占城王亦自知之。表文云：「小邦雖號遐陬，在昔日蓋爲列郡。象林畫邑，當歸粵地之圖，銅柱分疆，尙看伏波之迹。」然而所謂文人學者反多不明此義，亦可怪也。

考占城，古稱林邑。唐至德後改稱環王。「一曰占不勞。亦曰占婆。」（新唐書環王傳卷二二二下）唐末五代以至於亡，均稱占城。林邑建國蓋始於漢獻帝初平中（一九二）以漢日南郡象林縣爲根據地。惟象林一地，歷來聚訟紛紜。大南統一志考定在今安南平定省，較爲合理可信。其後逐漸向北發展，擴張勢力，爲我國南方巨患，交州（指今越南北圻及中圻之北部）被其禍害者五六百年。雖屢用兵征討，而叛服不常，交州因之殘破。

宋元嘉十年（四三三）林邑王范陽邁，不特掩有今中圻之大部，更求領整個交州，其野心可見一斑。交州刺史檀和之率宗慤等伐之，直擣區粟。於元嘉二十三年（四四六）大破其國，得黃金數十萬斤。林邑始受重創。至隋聞林邑多奇寶，乃命劉方伐之。至其國都，獲其廟主金人十八枚，皆鑄金爲之。以其地置爲三郡，於是日南郡故土陷沒數百年者始告收復。惜未留兵守之，師還。其王梵志復其故地。遣使謝罪，朝貢不絕。至唐太宗時，林邑言詞悖慢不遜。置而不問。憲宗元和四年（八〇九）環王陷驩、愛二州，燒城池。安南都護張舟以水陸舟師大破之，斬三萬級，虜王子五十九，廓地數圻。從此以後，遂一蹶不振。至改稱占城後，恪守臣職，永爲藩屬，恭順忠誠，與安南、眞臘等元世祖雖於其地立占城行省，徒具空名而已。明永樂初賜占城王占巴的賴鍍金銀印，又派海船九艘救其國。七年（一四〇九）十年（一四一二）太監鄭和又兩使其地，宣揚國威。張輔既平定交南，設立交阯都、布、按三司。復於占城北部之地，設立升華府，轄升、華、思、義四州，即今安南廣南廣義兩省地。（其南部仍爲占城王占巴的賴所有）於是安南及占城之一部復爲中國郡縣，恢復漢唐之舊疆。惜宣德棄交，英國公張輔十載之功，隳於一旦，中國之號令復不行於龍編嶌壤矣！

㈡文　化

林邑時代，其國信婆羅門教，亦信佛教。隋書林邑傳稱其「文字同於天竺」，蓋用梵文也。受印度文化之洗禮甚深。劉方平林邑，獲佛經五百六十四夾，一千三百十餘部，並崑崙書，多梨樹葉。敕送洛陽翻經館，付釋彥琮披覽，分爲七例，所謂經、律、贊、論、方字、雜書七也。必用隋言以譯之，則成二千二百餘卷。（高僧傳二集卷二彥琮傳）此次所獲經典多至二千餘卷，在中國佛學史上，實爲大事。其方字雜書，必有關於林邑語文等記載，惜皆亡佚不傳。印度文化除直接輸入中國外，至是又由林邑間接傳入，亦可注意也。又獲扶南工人，及其匏琴。舞樂中有蘭陵王。觀日本所存蘭陵王面具之照片，與今林邑時代所遺留之猙獰猛惡之石刻頭部，幾全相似。故又疑蘭陵王亦由林邑傳來者。元至元二十二年（一二八五）占城偕眞臘貢樂工十人，及藥材鱷魚皮。則占城樂亦嘗傳入內地也。

至中國文化之輸入占城，則宋時占城官員有「郎中」，「員外」，「秀才」之稱。明代歲頒大統曆於其國，故國中亦有冬至等節，三年置閏，每月二十九日，或三十日。用十二生肖。占人善用草藥治病，往往得奇効。據今日西人研究，無疑爲中國醫藥之支流。每賜其國王王妃冠服綵幣，其貢使亦

以得賜冠服爲榮。G. Maspero 之 Le Royaume de Champa 書中插圖，平順省潘里海口官員之冠服，則儼然平劇舞臺上之小生矣。元代「衣服半似唐人」（元汪大淵島夷志略）明代亦有煙火之戲。其國陸戰，惟知兵象。宋代閩人，教其騎馬射箭，與眞臘戰，因以獲勝。明初國王阿答阿者（即越史之制篷峩）又請賜兵器、樂器、樂人。占城石刻文字中數目字之一二三作（| || |||。（見 A. Cabaton 之 Mouvelles Recherches sur Les Chams ）明洪武時以占城通中國文字，頒科擧詔於其國，令貢士赴京師會試，不拘額數選取。其貢使至華，亦能吟詩。進貢表文，亦多用漢文，間雜駢儷。可知其受中國文化雖不如安南之徹底及完全，而「聲教所被」，影響實大。宋占城王楊普俱毗茶室離所謂「臣生於邊鄙，幸襲華風。」非虛言也。

(三)經　濟

占城立國於海濱，中國商舟往來外蕃者，皆聚於此，以積薪水，爲南方第一馬頭（安南志略卷一）可見其地位之衝要，商業之興盛。惟地勢多山，東濱大海，無廣大平原，不若北方紅河及南方湄公河三角洲之肥沃；然以地近熱帶，四時喧暖，故多產犀、象、香木。而奇楠香，觀音竹，降眞香，烏木，尤爲特產。其歷代入貢及貿易商貨，亦無非馴犀、馴象、犀角、象牙、玳瑁、孔雀、鸚鵡、沉、速、檀、乳、箋、丁、奇楠諸香、烏木、蘇木等。皆所謂珍奇玩好之物，不切實用。自三國（約二三左右）以至明嘉靖二十三年（一五四四），一千三百年間，林邑占城入貢我國可考者，統計凡二百一十次。平均六年一次。足徵克篤忠敬，愈久愈虔。明永樂正統間，幾乎歲歲入貢。明廷因水路甚遠，使人往返，勞費太多，屢諭其三年一貢，而不肯遵。此固表示其忠順之誠。而我國寬大爲懷，厚往薄來，朝貢市易，彼能獲商業上大利也。洪武初命福建省臣，勿徵其稅。故占城實享受最惠國免稅之優待。彼「所寶愛者，中國青磁器，暨緞匹綾絹，見則以金易之。」又以香貨諸物，博易草蓆涼傘，絹、扇、漆器、鉛、錫、酒、糖等。

惟有一物，九百餘年來以至今日，仍爲南方各省人每日所食用者，則占城稻是也。宋代占城表文所謂「嘉種助於豐年。」即指此而言。占城稻種之傳入，由於宋大中祥符五年五月（一〇一二）眞宗「以江淮，兩浙路，稍旱即水田不登。」乃遣使就取稻種，教民種之。惟宋僧文瑩湘山野綠（卷下），與李燾續資治通鑑長編（卷七十七）之說不一。野錄謂「眞宗遣使以珍貨，求其種，得二十石。」長編則謂間接由福建取來，其種多至三萬斛。似以前者之說爲可信。種子雖分江淮兩浙三路發給，亦不必多至三萬斛。若李氏之說果信，則占城稻之傳入福建，更當在大中祥符五年以前矣。占城稻之特長在耐旱，而李氏遽謂之「旱稻」，亦誤，此稻固種於水田中，非旱田也。由於眞宗之提倡，至神宗熙寧時（一〇六八——一〇七七）未及百年，「已在處播之。」（亦見湘山野錄）可見其推廣之速而普遍。

萬曆泉州府志（卷三）「占城稻耐旱。其色有白，有斑，有赤。自種至熟，僅五十餘日。涸燥之地多種之。七邑俱有。」有此耐旱，早熟兩特長，故至今農家仍喜種之。宋時由占城先傳入福建，而江淮兩浙。至今長江以南各省產稻之區，如閩、浙、皖、贛、湘、鄂、廣東、海南島各省縣，無不種之。惟因年代、土地、氣候之演變，遂發生無數之變種。今國內稻穀以占名者，凡百餘種。在浙東者名「占城早」，一名「六十日」，言其早熟也。

聞安南又有浮稻，隨湖水高下而生長，不勞人力。又有一種鹹水稻，宜深田及鹹潮田。我國濱湖之區，多受汎濫淹沒之害，濱海之區，又多斥鹵，不生五穀。倘能將此兩種稻種傳入，加以推廣，則可以解決數千萬人之民食問題，亦國家萬世之利也。其功豈在宋眞宗下乎？有農事之責者，其有此意乎？

二、占城與安南之關係

占城除與中國及眞臘發生直接關係外，北部之安南尤爲其世仇。宋時兩國貢使同入朝，占城使者乞避交人。可見兩國惡感之深。蓋一部占城史，除林邑，環王時代外，實即占城與安南之相斫史。若不明瞭兩者之關係，則不知占城人逃入中國內地之原因也。

安南自宋初丁部領正式脫離中國母體以來，黎、李、陳、胡（即黎），諸朝繼之。既無北顧之憂，無不致力南侵占城；雖王室遞變，而其「北守南攻」之基本國策，則至舊阮仍奉爲圭臬，必欲呑滅之而後快。而占城人種似可列入馬來羣島統系之中。（或作印度尼西亞系）「人性凶悍，果於戰鬬。」（晉書林邑傳）出自天性。爲自衞生存起見，亦不甘示弱，與之抵抗者，前後賡八九百年。大抵占城敗者多，而勝者少，則弱固不可以敵強，寡固不可以敵衆也。

宋太平興國七年（九八二）越主黎桓征占城，斬其王波美稅（即越史略大越史記全書之篦眉稅。馬司伯洛以爲即施利陀盤吳日歡者誤）於陣，俘馘不可勝數。慶曆四年（一〇四四）越主李德政（即李佛瑪越史僭稱太宗）又親征占城，斬其王刑卜施離値星霞弗（越稱乍斗）生擒五千餘人，俘其妻妾。至熙寧二年（一〇六九）占王揚卜尸利律陀般摩提婆（越稱制矩又作第矩）又被越將李常傑所俘，獻於越太廟，占王以地哩，布政，痲令三州（明永樂爲新平府今安南廣平省）相贖，始得放還。此李常傑即於熙寧八年（一〇七五）陷欽、廉、邕州，殺兩廣吏民數萬者也。至淳祐十二年（一二五二）陳日照（太宗）又親行南征，獲占主妻布耶羅及其臣妾人民。占王制至，又於元皇慶元年（一三一二）爲陳烇（英宗）所誘獲而死。

然占王中亦不乏驍勇雄武，如林邑時代范陽邁，范文者。南宋時鄒時闌巴（宋史鄒時闌巴宋會要作鄒時芭蘭越稱制皮囉筆），既敗眞臘王，紹興二十二年（一一五二）又勝越李天祚（英宗）之師。蒙古崛興，鐵騎所至，戰無不勝，攻無不克，故其版圖橫跨歐亞。然而元世祖用兵安南，折將喪師其於占城也，唆都之師亦始勝而後失利，終未能郡縣之。

至阿答阿者立，雄桀自負，憤安南之侵暴無厭，乃發憤自強，生聚教訓，恢復林邑時強悍之本來面目。明洪武十年（一三七七）破安南水步軍十二萬之衆，殺死安南國王陳曔。（即睿宗，越遣使訃於中國，諱稱巡邊溺死）數毀越京（今河內），如入無人之境。惜志在子女玉帛，故不能常據越都。至洪武二十三年（一三九〇）終爲越將陳渴眞火銃所中，死於船上。越主比之楚霸王。雖英雄末路，而赫赫威武，亦可以雪宋元以來占城國恥矣！

至占巴的賴（越史稱巴的吏）初立，嘗獻占洞古壘洞之地於越。（即明永樂之升華府）永樂元年（一四〇三）胡漢蒼（即明史之黎蒼）以水步二十萬大軍，圍闍槃城（在今平定省），以糧匱不克而返。占巴的賴正統六年（一四四一）始卒。在位四十年，爲占王享國之最久者，亦占城賢王也。至摩訶賁該及其妃嬪部屬，正統十一年（一四四六）爲黎邦基（仁宗）所俘，殺掠人畜殆盡。此後國內臣弑君，弟弑兄「視君如弈棋」，內亂不已，實力大衰，占城之命運，遂如風前之燭矣！

成化七年（一四七一）安南國王黎灝（聖宗）率精兵二十六萬親征，破其國，俘獲三萬餘人，斬首四萬餘級，生擒其王槃羅茶全。以其地置爲廣南承宣及升華衞，於是石碑山（富安與慶和兩省之界山）以北之地盡失。占城雖屢訴於明廷，並請天兵代守其國。明帝亦屢敕責安南歸還，而空言無補。黎灝恃強，侵據如故。從此版圖失去大半，人民離弊星散，事實上已淪爲安南之附庸。其後明廷鑒於存亡繼絕之大義，護送王子古來還國。而古來與其長子沙古卜洛，實力毫無，一籌莫展，終不能成中興之業。此後占城二字，遂不見於中國正史。

歐洲人之知有占城國，始於馬可波羅（Marco Polo），並於至元二十二年（一二八五另本作一二八〇年）親履其國，名其國爲Ciampa，Cyamba，Ziamba誇其地之富有，並紀唆都用兵之經過。至十六七世紀及十八世紀初，西洋人所繪亞洲或印度支那地圖，亦繪有Champaa，或Ciampa之位置。惟愈後則愈小，終至於消逝。蓋已爲廣南王阮福瀕（賢王）等先後蠶食盡。占城國遂爲歷史上之名詞。時蓋爲清康熙、雍正之交也。至阮福皎明命十四年（一八三四）越南實行「改土歸流」，於是占人更無立足點。至今其孑遺，僅限在安南南部潘郎平順、及朱篤、柬浦寨等處，總數不過數萬人。（其數究竟若干，諸家之說不一，最多者爲十六萬，最少者僅二萬五千。G. Maspero 於一九一〇作十五萬。H. Bandesson 作十三萬。一九三六法印當局調查占人及馬來族爲十萬四千。一九一四 Brenier 統計圖表馬來及占人僅六萬。一九三九 Annuaire Administrative 則作二萬五千七百四十四人，內在柬浦寨者一萬六千九百七十四人，交阯支那一千一百六十二人，安南七千六百人。）度其簡陋之生活，受自然淘汰之結果，人口逐漸減少，墮入亡國滅種之深淵，漸爲世人所遺忘。彼等亦忘其過去好勇尚武之光榮歷史。吁！可慨也已！

三、中國人爲林邑王及在占城之華僑

不特占城人移入內地也，中國人亦移居林邑、占城，且曾爲王。可知兩國關係之密切。相傳馬伏波平交阯徵側，於象林南界，立銅柱，以紀漢德之盛。兵士中有留而不返者，至隋有數百戶，號「馬留」。晉書林邑傳「林邑國本漢時象林縣，則馬援鑄銅柱之處也。」林邑既爲象林縣，待其獨立後，漢人仕宦謫徙於其地者，一部分即變爲林邑人民。水經注所謂「秦徙移民，染同夷化，日南舊風，變易俱盡」是也。故馬伏波兵士之變爲林邑人，亦自可能。或以「馬留」與「馬來」音相近，以馬留人即爲馬來人者，恐不免附會之談。

林邑至晉代范文稱王，最爲強盛。未開化蠻夷，及「漢魏流赭，咸爲其用。」故能北侵交州，威加諸國。「漢魏流赭」，即漢人在林邑之罪犯亡命徒也。據江東舊事所載（水經注卷三十六引）則范文本人，實爲「揚州人。少被掠爲奴，賣墮交州。年十五六遇罪，當得杖，畏怖因逃，隨林邑賈人，渡海遠去。沒入於王，大被幸愛。經十餘年，王死。文害王二子，詐殺侯將，自立爲王。」若此說果確，則中國人之稱王海外者，當以文爲最早，較宋李公蘊之王安南，尚早六七百年。范文子范佛，孫范胡達，並皆驍雄蓋世。故中國人稱王林邑，凡三四世，約達八九十年。

至占城時代，則國人多經商於其國，有時亦爲亡命之逋逃藪。「宋慶曆元年（一〇四一），廣東商人邵保，見軍賊鄂鄰百餘人在占城。轉運司選使臣二人，賫詔書器幣，賜占城，購鄰致闕下。餘黨令就戮之。」（宋史占城傳）南宋初「商人陳惟安，因遞年興販占城，與番王知熟，說諭其王鄒時巴蘭前來進奉方物。」是則一僑商可以左右其國之政治矣。乾道三年（一一六七）提舉福建路市舶司程祐之言：「本司元勸發占城番興販綱首陳應等，船已回舶，分載正副使揚卜薩達麻等並隨行人十二名。」陳應爲一擁有海船之航商，與陳惟安，似均爲閩籍。同年大食國商船，赴大宋進奉，到占城國外港暫駐。有占城番首差土生唐人及番人，打駕小船，將進奉寶貨，盡數船上，作爲占城之物，入貢於宋。又將人命殺害。（均見宋會要）土生唐人，即居占城之第二、三代華僑，竟被其首領利用，與占城人刼奪阿拉伯商船寶貨，且殺其人。可見當時土生華僑之衆。宋亡，中國人大批乘海船逃入安南占城，其逃占城者，士大夫中以陳宜中、沈敬之、曾淵子等爲最著。鄭所南所謂「或仕占城，或壻交阯」是也。

元征占城，因華僑曾延之告密，有殺盡唐人之意。明正統、景泰、成化間，占城貢使中有通事羅榮、陳眞、周公保等。觀其姓名，似爲華僑。亦如陳惟安之「本番譯語至熟，正音兩通。」故被占王任爲通事也。成化二十三年（一四八七）南京右都御史屠滽，募健卒二千人，駕海舟二十艘，令東莞商人張宣，護送王子古來返國。張宣爲粤籍華僑，與屠氏實有再造占城之功。嘉靖四十二年（一五六三）閩海寇林道乾爲俞大猷所逐，遁於臺灣。道乾以臺非久居所，遂又遁去占城。至淸道光間，尙有道乾遺種云。（道光福建通志卷二七六）占城宋代盛行販買奴隸，藉以獲利。「多買奴婢，舶舟以人爲貨，北抵交阯，南抵眞臘。」（宋周去非嶺外代答）「買人爲奴婢，每一男子鬻金三兩，準香貨酬之。」（宋趙汝适諸番志）此種奴婢多掠自中國南部，及安南沿海一帶居民，男子值金三兩，且有定價。宋淳熙十三年，（一一八五）歸所掠生口八十三人。（宋史占城傳）明宣德六年，（一四三一）下西洋官軍二十餘，乘船値風，飄到其國，被拘收。正統元年（一四三六）敕令放還。（明正統實錄卷十七）總之：宋元以來，廣東沿海一帶居民，及閩粤商船，遭風漂泊，被其掠賣拘收者，必甚可觀。

淸康熙中，釋大汕應廣南王阮福週之聘，至順化。有客爲述占城張節婦事。張氏祖居兩浙，生長占城已數世，爲徐輔公元配。時占城與廣南（原作大越）戰，徐氏從軍敗沒於海。婦聞奔赴，晝夜號哭。忽浪決沙開，半露衣袂，審視乃其夫服，己手所製，果爲其夫，營殯歸葬。每思自絕，念堂上白髮之姑，懷中黃口，乃以女紅奉姑養子。矢死靡他，強暴數不能奪。（詳釋大汕海外紀事卷三康熙刻本）

此當爲明季事。張氏居占城數世，已爲占城人。而節義之性，挺然獨立。知占城華僑除閩粵外，又有浙江人也。

四、占城人在中國之活動

劉宋之初，交州刺史杜慧度，南討林邑。林邑乞降，輸生口、大象、金、銀、古貝（疑爲吉貝，即棉花也）等。乃釋之。所謂「生口，」即指林邑人而言。惟當時僅至中國南方邊境之交州，未嘗入內地也。其入中國內地，在元嘉二十四年。（四四七）宋文帝以檀和之平林邑，所獲黃金、生口、銅器等物，班賚羣臣，沈演之所得偏多。（宋書卷六十二沈演之傳）因宋伐林邑，朝臣不同；惟廣州刺史陸徽與沈演之贊成帝意也。林邑人之入中國內地，除貢使不計外，此次實爲首批，是爲一千五百年前之事。以後則史册無聞。至宋元而移入者頗多。其中尤可注意者，蒲壽庚兄弟，關係趙宋之存亡，賴占城兵保衞地方，平定海南島黎亂。占城人讀書應試，入仕中國，至海瑞則尤爲歷史上之偉人。其中豪商經濟力之雄厚，更令人咋舌。茲分述於左：

㈠宋元占城人之富貴

1.廣州蒲姓富商

廣州自唐以來，即爲番舶貿易之要港。自唐設結好使於廣州，自是商人立戶，迄宋不絕。詭服殊音，多流寓海濱灣泊之地，築石聯城以長子孫。（天下郡國利病書卷一〇四）至宋則於各商港設立番坊，即外國僑商之居留地。宋元祐間，（一〇八六——一〇九三）廣州蕃坊劉姓人，且娶趙氏宗女，官至左班殿直。（宋朱彧萍州可談卷二）可知廣州一地，自唐宋以來，即爲外國商人聚居之所。其地位與今日同。故十二世紀時，占城僑商之寄寓城中，並不足異。所奇者，生活與應酬之豪奢耳。此事見於宋岳珂桯史卷十一，原文云：

番禺有海獠雜居，其最豪者蒲姓，號曰（津逮祕書本稗海本曰均作白）番人，本占城之貴人也。既浮海而遇濤，憚於復反，乃請於其主，願留中國以通往來之貨。主許焉。舶事實賴給其家。歲益久，定居城中。屋室稍侈靡踰禁。使者方務招徠，以阜國計，且以其非吾國人，不之問。故其宏麗奇偉，益張而大，富盛甲一時。紹熙壬子，（一一九二）先君帥廣，余年甫十歲，嘗遊焉。今尙識其故處，層樓傑觀，晃蕩緜亘，不能悉舉矣。然稍異而可紀者亦不一，因錄之以示傳奇。

獠性尙鬼而好潔，平居終日，相與膜拜祈福，有堂焉以祀，名如中國之佛，而實無像設，稱謂聱牙，亦莫能曉，竟不知何神也。堂中有碑高袤數丈，上皆刻異書，如篆籀，是爲像主，拜者皆嚮之。旦輒會食，不置匕箸，用金銀爲巨槽，合鮭炙粱米爲一。灑以薔露，散以冰腦。坐者皆寘右手於褥下不用，曰此爲觸手，惟以溷而已。羣以左手攫取。飽而滌之。復入於堂以謝。居無溲匽，有樓高百餘尺，下瞰通流，謁者登之，以中金爲版，施機蔽其下。奏則鏗然有聲。樓上雕鏤金碧，莫可名狀。有池亭，池方廣凡數丈，亦以中金通甃，製爲甲葉，而鱗次全類今州郡公宴燎箱之爲而大之。凡用鉟鋌數萬。中堂有四柱，皆沉水香，高貫於棟，曲房便榭不論也。嘗有數柱，欲狃於朝。舶司以其非常有，恐後莫致，不之許，亦臥廡下。後有窣堵波，高入雲表，式度不比它塔，環以甓爲大址，絫而增之，外圜而加灰飾，望之如銀筆。下有一門，拾級以上，由其中而圜轉焉。如旋螺，外不復見。其梯磴每數十級，啓一竇。歲四五月，舶將來。羣獠入於塔，出於竇，啁哳號嘑，以祈南風，亦輒有驗。

絕頂有金雞甚鉅，以代相輪，今亡其一足。聞諸廣人，始前一政，雷朝宗溷時，爲盜所取。跡捕無有。會市有窶人鬻精金。執而訊之，良是。問其所以致？曰：「獠家素嚴，人莫闖其藩。予棲梁上，三宿而至塔，裹麨糧，隱於顚，晝伏夜緣，以剛鐵爲錯，斷而懷之。重不可多致，故止得其一足。」又問其所以下？曰：「予之登也，挾二雨蓋，去其柄。既得之，伺天大風，鼓以爲翼，乃在平地，無傷也！」盜雖得，而其足卒不能補，以至今。

他日郡以歲事勞宴之。迎導甚設，家人帷觀，余亦在。見者揮金如糞土，輿皂無遺，珠璣香貝，狼藉坐上以示侈。帷人曰：「此其常也。」後三日，以合薦酒饌燒羊，以謝大僚。曰：「如例。」龍麝撲鼻，奇味不知名，皆可食，迥無同槽故態。羊亦珍，皮色如黃金。酒淳而甘，幾與崖蜜無辨。獨好作河魚疾，以腦多而性寒故也。

余後北歸，見藤守王君興翁諸郎，言其富已不如曩日，池匽皆廢云。……

此段文字，元無名氏東南紀聞卷三，僅引首節，略有改易。乾隆廣州府志（卷六十）及番禺縣志

（卷二十）亦均加節引。張亮塵先生中西交通史料匯篇第三册引之，並加按語曰：「此云蒲姓，本占城人。吾疑其爲居留占城之阿拉伯人。」日本桑原騭藏亦曰：「岳珂謂蒲姓爲占城人，此當是阿拉伯商人之僑寓占城者耳。」（見其所著蒲壽庚考）然岳氏親見其人曰：「占城人。」當不致有誤。十二世紀，有阿拉伯商船，在占城港口爲占城人及華僑刼奪，並殺害之事，因此兩國不睦，阿拉伯訴於宋室。然未聞當時有阿拉伯商人僑寓占城之記載。縱或有一度居留占城之僑商，岳氏仍當稱「大食人」，不得謂「占城人」。亦如今日寓居新嘉坡之歐美人來華，吾人不得稱之爲馬來人也。且細閱岳氏文中，有可以證明此蒲姓外商，確爲占城人，而非阿拉伯人者，有六點：

(1)蒲姓　見下蒲壽庚條。

(2)回教　今日柬浦寨及海南島占人，均信回教。岳氏文中所記，似指清眞寺。

(3)好潔　宋趙汝适諸蕃志「國人（占城人）好潔，日三五浴，以腦麝合香塗體。」島夷志略云：「日三四浴，以腦麝，合油塗體。」

(4)以手取食　占城之鄰國眞臘，右手留以拿飯。見元周達觀眞臘風土記。

(5)香　文中「以沉水香爲四柱，珠璣香貝，狼藉坐上以示侈。」占城爲各種名香之出產地。星槎勝覽云：「烏木降香，民下樵而爲薪。」可見香之不値錢，故蒲氏並不珍異。

(6)磚塔　占城之塔，或爲王妃葬所，今安南衙莊一帶，古磚塔之遺留者頗多，爲考古者所取資。

此商人富盛甲一時，至厠所之奢侈，岳氏亦爲之記載。揮金如糞土，無怪宋人之羨慕；然漫藏誨盜，至盜竊塔頂金雞之足。乘傘下降而無傷，實爲世界跳降落傘之最早者，距今約七百餘年前也。數年前報載此文，有解釋爲中國人記歐洲人風俗之最早者實誤。占城人固居亞洲，非歐洲人也。岳氏文中又稱「羣獠入塔，以祈南風。」可見當時寓廣州者，不僅蒲氏而已。

2. 關係宋元興亡之要人蒲壽庚兄弟

甲、蒲壽庚爲占城人非阿拉伯人說

日本文學博士桑原騭藏，於民國初年著「提舉市舶西域人蒲壽庚之事蹟」，受日本學士院之獎。其書素爲史學界權威之作，久享盛名。蒲壽庚之爲阿拉伯人，經此研究，大白於世，已成爲史學上之定案與常識。吾國譯本所見者兩種：馮攸譯爲「唐宋元時代中西通商史」，陳裕菁譯爲「蒲壽庚考」。余對於阿拉伯史地，素不留意，故雖耳熟此名著已久，實未嘗寓目。近草本文既畢，欲一考南番回回佛蓮與蒲壽庚之關係，乃始參考及之。草草閱讀，乃發見此關係宋元興亡之要人，似爲占城人Cham，而非阿拉伯人（Arab）。

記載蒲壽庚之國籍者，明人如萬曆間嘉興陳懋仁泉南雜志卷下，何喬遠閩書（見下）均作「其先西域人」。其後諸書所稱，多本於此，亦即主張蒲壽庚爲阿拉伯人之根據。惟萬曆啓禎之季，上距宋末元初，相去已三百餘年，陳何諸氏所稱，不過當時一種傳說而已。桑原氏由「研究蒲姓來歷之結果，斷定蒲壽庚爲阿拉伯人（即伊斯蘭教徒）。距今二十餘年前德人夏德氏在中國之史傳中，曾發見一種慣例，即對於外國人之姓氏，常用「蒲」之稱謂是也。彼謂此乃阿拉伯人名字之前，普通常有Abu或

Abou 表音字之故。是以吾人對於壽庚之「蒲」字，亦擬加以同樣之肯定。」（馮譯本）張亮塵先生亦謂「吾人一翻宋史大食傳，宋初來中國之使者姓名，多冠有「蒲」字。壽宬及弟壽庚之爲阿拉伯人，可以斷然無疑者。」（見泉州訪古記）桑原氏並列舉宋史大食國傳中使臣蒲姓者六人，以實其說。然今亦可舉更多占城人之蒲姓者於下：

蒲羅遏　見下

蒲薩陀婆　宋眞宗咸平三年，進貢副使。

蒲思馬應　仁宗皇祐五年，來貢方物。

蒲息陁琶　嘉祐初貢使。以上三人，均見宋史占城傳。

蒲霞辛　北宋時進奉判官。見蘇轍欒城集卷二十八。

蒲都綱　紹興中進奉判官。見宋會要。

蒲姓富商　南宋時居廣州。見前。

蒲旦蔴都　明洪武初，占城王遣平章蒲旦麻都等告急，且乞援兵。見西園聞見錄卷六十八。

蒲盛　以曉占城番字，爲明鴻臚寺序班。見下。

蒲儒嵩

蒲尙志

蒲尙舜

蒲尚圓　以上四人，均清乾隆時崖州人見海南島史。

以上所列，或爲貢使商賈，或爲中國官民，然均爲占城血統，非阿拉伯人也。萬曆瓊州府志卷三「其人（占城人）多蒲、方二姓。」「番人（指占城人）本初姓蒲今多改易。」（並海南島史引）即今日海南島崖縣三亞占城回民，仍多姓蒲也。故桑原氏僅以蒲姓之故，而斷定蒲壽庚爲阿拉伯人，理由不足，實難成立。此則因占城改信回教後，其語言乃混入阿拉伯語，其姓名之稱呼，亦連帶受其影響也。

然何以知彼之爲占城人耶？宋鄭思肖心史雜文大義略敍云：

……蒲受畊，祖「南蕃人」，富甲兩廣。據泉州叛。……

鄭氏宋末遺民，福建連江人，與蒲壽庚同地，同時，其所記較之三四百年後明人之說，自爲可信。故桑原氏亦謂「心史爲記蒲壽庚血統之最古材料。」鄭氏云：「祖南蕃人，」與明人所謂「其先西域人」者不同。然何以遽認「南蕃」之爲「占城」耶？則因同時瓊州海口浦有「南番兵」，（蕃番通用）可以爲證。「至元初駙馬唆都右丞征占城時，納其國人降，並其父母妻子，發海口浦安置，立營籍爲『南番兵』。」（見咸豐瓊山縣志卷十一又見下）故「南番兵」即「占城兵」，而「南蕃人」，亦實即「占城人」也。今既明「南蕃」二字之含義，則蒲壽庚祖先，自爲占城人，而非阿拉伯人。而周密所稱「南蕃回回佛蓮」之國籍問題，亦隨之解決矣。

此「南蕃」二字，係指南方番夷，因占城國在中國之南方也。而桑原氏以爲「阿拉伯人可稱『南蕃人』，因其自南方航海而來之故。我國史籍多以大食國列於西域，阿拉伯遠在印度洋西，不能謂之南。且自來由海道來華之印度人，何以未聞稱「南蕃人」耶？

或曰：「既據心史等證明蒲壽庚爲占城人，奈心史本身有問題何？」曰：心史一書，鄭氏記宋代亡國之慘禍與蒙古之殺戮凌虐，字字血淚，讀之令人髮指。書中言：「今南人衣服，飲食，性情，舉止，言語，節奏，與之俱化，唯恐有一毫不相似。」其描寫亡國奴，一舉一動，摹仿征服者之心理，非飽嘗亡國滋味，身受目擊者，必不能道其眞相若此。梁任公先生推重此書曰：「啓超讀古人詩文辭多矣，未嘗有振蕩余心，若此書之甚者。……此書一日在天壤，則先生之精神與中國永無盡也。」清代屢興文字獄，學者對於尊華攘夷，富於民族思想之書，每視爲洪水猛獸，避之惟恐不遠。四庫館臣爲避禍計，斥此爲僞書，疑姚士粦作，自屬當然。若此書果僞，則鄭氏一生孤忠耿耿，念念不忘故國，畫蘭不畫土，聞北語必掩耳走，改名思肖（思趙），號所南等，亦均僞乎？且僞書之作，必有其動機與作用，或爲名利，或報仇洩憤。若姚士粦輩果爲盜名，則何必託名鄭氏？且生當明季，去元之亡已數百載，姚氏對於蒙古，何以尙有此不共戴天之大仇乎？此則事理之所無者。「明末好異之徒」，果何所爲而作此以欺世乎？

提要謂「文詞蹇澀難通，紀事亦多與史不合。」今觀書中言辭激烈，感情奔放則有之；然並無蹇澀難通之處。即有蹇澀難通之著述，吾人均將目爲僞書耶？其紀事多親見親聞，非耳食可比，與官修正史之有忌諱者，自不能一一符合；然並無大相背處。記文丞相之忠烈大節，陳丞相之奔占城，尤可補史傳之未備。記「張世傑奉祥興皇帝奔遁，或傳今駐軍離裏。」原文有「或傳」二字，表明其爲當時一種傳說及希望，而館臣斥爲「無稽之談」，不亦過乎？又摭不避高宗諱及蒲壽庚作蒲受耕，原本果思肖親書，不想錯漏至此。」館臣所見，旣非鄭氏手稿，而爲崇禎刻本，明人刻書，除仿宋刻外，無避宋諱之理。壽庚作受耕（崇禎刻本作畊古文耕字）人名取同音字者，極爲普通，亦安知非「名」與「字」之別，或後來之改名耶？況彼本爲有音無字之外國人名耶？如壽庚之兄壽宬，或作壽峸，（萬萬曆泉州府志卷二十四，弘治八閩通志。）壽宬，（清全祖望鮚琦亭集外編卷三十三）壽晟，（萬姓姓統譜卷十三光緒嘉應州志卷十九）均一人也。桑原氏謂：「提要以此爲心史僞作之一證，甚無謂。北朝万俟壽洛干，或作万俟受洛干。如此之類，多不勝舉，豈足異哉？」又謂：「提要列舉心史與史不合處，斷爲僞書。不知此不合處，反足證其不僞。余考覈所得，絕無疑僞之餘地，他日將以管見發表也。」所言實爲有見；惟尙未見其辨證心史之文也。

乙、蒲壽庚之祖先

蒲壽庚之祖，旣爲占城人。然果爲何人耶？據桑原氏考定，蓋即上文所述之廣州占城富商。原文云：

據明末所出閩書，蒲壽庚先世居廣州，任職蕃長，大有資產。鄭所南心史亦謂受畊（壽庚）祖豪富甲兩廣。余因此乃憶及岳珂桯史所記廣州蒲姓事。珂爲岳飛孫，父霖，南宋光宗紹熙三年（一一九二）霖知廣州。珂隨侍。與寓廣之蒲姓有往來，以所親覩者，記於桯史。……桯史之蒲姓，爲彼時廣東第一富豪，統理外國貿易。蒲壽庚之祖先，富甲兩廣，總理諸蕃互市。兩相對比，恐桯史之蒲姓，即壽庚之祖先。考蒲姓出於十二世紀之末，壽庚爲十三世紀中葉人。若余推想不差，則蒲姓多分爲壽庚之祖父。據桯史，蒲姓雖極豪華，而不久即敗。壽庚父蒲開宗自廣移泉，其與蒲姓之衰有關歟？

心史與閩書均言蒲壽庚之先，由廣州徙泉州，在廣時且爲大富豪。桑原氏由姓氏，年代，富力三方面推測，以爲即桯史所記之蒲姓富商，頗具理由。若其說果確，則更可證明蒲壽庚之爲占城人，因岳珂在廣州親見者，明明曰「番人，本占城之貴人也」。

丙、蒲壽庚兄弟之事蹟

蒲壽庚之降元，遂決定宋室之命運。蓋蒙古騎兵，雖無敵於天下，又有各種降附兵將，供其驅使；而海戰實非所長，又無大船，惟有望洋興嘆而已！蒲氏居泉州，擅蕃舶利者三十年，已恢復其祖父在廣州時之富力，船舶衆多，故當時有「蒲船」之稱。蒲氏之壻佛蓮一人，即擁有海船八十艘，其他公私所有，可供其調度者必尤多，故蒲氏在海上實擁有絕大勢力。彼既降元，宋室不特失經濟上之支援，復添一海上勁敵，此張世傑之所以回攻泉州也。泉州既久攻不下，不得不退至廣東海上。蒙古得蒲氏舟師船舶之助，無異如虎添翼；而大宋君臣崖山覆滅之悲運，亦不可逃矣！此所以論史者，對於蒲氏多有貶詞，而顧亭林輩於壽庚之兄壽宬，尤爲不滿，以其出彼陰謀也。

然蒲氏兄弟，嘗爲宋代政府平定海寇，不無微功。明洪武初占城國王阿答阿者，嘗擊破海寇張汝厚，林福等，獲其舟二十艘，蘇木七萬斤奉獻。（明史占城傳）故占城人代平中國海寇，往往有之。此亦蒲氏兄弟爲占城人之旁證也。蒲壽宬知梅州，「在官儉約，一毫無取於民，」（光緒嘉應州志卷十九）可謂難能，故梅人祀之名宦祠。且不特廉吏，亦爲詩人，所著心泉學詩稿，四庫提要稱其詩，「頗有沖澹閒遠之致，在宋元之際尤屬雅音。」以一南方外國人，居華不過二三世，即爲純粹之中國詩人，何華化之速而且深耶？示兒一首（見詩稿）「少年不向學，終身成愚癡……中夜不遑寐，作此勸學詩。」勉子讀書之心，寤寐不忘，可見其向慕中國文化之誠切矣。至其孫仲昭，果不負期望，亦爲元代晉江詩人，有蒲仲昭詩集。（乾隆泉州府志卷五十四，七十四）蒲壽庚雖武夫，亦好風雅，嘗購定武蘭亭石刻云。

桑原氏雖名其書爲蒲壽庚事蹟，而偏重考據，對於蒲氏之記載，反多闕略。今移錄弘治八閩通志，閩書原文於下，藉以見蒲氏兄弟之生平。其他如清曾廉元書卷五一范文虎傳附，柯劭忞新元史卷一七七蒲壽庚傳，乾隆福建通志，萬曆及乾隆泉州府志，以及諸書輾轉所引，多不出此二書。今皆從闕。

明黃仲昭弘治八閩通志卷八十六拾遺（明刻本）

宋季益、廣二王，從福州行都，航海幸泉州，駐蹕港口。守臣蒲壽庚拒城不納。壽庚武人寡謀其計皆出於兄壽宬所籌畫部署，決策既定，佯著黃冠野服歸隱山中，自稱「處士」，示不臣二姓之意。而密俾壽庚以蠟丸裹降表，命善水者，由水門潛出，納款於唆都。既而元以壽庚歸附之功，授官平章，開平海省於泉州，富貴冠一時。壽宬亦居甲第。忽二書生踵門，自云：「從潮州來，求謁處士。閽人以處士方晝寢弗爲白。書生曰：「願得紙筆，書姓名，俟覺，敢煩一投，幸甚！」閽人乃遺以紙筆。遂各賦詩一首。其詩曰：「梅花落地點蒼苔，天意商量要入梅。蛺蝶不知春去也，雙雙飛過粉牆來。」「劍戟紛紛扶主日，山林寂寞閉門時。水聲禽語皆時事，莫道山翁總不知。」書畢，不著姓名拂袖而去。壽峸既覺。閽人以詩進。惶汗失措，大恚不早白。遂遣人四出追之，竟不復見。

明何喬遠閩書卷一百五十二畜德志上泉州府（明刻本）「宋幼主過泉城。宋宗室欲應之。守郡者蒲壽庚閉門不納。及張世傑回軍攻城。宗室又欲應之，壽庚置酒延宗室，欲與議城守事，酒中盡殺之。泉志蒲壽庚，其先西域人，總諸蕃互市，居廣州。至壽庚父開宗徙於泉。壽庚少豪俠無賴。咸淳末，與其兄壽峸平海寇有功。累官福建安撫，沿海都制置使。景炎年，授福建、廣東招撫使，總海舶。景炎入海，航泉州港，分淮兵二千五百人，命壽庚將海舟以從。壽庚閉門拒命與州司馬田眞子，上表降元。明年七月，張世傑自海上回攻城。壽庚遣其黨孫勝夫詣機，求唆都援兵。自與尤永賢，王與，金泳，協謀拒守。盡殺淮軍宗子之在城者。攻凡九十日，不下。世傑解去。改鎭國上將軍，參知政事。勝夫等各進官有差。初，壽峸自宋時仕至知吉州，逆計宋事已去，辭不赴。壽庚迎降，及殲淮兵，宗子，皆壽峸陰爲之謀。事成。乃佯著野人服，入法石山，若無其事者。壽庚長子師文，尤暴悍嗜殺，淮兵，宗子之死，師文力居多。元以壽庚有功，官其子若孫，多至顯達。泉人避其薰炎者十餘年。元亡乃已。皇朝太祖禁蒲姓者，不得讀書入仕。

丁、蒲壽庚子孫及世系

蒲壽庚在元初，富貴冠一時，其子孫亦多顯達。明太祖以其導元傾宋而禁錮之。故入明以後，蒲氏一族始漸衰落。惟至今約七百年，福建果有無蒲氏苗裔，實爲一問題。張亮丞先生於民國十五年任教陳嘉庚先生所創立之廈門大學時，有泉州考古之行，對於本問題有圓滿之答覆；惟仍信蒲氏爲阿拉伯人，則不敢苟同也。玆節錄先生泉州訪古記於下：（見民十七，地學雜誌）

……適有晉江人陳育才（曾任南安縣知事等職）者，字澤山，能普通語，來周旋吾輩。吾因問彼「現在泉州，尚有姓蒲者乎？」彼云：「仍有；惟有改姓爲吳者。……明初太祖懲罰蒲姓，故改爲吳。現今人口約有二百餘。居南門外，無大勢。泉州南門外塘頭山下，新自永春遷來蒲姓一戶，製香爲業，永春蒲姓人口甚衆，有數千家云。」陳君所答，乃正吾心中所欲問者……壽庚之子孫，至今尚存，足以證明福建人中有阿拉伯人苗裔也。

又民國二十五年張玉光先生於回教入華與泉州回教概況文中（見民廿六月華第九卷第一期）述及泉州城內回民原文云：

泉州城內之回民只十一戶，除蒲姓，夏姓兩戶，另有房產，居於塗門街及東門裏外。其餘九戶皆在禮拜寺地址，自建房室居住。蒲姓爲蒲壽庚之後嫡，於宋、元兩朝原係旺戶。……而夏姓一戶，以耕菜園爲業。……其居寺內之九戶，郭姓四戶，據其家譜，係汾陽郭子儀之後嫡，原由距城二十里之白奇鄉遷來，借居於寺內。而葛、馬、黃三姓，計五戶，聞其上輩均有讀經人，顯係於此地當阿訇年久而落戶者。然較爲最久而堪稱原籍之回教人，僅餘蒲、夏兩戶而已。……

……此十一戶回教人，除夏姓外，均以營商爲業，其堪稱小康者，僅二三戶，餘皆係小本營業，藉可餬口而已。

觀上所述，或爲間接訪問，或爲直接調查，均足證明現在福建仍有蒲壽庚兄弟之後裔，亦即福建人中如海南島之有占城血統也。不特姓蒲者爲其子孫，即姓吳者亦有一部分爲蒲氏後人。惟不知此吳姓者與永春蒲姓數千家，是否仍奉回教？文中未曾言及，康熙及乾隆永春州志，亦未載蒲姓事。至泉州城內回民，蒲姓不過一戶，小本營商，與元代泉州蒲氏之顯達，不可同日而語矣。

泉州東南廿餘里白奇鄉三千餘戶郭姓回民。與惠安、南安、永春各縣姓郭者，均爲同宗。城南七里陳埭鄉一區，有回民三千餘戶，均丁姓，相傳原籍爲阿拉伯人？（亦見回教入華與泉州回教概況）惟郭氏家譜，既載爲郭子儀後，自與外來蒲氏無關。至丁姓與蒲氏有無關係，及永春蒲姓數千家，與蒲壽庚兄弟世系如何，未見兩家譜牒，未便臆測焉。

今爲明瞭蒲氏一族關係計，據桯史、八閩通志、閩書、心泉學詩稿，乾隆泉州府志陳譯本蒲壽庚考及上文所引者，表其世系於下：

- 蒲姓富商（宋占城）光宗時僑寓廣州富盛甲一時　壽庚祖
  - 蒲開宗（宋始遷泉州）壽庚父
    - 蒲壽（宋知梅州）壽庚兄
      - 蒲阿助　壽宬子
        - 蒲仲昭（元詩人）壽宬孫
    - 蒲壽庚（宋末福建安撫沿海制置使兼提舉市舶元閩廣大都督兵馬招討使江西行省參知政事福建行省中書左丞終平章政事）
      - 蒲師文（元正奉大夫宣慰左副都元帥兼福建道市舶提舉）壽庚長子……蒲居仁（元泰定間福建等處都轉運鹽使）壽庚孫……今泉州城內蒲姓居泉州南門外吳姓永春蒲姓
      - 蒲師武（元世祖末福建行省參知政事）壽庚次子

戊、蒲氏壻巨賈佛蓮

宋周密癸辛雜識續集下：

泉南有巨賈南蕃回回佛蓮者，蒲氏之壻也。其家富甚。凡發海船八十艘。癸巳歲，殂。女少，無子。官沒其家貲，見在珍珠一百三十石，他物稱是。省中有榜，許人告首隱寄債負等。

此回回冠「南蕃」二字，自亦爲占城人。（見前）與蒲壽庚同鄉，同時，同教，同居泉州又同爲大富豪。故以女許字，頗有可能；惟周氏僅言蒲氏壻，未明言爲何人之壻，當指壽庚壽宬兄弟而言。佛蓮爲大航商，經營海外貿易，成爲巨富。旣死，無子，政府沒收其遺產，只珍珠一百三十石，則其他寶貨可知。雖清代和珅之富，亦無如許珍珠也。文中癸巳歲，爲元世祖至元三十年（一二九三）亦即瓊州南蕃兵平定黎亂之歲。佛蓮二字之爲人名，本不成問題。而桑原氏解爲地名Bahrein「巴林」之音譯。（音亦不對）以佛蓮爲波斯灣畔巴林地方或巴林市之賈胡，似未免牽強附會，過求甚解矣。

3.泉州富商尸羅圍

岳珂記廣州蒲姓豪商後，尚有數語，其原文爲：

……池匽皆廢云。泉亦有舶獠，曰：「尸羅圍」，貲雖乙於蒲，近家亦蕩析。意積賄聚散，自有時也。

桑原氏等解釋「尸羅圍」，爲波斯灣大貿易港Siraf之音譯，猶言尸羅夫產之商人，以地名爲人名。今案南宋占城入貢及往來貿易，往往由泉州港。宋元之交，泉州商務之盛，駕廣州而上。宋占城華僑多爲閩籍，則占商居泉興販，亦事理之常。又觀岳氏此篇上下文氣，及「海獠」「舶獠」之稱，亦可解釋「尸羅圍」爲占城富商之居泉州者，尚在泉州蒲氏之先，惟無法證明耳。「尸羅圍」貲雖不及廣州蒲姓，其財富亦必甚可觀。

4.元痲林爲世襲總管

安南王族陳益稷，及黎崱，賴益歸諸降人，在元代均授官食祿。泉州蒲氏一族，官尤顯要。此外占城人爲官者，在瓊州，又有痲林。

咸豐瓊山縣志卷六引舊志云：

蕃民所在海口浦，即今海田村。元建所置官，立其長麻林爲世襲總管。

又卷十兵制云：

元海南兵額有曰湖廣戍兵……土漢軍營，屯於城外西隅。曰：「靖海營」，「白沙水軍」，「南番兵」。設官管領。又籍占城降人爲兵。立其首領麻林爲總管，降四品印信，世襲。……

瓊州共置營二，鎭一，寨四。曰「靖海營」，在郡城西隅。曰「南蕃營」，在海口浦。曰「水軍鎭」，在白沙。其餘各寨在各縣。（以上三則又見道光瓊州府志卷十一上，卷十七上。）

麻林等爲至元中，隨唆都來中國者。元代令其治理本國人，以彼爲之長，官居四品，雖不及蒲氏之一、二品，亦爲海南島占人爲官之第一人，惜其世襲之第二、三代名字不可考。元代瓊州共置二營一鎭四寨。靖海營，均宋敗兵。南蕃營，均占城兵。其編制營以下爲「鎭」、「寨」，海南島僅置二營，則營之兵數當在千人以上，益以父母妻子，則占人元初在海口者，當在數千人矣。

(二)宋末占城兵保衛增城縣

嘉慶增城縣志卷十三人物傳：

石文光城南人，少有勇略。德祐二年，元人以德祐帝北去。諸大臣奉益王昰，即皇帝位。改元景炎。遂航於海。元元帥劉深攻之於淺灣。左丞相陳宜中，欲奉帝走占城乃先往占城諭意。文光實從。宜中既至占城度事不可爲，不欲反。文光覘之，結占城人并所部數十艘還廣州。時宋室既亡，羣盜竝起，相剽掠。文光即以占城人結寨增城，保鄉里，境內以安。邑人懷其德，立廟於城南祀之。今邑中有文光舊營，謂之「交阯營」。其南門外豸山，舊名寨山，亦文光屯兵之所。

又卷九古蹟：

交阯營　據永樂志，在城中北街。昔石文光以丞相陳宜中往占城，宜中不返。文光借占城兵還保增城，於此屯營，邑人謂之交阯營。

雁塔址，亦石氏舊寨，後改爲豸嶺。又西城隅，亦占城（原誤古城）人所寓，邑人謂之「番鬼地」。

宋爲蒙古所逼，不能立足於閩、粵。忠臣義士之不甘爲異族臣僕者，乃往往航海逃至安南、占城，且欲借兵，以圖恢復。左丞相陳宜中，欲奉宋帝至占城，乃先如占城諭意。度事不可爲，遂不返。後元軍伐占城，宜中走暹羅。（宋史卷四一八陳宜中傳）（心史作奔闍婆國）其後尚謠傳陳丞相，挾占城出師甚盛。（亦見心史）廣東石文光亦民族英雄也，隨陳丞相同至占城。既知陳氏無返意，乃結占城兵及所部數十艘還粵。時羣盜並起，文光以占城兵結寨保衞鄉里，增城以安。用外國兵保衞地方，史所罕見。明代占城王占巴的賴，古來等，屢請中國派「天兵」保護其國，以防安南之侵略。明廷以古無是例卻之。不知在十三世紀時，已有占城志願義勇軍守禦增城之事實矣。

增城人念石氏功德，立廟祀之，名「石王廟」。紀念石氏，亦即紀念占城兵之功也。增城人不曰

「占城營」而曰「交阯營」，又名「番鬼地」者。則國人對於占城、交阯，素屬隔膜，又不免存自大之見也。既稱兵營，又所居非一處，則其人數必衆。惜嘉慶及民國新修增城縣志，均未及其苗裔。

㈢元初占城兵預平海南島黎亂

海南島民族複雜，其中除漢人外，以黎族爲最多。岢居山處，民風樸實，文化較低。治理不得其法，每生變亂。然往往官逼民反，非黎岐之好亂成性也。

元至元二十八年（一二九一）瓊州路安撫使陳仲達好大希功，詣闕奏平黎亂。世祖允其請，遣蒙古軍二百，漢軍二千，順化新附軍五千渡海，佐以民兵萬有四千。師甫集，而仲達卒。乃命湖廣行中書省平章政事闊里結思督視。以仲達子謙亨領萬戶。分命副元帥領蒙古，漢軍，順化軍。廣西宣慰楊廷璧等，領諸黎兵。鎭撫高祜領帳前拔都軍，「南番兵」討之。至三十年（一二九三）七月闊里結思召赴闕，以善後事宜授元帥朱斌。十二月晦，分遣士卒抵崖州。（原文作古振州）斌攻其南，祜攻其西，謙亨攻其東，盡復故土。此次戰事前後歷三載，爲對於海南島黎族之大討伐。遂置定安，會同二縣。設萬全寨，立屯田萬戶。事見元邢夢璜至元癸巳平黎碑記。（道光瓊州府志卷三十八下）

文中鎭撫高祜所領之「南番兵」，即占城兵也。（詳上麻林條）此南番兵爲唆都征占城時隨來之占人，居於瓊州海口。未及十年，元人又利用之以作戰。其所攻佔之儋州、崖州，當時實又有占城同胞流寓其間。又碑文高祜。道光瓊州府志卷二十五又作「高祐」，元百戶所，鎭撫。二字形近，未知孰是。

㈣明偉人海瑞（一五一三——一五八六）及其家世

海瑞爲明代大政治家，其鐵面無私，正直剛強之性格，惟宋之包拯，差可比擬。故去今四百年，而婦孺仍多知「海公」之名，小說軼事，傳播民間。然其血統，似可能出於占城。約有三點，可資證明。

1.「海氏」爲中國回教徒獨有之姓氏之一。海瑞爲回教徒，見金吉堂中國回教史研究。瑞巡撫應天時令各府州縣寺觀、廟宇、庵堂，係是淫祠，即行改毀。道士、和尚，諭令還俗。（見海瑞備忘集卷六）故瑞爲回教徒殊可信。又海氏爲海南島回教徒之姓，清乾隆間崖州有海富潤（見下）海玉潤等。

2.海瑞爲廣東瓊山縣人，即海南島回教徒。海南島回教徒，固皆來自占城也。（說詳下）

3.海瑞高祖爲答兒。答兒之名，非漢人所宜有。

明史卷二百二十六海瑞傳，明史竊、明書、續藏書本傳，均未及瑞之先世。道光瓊州府志卷三十四名賢傳，咸豐瓊山縣志卷十九鄉賢傳，均作「先世隸籍番禺。洪武十六年有答兒者，從軍海南，著姓瓊山，不數傳，族氏蕃衍。」實本於明梁雲龍所撰海剛峯公行狀，（附備忘集及海剛峯集後）然梁氏於答兒以前則不明世系。原文曰：「公諱瑞，字汝賢。其上世以來未詳。在國初以軍功世廣州衞指揮某者，隸籍番禺，今爲番禺人。洪武十六年答兒……」梁氏爲瓊山人，與瑞同鄉同時，且有戚誼，相知最深，而曰：「其上世以來未詳。」此中似有深意，蓋爲瑞諱也。

瓊州海口元初有占城人，當時立營籍爲南番兵，以其長麻林爲世襲總管。今瑞之先人，亦以軍功世廣州衞指揮，海氏之先與廝林，疑有相當關係。至清王國憲海忠介公年譜（所見兩本均清鈔本）據海氏家譜稱：「上世在南宋時，有諱俅者，由閩來廣，籍隸番禺，爲公始祖。俅生鈺。鈺生甫震、甫雲。甫震產遜之。遜之生答兒，以軍功爲指揮使。……」若瑞始祖，果爲海俅，由福建遷廣東，世系明白如此，則梁氏何必諱稱：「上世未詳」耶？

瑞爲學以剛爲主，因自號「剛峯」。節兼狂狷，痛惡鄉愿，與惡勢力，決不妥協。當其巡撫應天，鄉官爲虎，兼併田產，呑食小民之田。松江一處，告鄉官奪產者幾萬人。爲富不仁，人心同憤。時三吳貴盛，無逾相國徐階者，良田多至二十四萬畝。弟陟爲害鄉里。瑞按問其家，置徐陟於法。勒令鄉官吐出已呑之田，並禁佃戶不得完租，貧戶不得完債。於是小民忻忻始有生望。其所採之斷然處置，完全爲一種替天行道，除暴安良之豪俠作風。因推論欲天下太平，惟有井田一法。即保障耕者有其田，不容鄉官土豪之兼併也。

專制時代最神聖不可侵犯者天子也，而瑞於明世宗不特指其過，且更詬詈之。治安疏中有云：

……一意玄修，……二十餘年不視朝。……天下因即陛下改元之號，億之曰：「嘉靖者，言家家皆淨而無財用也。」（此兩句明史本傳及他書所引多刪去，其他字句亦多異同。此據文津閣四庫全書本備忘集卷一）……陛下之誤多矣！大端在修醮，修醮所以求長生也。……今日使陛下得以訪其術者陶仲文，陛下以師呼之。仲文則已死矣，仲文不能長生，而陛下獨何求之？至謂天賜仙桃藥丸，怪妄尤甚者。……君道不正，臣職不明，此天下第一事也。……

瑞上疏時自知必死，故市一棺，訣妻子，其終得不死者，亦云徼倖。故當時即有「鐵漢」「海強項」，「奇男子」之稱。與一班穿道服，上符瑞，大臣其名，而婦人其行者，不啻霄壤矣！

瑞又開吳淞江，白茆河。故又應民謠「海龍王」之稱。不特當時活饑民數十萬，江南之民世世蒙其利。瑞不怕死，更不愛錢。知淳安時，薪俸外絲毫不取，令家僮藝蔬樵採自給。爲母壽，市肉二斤而已。卒之日，葛幃敝籯，有寒士所不堪者。百姓奔走相告，扶服悲號，罷市七日。嗚呼！若瑞者豈非孟子所謂大丈夫哉？

瑞生於正德八年十二月——卒於萬曆十四年十月，年七十五歲。（此據年譜，明梁雲龍撰行狀，何喬遠海瑞傳均作七十四歲）嘉靖二十八年舉人。歷官經過，立朝大節，見於明史本傳及諸書所記，今皆從闕。海氏在明爲海南望族，族姓蕃衍，科甲繼起；惟至清康熙以後，子孫式微，忠介故居，亦轉鬻他姓。（見咸豐瓊山縣志卷二十六佟湘年重修邱海二公祠記）今據咸豐瓊山縣志卷十五選舉志，列海氏登甲乙榜及歲貢名氏於下：

進士　海澄　寬堂姪。明成化十一年乙未謝遷榜。建陽知縣，陞四川道御史。

舉人　海寬　瑞祖。景泰七年丙子。松溪知縣。

海澄　天順六年壬午。見前。

海閔　澄弟。弘治五年壬子。

海鵬　瑞從子。嘉靖二十五年丙午。蒼梧知縣，梧州通判，陞同知。

海邁　萬曆十六年戊子。新寧教諭，處州府推官，五城兵馬司。

海廷芳　邁孫。清康熙八年己酉。

歲貢　海沂　海子虛　瑞姪孫。茂名教諭。

廩生　海瀚　瑞父。（此據梁雲龍撰行狀）

海南占人仕宦者，不僅限於瓊州海氏，崖州亦有之。乾隆崖州志卷七人物：

明蒲盛，以曉占城番字，授鴻臚寺司賓署序班。

(五)明蒲盛爲鴻臚寺序班

占城番字，即占城文，今尚可見於占城石刻，及少數寫本中。其書法由左至右，字形略近於暹羅文，所謂「若蚯蚓委曲之狀」者詢然。

占城進貢表章，或用漢文，北宋時亦有唐字（漢文）一本，番字一本，同時並進者。至明代則多用長尺餘，廣五寸，刻本國字之金葉，所謂「金葉表文」是也。明代四夷十八處，額設通事六十員名，內安南國二員名，占城國三員名。（明王鳴鶴登壇必究卷三十二）明交阯人（即安南人）爲鴻臚寺序班可考者，有阮宗埼等五人。而占城人爲此官者，除蒲盛而外，實罕其儔。何以知蒲盛之爲占人？因普通中國人均不識占城文，而蒲氏知之。蒲氏又爲崖州人，吾又疑爲崖州之三亞人，崖州三亞回民，多姓蒲氏，固皆來自占城者也。（詳下崖縣三亞條）故志雖不言占城人，而其爲占人血統，可無疑者。

其職蓋爲繙譯占城金葉表文，或招待貢使，亦即占城通事也。惟未詳在何帝時。

㈥清海富潤罹乾隆文字獄

滿清以異族入主中國，以武力征服漢族。漢人雖加抵抗，然不久均爲其各個擊破。於是士大夫之有氣節者，倡爲不合作主義，不考試，不做官，以爲消極抵制。同時不得不洩其幽憤於文字上，或寫禾黍麥秀之感，或表章忠義，斥責漢奸，而尤嚴於華夷之辨，以發揚民族大義，而保正氣。然清帝康熙，乾隆，均才智過人，乃屢興大獄以誅戮之。丁文彬一身心不健全之瘋人耳，不免凌遲處死，並戮及家屬。其他字裏行間，隱隱約約，不論有意無意，凡涉及譏訕滿清或具民族思想者，無不刑其人而火其書，誅連所及，涉於枯骨，殺戮之慘，史所罕聞。藉此以束縛思想，以「除風俗人心之害。」昔秦始皇之焚書坑儒，疾風暴雨，不過一時；此則爲長時期之屠殺，故其禍尤烈。清代士大夫以文字著述遭無妄之災，而喪其元者，曾不知幾何也。

乾隆四十七年（一七八二）有一占城人，亦受池魚之殃，此人爲誰？即海富潤也。然何以知海富潤爲占城人？則海富潤爲廣東崖州三亞村之回民。三亞回民，固系出占城也。（詳見下）今將此事經過節錄於下：

廣西巡撫臣朱椿跪奏，爲盤獲回口，恭摺具奏事：乾隆四十七年五月十一日酉刻據桂林府知府貴中孚稟稱：「奉諭查緝匪徒。茲於桂康見有一人，初蓄辮髮，狀似還俗僧人。」詢：稱「伊名海富潤，係廣東崖州三亞村回民，遊學已閱九年髮因病脫，新蓄未長」等語。查其行李箱內有抄錄回字經二十一本。據稱：「或係自抄，或係買來，或係送受。」至其中有無違礙，無從識辨。又漢字天方至聖實錄年譜一部十本，天方字母解義一本，清眞釋疑一本五功釋義一本，天方三字經一本，俱係江寧回人劉智所著。袁國祚等於乾隆四十暨四十三等年刊行，板係袁氏家藏。各書大義，通係揄揚西城回教國王穆罕默德之語。其書至聖實錄，已屬僭妄。且以本朝人譯刻而於廟諱御名，不知敬避，狂悖之處，不一而足。嚴訊海富潤供：「於乾隆三十九年，自籍起身，歷經廣西，湖南，湖北，安徽，陝西等省。除安徽無人傳經外，其餘俱有傳經供飯之人而在陝西之大荔渭南等縣，最爲長久。所帶漢字，係四十六年自陝西回至漢口居住禮拜寺，開張帽店之同教江寧人袁二所贈等情。」……

兩廣總督臣羅巴延三跪奏，爲奏聞事：「……海富潤係廣東崖州三亞村回民。據供：『家內有父祖叔姪兄弟。』該犯於乾隆三十九年四月內，在廣東省城禮拜寺，從馬尚仁讀經五月。相因飛咨查辦等因。臣查海富潤攜帶狂悖經書，往各省遊蕩，該犯家中定有不法字跡，其父祖叔姪兄弟在籍，有無聚衆誦經，煽惑誆騙，亦須徹底根究。當即密委雷瓊道，率同瓊州府，親赴崖州海富潤家內，嚴密搜查，將搜出字跡連各犯屬，解省審辦並即飭臬司景祿，督同廣州府丁尹志等至省城禮拜寺，嚴加查搜研討。……據保廷芝供稱：『三十九年有崖州回民六人，內有海姓四人，一同到寺，要馬尚仁教讀回經。馬尚仁留住數月。海姓四人入內，伊認識海玉潤一人，無有富潤在內，伊實不知。』……

乾隆四十七年六月初三日奉上諭：「……至於舊教回民，各省多有，而在陝西及北省居住者尤多。其平日所誦經典，亦係相沿舊本，並非實有謗毀，顯爲悖逆之語。且係朱椿現在簽出書內字句，大約鄙俚者多，不得竟指爲狂悖。此等回民愚蠢無知，各奉其教，若必鰓鰓繩以國法，將不勝其擾。……此事著即傳諭朱椿幷畢沅等，竟可毋庸辦理。嗣後各省督撫，遇有似此鄙俚書籍，俱不必查辦。將此一併傳諭知之。欽此。」（以上所引均見清代文字獄檔回民海富潤攜帶回字經及漢字數五種案故宮博物院出版）。

海富潤爲回教學者，海玉潤與富潤同鄉，又同學，疑又有家族關係。此事由桂林知府查獲海富潤而起，由廣西、廣東、以至江蘇，事態擴大，牽連至數十家。地方官愚妄無智，無事生非，誅求搜檢，藉以逢迎邀功。實屬可笑可恨。幸清高宗尚較明白，以「毋庸辦理。」結束此案。已拘之人，悉行釋放，書籍板片，仍各發還，而斥責辦事之人「可鄙可笑」。否則大獄既起，不特海富潤全家被難，即作序、藏版、贈書諸人，亦將不免矣。吁！可畏哉！金吉堂中國回教史研究，亦略記此事，稱有「海寬字富潤者」。今據清代軍機處原檔，仍作海富潤。

五、散居海南島之占城回民

占城人之移入廣東，始於十世紀之末，散居南海、清遠等縣。宋雍熙四年秋（九八七），「廣州上言：雷恩州關送占城夷人斯當李娘，並其族一百五十人來歸。分隸南海，清遠縣。」（宋史占城傳）

此斯當李娘所率領之難民，與蒲羅遏及忽宣等族三百一人，前後相差僅一年。三年之內，逃來三批。誠如占城王陽陁排所云：「以前民庶，如芥隨風，星散流離，各不自保也。」原文云：

……臣爲土長，聲勢尚卑，常時外國頗相侵擾。況以前民庶，如芥隨風，星散流離，各不自保。……今臣一國安寧，流民來復。非皇帝天德加護，何以至此？本國元有流民三百，散居南海。曾蒙聖旨，許令放還，今猶有在廣州。本國舊有進奉夷人羅常占，見駐廣州。乞詔本州，盡數點集兵籍，以付常占令造船舶，乘便風，部領歸國，冀安生聚，以實舊疆。至於萬里感恩，一心事上，臣之志也。（宋史卷四八九占城傳）

此爲占王於宋太宗至道元年（九九五）所上之表，所索之難民三百，當指端拱元年（九八八）忽宣等族三百一名求附之占人而言。宋帝賜其良馬、旗幟、兵器。鄰國聞之，不敢謀害，一國安寧，流民來復。故又請求發還在中國之難民。太宗覽表。「遣使詣廣州，諭問願還者，悉付貢使李波珠使還。」惟史不載是否全數願還本國。先是十餘年前「交州黎桓，欲以占城俘九十三人獻於京師。太宗令廣州止其俘，存撫之，給衣服資糧，遣還占城。」故廣州一地，當時占人之往來或旅寓者頗多。惟與在清遠，增城者，其後裔均不可考。

遷入海南島之占人，亦始於十世紀末。散居島之四周，多有苗裔，其居崖縣三亞者，尤有名。仍信回教，今皆爲中華民國同胞矣。分述於下：

㈠儋　縣

宋史占城傳：

宋太宗雍熙三年，儋州上言：言占城人蒲羅遏爲交州所偪，率其族百口來附。

康熙儋州志卷二：

宋雍熙三年，占城人蒲羅遏，爲交州所迫，率其族百餘衆內附。即今番浦村是也。

雍熙三年（九八六），爲黎桓僞天福七年。是年十月，宋遣李若拙等，齎制册，封爲安南都護，靜海軍節度使，京兆郡侯。爲桓斬占城王波美稅獲勝後之第五年，政治軍事，並獲成功。時眇目黎桓正躊躇滿志。亦占人國破家亡，奔逃四散之秋也。大越史記全書稱：「占城自黎、李以來，兵衆脆怯，我師至，則挈家奔遁，或聚歸降。」蒲羅遏等百餘人，實爲逃入海南島之首批難民。其人信回教。至清康熙時，已正式附版籍。今附錄康熙儋州志卷一於下：

番俗，本占城人。宋元間，因亂挈家駕舟而來，散泊海岸，謂之番蒲。不與土人雜居。不食豕肉，他牲亦須自宰見血。家不供祖先，一邨共設佛堂一所，早晚念經禮拜。每輪齋一月，常齋不吞涎，見星月方食。以初三日爲起止，開齋日，聚佛堂誦拜。沒不用棺，布裹以身，向西而葬大率與回回相似。今皆附版籍，採魚辦課。

㈡瓊　山

咸豐瓊山縣志卷十一引方輿志：

至元初駙馬唆都右丞，征占城時，納其國人降，並其父母妻子，發海口浦安置，立營籍爲南番兵。今已無存。其在崖、萬者，亦皆元初因亂，挈家駕舟而來。散泊海岸，謂之番方、番浦。瓊州海口占人，與在儋、崖、萬三州之難民，自動逃來者不同。當時至瓊州者不僅爲兵丁，且有父母妻子。故亦有子孫。

(三)萬　寧

萬州在海南島東岸，即今萬寧縣也。元初亦有占人，因避亂來居。(見前)清康熙間其地有番神廟。古今圖書集成職方典卷一三八。云：

昭應廟在州(萬州)東北三十五里蓮塘港門其神名曰「舶主」。明洪武三年，同知烏肅以能禦災捍患，請勅封爲新澤海港之神。祀忌豚肉，往來船隻必祀之，名曰「番神廟」。宋趙汝适諸番志卷下「萬安軍城東有舶主都綱廟。人敬信，禱卜立應，舶舟往來，祭而後行。」

中西交通史料匯篇引之，並注云：「祀忌豚肉，其爲回回教無疑。」惟張先生雖證明萬寧縣有回教徒，而未詳考其來源。德國夏德博士，即據此段以爲海南島有阿拉伯人居留地或殖民地之證。今以瓊山縣志對照，則知此輩亦占城回回，非阿拉伯人也。據趙氏之言，則南宋已有廟，志稱「元初因亂挈家駕舟而來」，事實上在宋代恐已有渡海而來者。惟不知今日萬寧縣，猶有所謂「番方」，「番浦否」？

(四)崖縣三亞

崖州今稱崖縣，在海南島之南。昔人謂之「中國盡地」，今我國領土，除西沙羣島外，此實爲最南端。地臨北緯十八度附近。與北緯十六度上下之占城，（明代占城則僅限於十六度以南，愈後則愈南。）相隔僅一衣帶水。聞順風一二晝夜可至。清屈大均廣東新語（卷二）謂：「相去六百里，每南風順，在崖州可聞占城雞聲如洪鐘。」則未免文人誇飾之辭；然相距最近，則為事實。故自宋以來，占城人每以海南島為避難所，而崖州尤為捷徑。明天順四年（一四六〇）占城副使究村則等，先至崖州，與象奴同來。可見占城崖州一路，實為兩國商船貢使往來通道，至明猶然。今先將中外記載之涉及崖州占人者彙錄於下，再加以說明。

乾隆崖州志卷八：

番俗，本占城人。宋元間因亂，挈家汎舟而來，散泊海岸，謂之「番村」、「番浦」。今編戶入所三亞里，皆其種類也。人多蒲姓。不食豕肉，不供祖先，共設佛堂，念經禮拜。其言語象貌，與回回相似。採魚辦課，間置生產。婚嫁不忌同姓，惟忌同族，不與民俗為婚，人亦無與婚者。此段文字亦見圖書集成職方典卷一三八〇，蓋乾隆志亦抄錄舊志者。圖書集成所引於採魚辦課之上，多「今從民俗，附版圖」二句。

明成化實錄卷二八四：

成化二十二年十一月癸丑，巡按廣東監察御史徐同愛等奏：「占城國王子古來，攻殺交阯所置偽王提婆苔。交阯怒，舉兵壓之境，必欲得生提婆苔。古來懼，率其王妃王孫及部落千餘人，載方物，至廣東崖州。欲赴愬於朝。」事下禮部覆議。上曰：「古來以殘敗餘息，間關萬里，提攜眷屬，投附中國，情可矜憫。其令總兵、鎮守、巡撫等官，加意撫恤，量與廩餼，從宜安置，毋致凍餒。仍嚴密關防之。

陳名樞海南島誌（民廿二出版）

回教在本島，僅崖縣三亞港有之，教民約三四百人。不食豬，死則火葬。聚居一村，不與外人通婚。內地回教師，時來說教。雖信徒不多，而奉行甚篤。

崖縣教育局調查「番民本占城人。宋元間亂挈家汎舟而分散居大蜑港酸梅鋪，後聚居所三亞里。」

海南島史引。

上海同濟大學德國籍H. Stübel史徒博教授於一九三七年在柏林出版之海南島黎族誌Die Li-Stamme der Insel Hainan（日人譯爲海南島民族誌）中論回教徒略云：

三亞市有回教寺院四所，其中西部者最大。回教徒土地，大部均不多。又業魚，有漁船。三亞市全體回教徒有四百戶，約二千人。男女服裝，與中國人無異，間有帶土耳其帽者。曾受教育者，能說流暢之官話，其他則操極特別之方言。其所用之數字，一部屬於馬來亞源，惟尚不能發現其與馬來亞有同源之證也。兒童在校中習阿拉伯文。每年有數人往麥加巡禮回教徒與余頗有禮貌，惟不許入寺參觀，及接觸美麗之阿拉伯文經典。回教徒不與他教中國婦女結婚。墓石亦極特別。此等回教徒中，顯分兩種類型。一種具狹面型及狹長突出之鈎鼻。另一種之鼻僅略突出，鼻樑則陷入。頭顱大體皆渾圓，眼部平直，年長者兩腮之鬚有平直者，亦有捲屈者。其有長型鈎鼻者爲塞米族，當無疑義。余在三亞市所遇桂林及湖南籍之回教師，則均屬第二類型。依余所知回教徒之家譜，大抵因近年遭亂，已毀損無遺。據傳說其祖先唐時自西域來中國，後即蕃殖擴展。宋代已自廣東向海南島拓居。一說則四百年前赴安南途中至此。最足重視者有二點：㈠爲在此小部落中，竟有人類學上兩種不同之類型。㈡爲有其獨特固有之方言。海南島回教徒可能爲塞米族。（即阿拉伯人，猶太人及其所屬之人種）

今日崖縣回輝村（即所三亞里）有清眞寺四，稱東、西、南、北廟。東廟稱清眞古寺，創立最古。餘爲乾、嘉、光緒時立。回教徒之數字，其說不一，史徒博謂四百戶，二千人。日本人則謂約二百戶，一千餘人。陳氏又謂約三四百人。田曙嵐謂崖縣住民有漢、黎、侾、岐、苗等族，合計人口九萬三千餘，此外尚有回族約一千餘人。（見民廿五出版田氏海南島旅行記）史氏住三亞兩次，雖爲時甚暫，其實地調查較爲可信。至其來源，據彼等自述，唐時自西域來中國，殊不可靠。今據崖州志所載「本占城人，宋元間因亂，挈家汎舟而來。」咸豐瓊山縣志亦謂「元初因亂，挈家駕舟而來。」傳說中所謂「宋代向海南島拓居殊可信。」然吾又疑有明代成化間占王子古來之部屬。此即四百年前赴安南途中至此傳說之由來，成化至今不過四百餘年也。考占城王槃羅茶全，被安南所俘後。占城名存實亡，國已不國。王子古來因攻殺安南所立傀儡占王提婆苔。安南怒，舉兵壓境，古來不得已率其王妃王孫及部落千餘人，至崖州投附。明憲宗憫之，特令地方官加意撫卹，與之廩餼，從宜安置，俾毋凍餒。古來往崖州一年。明廷始派屠滽等護送回國。意此千餘人，已成驚弓之鳥，其中必有一部分仍願留崖州，以受中國政府之保護撫養者。蓋貪生惡死，人之常情，占人自不能例外也。

占城人移入中國，仍信回教，已略如上述。今三亞清眞寺多至四所，兒童仍習阿拉伯文，每年並有赴麥加朝聖之信徒。陳氏謂「雖信徒不多，而奉行甚篤。」確爲事實。考占城人在林邑時代，本信婆羅門教。南齊書林邑傳謂「巫師爲婆羅門」是也。馬可波羅謂「居民係偶像崇拜者，」當指婆羅門教徒而言。今居安南南部之占人，三分之二尙奉此教。亦奉佛教。隋書林邑傳「人皆奉佛，文字同於天竺。」舊唐書林邑國傳「尤信佛法，人多出家。」惟其後並不盛行。代之而興者，實爲回教。至於回教之傳入占城，究在何時，迄無定論。或謂在七世紀後，或謂在十二世紀，經波斯，阿拉伯商人之介紹而輸入。然新五代史四夷傳「占城風俗與大食同。」（又見册府元龜卷九六〇）疑在十世紀時，已奉回教，故稱風俗與大食同也。今占人在安南信回教者僅三分之一，自稱曰占白尼 Chams Beni。三占者占人，白尼者阿拉伯宗教子弟之稱也。在柬埔寨之占人，則全數爲回教徒，在海南島者亦然。三亞回教徒之墳墓，爲長方形，凡兩三層，用石砌成，（見史氏書照片）與漢人之土饅頭式者不同。陳氏謂「死則火葬」恐非。今日在安南之回教徒仍用土葬，其火葬蓋限於婆羅門教徒也。

史氏由人類學上觀察三亞回人有狹長突出之鈎鼻。與隋書林邑傳「其人深目高鼻，髮拳色黑。」皇明象胥錄卷三「深目昂鼻」相符合。此與其婚姻習慣，不與外人通婚有關。H. Baudesson 之 Indo-China and its Primitive People 稱「占人法律，禁與任何外人通婚，故在身體上，道德上之性格，幾無改變。」崖州志稱「婚嫁不忌同姓，惟忌同族，不與民俗爲婚，人亦無與婚者。」與晉書林邑傳「同姓爲婚」之說，可相印證。

明回教徒馬歡隨鄭和至占城，見其「民務漁，不務耕種。」（瀛涯勝覽）並非不耕種，漁者多而農夫少也。崖州、儋州占人，皆採魚辦課，間置生產，仍以捕魚爲主要生計。今日居柬埔寨之占人亦然。

崖州志（卷八）又稱：「崖州方語有六種：『曰官話，曰邁語，曰客語，曰地黎語，曰番語，所三亞里言之。』」三亞回民所操獨特固有之方言，爲番語，實即占城語也。昔馬可波羅至其國，謂「占城自有一種特殊的語言。」明費信亦謂「語言鸞駃，全憑通事傳譯。」（星槎勝覽）關於其國語言之作，宋鄭樵通志藝文略嘗載林邑國語一卷，其書早佚。明羅曰褧咸賓錄卷六載占城語呼「天」爲「剌儀」，「地」爲「打納」，「日」爲「仰胡銳」，「月」爲「仰不鑑」。今以 A. Cabaton 書中考之，此四字中惟月字之讀法仍爲 lan 或 bulan 與「仰不鑑」之聲相近。史氏稱其「所用之數字一部屬於馬來亞源，惟尚不能發見其與馬來亞有同源之證。」考占城語爲馬來語之遺留者。占城因信婆羅門教及回教之故，採用梵語及阿拉伯語。其大部份則混入馬來語，惟讀音微有變異。今據 Cabaton 書中，略述占城語馬來語之讀音於下，藉示兩者間之關係。如：

	占城語	馬來語
眼	mȯta	mata
黃金	mȯh	mah

腳　takai　kaki
米　lcaoi　nasi

據此不特數目字與馬來亞同源，其他名詞亦多相同。故西人所作人口統計中，每以占人與馬來人，併爲一類，非無故也。所幸三亞回民曾受教育者，均能操流利之國語，可不致如昔日之隔膜也。

由以上宗教、面貌、職業、方言四點觀之。三亞回民之爲占城人，似可成爲定論。而乾隆崖州志所謂：「番俗本占城人，今編戶入所三亞里，皆其種類。」更可得到事實上之證明。史徒博所臆測爲阿拉伯人猶太人者非也。

六、結論

我中華民族包羅各種外來民族即回族之中，其祖先有敍利亞人、小亞細亞人、伊拉克人、伊思巴罕人、各部波斯人、各族中亞人、女眞人、蒙古人、猶太人、乞卜查克人。（見金吉堂中國回教史研究）今據以上所述，則又有占城人。其他各族之中，又包括無數支派。宛如百川之匯歸於海，經數千年之同化融和，遂成爲今日之洋洋大觀。嘗考唐肅宗上元中（七六〇——七六一）令日本人朝衡（即阿倍仲麻呂）爲安南都護，竟用外國人爲封疆大吏，可見所任惟賢，並無蔑視外人之狹隘偏見。朱泚之亂，德宗所恃以平亂復國者，除陸贄（嘉興人），姜公輔（安南愛州人其時安南仍屬中國）外，大將琿瑊，本鐵勒九姓之渾部，中亞細亞人李元諒波斯人。羅好心印度人。（均見中西交通史料匯篇）一時爲國柱石者，幾多爲外國人。蓋其時居留長安之外人達四千餘家，其中以波斯與阿拉伯人爲最多。除商賈而外，服務中國政府者，自不在少數也。

科舉時代，以進士爲最重。除清代滿洲，蒙古進士不計外。外國人在中國登進士第者，唐有阿拉伯（大食國）人李彥昇（大中二年，見全唐文卷七六七陳黯華心）明洪武辛亥（四年，一三七一）高麗人試者三，金濤登三甲第五，授山東安丘縣丞。歸爲其國相。（明王世貞弇山堂別集卷十八）洪武戊辰（二十一年，一三八八）狀元襄陽任亨泰，母爲烏古論氏，色目人。其妻本蒙古人，賜國姓朱氏。（明沈德符野獲編卷三）狀元中尤以連中三元爲最難得，亦爲無上光榮。明清兩代五六百年，相傳僅有二人。而明代浙江淳安人商輅，由解元，會元，而狀元。其祖先蓋爲西夏人。（明葉盛水東日記卷十二）明交阯人進士則有阮勤，陳儒等六人而占城人亦有進士焉，瓊山海澄（見前）實爲海瑞之叔伯。至猶太人遍布世界，雖無祖國，實爲最難同化之民族而開封猶太教徒，不特在明代「衣冠禮樂，遵行時制。」亦有貢生，孝廉。至清順治丙戌（三年，一六四六）科進士趙映乘，則由刑部郎中，分巡福建漳南道。（中西交通史料匯篇）由此輩外國人進士觀之，可知外來民族受中國同化之程度至如何矣。

開封猶太人，自爲利瑪竇（Matteo Ricci）發現以來，三百年間各國學人，討論研究者甚衆。惟關於海南島回教徒，國人尚未注意。雖最早有德國夏德（Hirth）博士之研究，惟彼主張爲阿拉伯人，與桑原博士之認蒲壽庚爲阿拉伯人相同。後有史徒博博士及法國與日本學者之親臨研究；然對其來源，均無圓滿之結論，多不知爲占城人 Chams 也。

六七年前，因搜集安南與占城之史料，檢閱方志及史傳所載，余即考定其爲占城人，嘗於拙著占城考中，略有述及。今復加以補充，以成斯篇。惟是愚昧不學，一人見聞有限，對於海南島方志及碑刻，亦未能遍閱，又未得一讀回輝村民之家譜，及實地訪問調查，闕謬之處，知所難免。宏達君子，幸進而教之。

民國三十六年三月十三日於國立北平圖書館

附識

本文之作，始於今年夏曆元旦，約一月餘而脫稿。後因參考桑原博士名著蒲壽庚考，乃發現蒲壽庚亦爲占城人。於是對於本人不得不加以修改與補充。同時向覺民先生知余研究海南島占城人問題，惠書以日人所著海南島史中所引材料數則（除萬曆瓊州府志一條外，餘已爲本篇所引）見示，繼復以原書惠示。其書爲臺北帝國大學助教授小葉田淳，於昭和十八年（民卅二）奉日本海南海軍特務部之命，而編纂者，可見其軍事與文化配合之密切，而處心積慮以謀我國，無所不用其極也。書末論「回教及基督教」，凡數頁，論述島上回教之歷史與情形，亦頗簡單。雖列有海南島各縣志書目錄除萬曆府志外，並未見其引用他志；然亦足資參考。本文中引用史徒博原文，承賈志潔先生爲之譯意，而向先生之熱心厚意，尤爲銘感。特此誌謝。

四月二十日

蒲壽庚爲占城人非阿拉伯人說

蒲壽庚泉州人。少豪俠無賴。宋咸淳末（約一二七四年）與其兄壽宬平海寇有功，累官福建安撫沿海都制置使。未幾授福建、廣東招撫使，兼領泉州提舉市舶使。元忽必烈汗以壽庚有功，拜昭勇大將軍，閩廣大都督兵馬招討使，江西行省參知政事，仍領泉州市舶。至元十五年（一二七八）官福建行省中書左丞，終平章政事。他不但官做到正二品，他和他的兒子蒲師文一直掌握泉州海關數十年。泉州是當時對外貿易的一個很重要的港口（外國人稱爲刺桐港）。他替宋元兩朝政府征收關稅，這是當時財政上的一筆大收入。他自己又擁有大量海船，有「蒲舶」之稱。蒲壽庚之降元，遂決定宋室滅亡之命運。蓋蒙古騎兵雖無敵於天下，又有各種降附兵將，供其驅使，而海戰實非所長，惟有望洋興嘆而已。彼既叛變，宋室不特失去經濟上之支援，復添一海上勁敵。蒙古既得蒲舶之助，無異如虎添翼，而宋室君臣崖山覆滅之悲劇，亦不可逃矣。他曾建議元世祖「招諭諸番」，擴充對外貿易；雖未被採納，而下番之使絡繹海上，唆都元帥行省泉州，至元十九年（一二八二）跨海征占城，都受了他的歆動。

蒲壽庚地位重要，但是《宋史》、《元史》都無傳。直至近人柯氏《新元史》、屠氏《蒙兀兒史記》始有傳，一向未被人注意。一九一五年日本文學博士桑原騭藏寫了一部《提擧市舶西域人蒲壽庚之事迹》，對蒲氏的歷史才引人注目，而蒲壽庚之爲阿拉伯人，也幾乎成爲史學界的定案與常識。桑原氏名著受日本學士院之奬，我國已故著名學者梁啓超先生譽之爲「歷史界傑作」，並出現了兩個中文譯本：馮攸譯爲《唐宋元時代中西通商史》，陳裕菁譯作《蒲壽庚考》。

解放前，我覺得桑原博士的理由不很充足，他的結論似乎有問題。在一九四八年冬發表的拙文《占城人移入中國考》（註一）中認爲蒲壽庚不是阿拉伯人 Arab，而是占城人 Cham；但這期刊物流傳不廣，連自己也始終沒有買到。解放後，一九五一年十一月廿五日中國史學會亞洲史組在北京開學術討論會時，我講的題目是《蒲壽庚和海南島回民由占城國遷來說》；但當時與會者只有十幾人，沒有印成講稿，所以知道的也很少。十多年前桑原書的中譯本繼續出版，所以一般史學界先入爲主，仍多相信他的說法，《新辭海》也作蒲氏原籍阿拉伯，但是個人至今仍相信自己的舊說。本著學術問題百家爭鳴的原則，所以有必要把他提出來，供大家討論。

記載蒲壽庚的先代或其本人爲西域人的，有明嘉興人陳懋仁的《泉南雜志》，萬曆《泉州府志》，何喬遠《閩書》，曹學佺《大明輿地名勝志》，此爲主張蒲氏爲阿拉伯人的根據。桑原氏說：「由研究蒲姓來歷之結果，斷定蒲壽庚爲阿拉伯人（即伊斯蘭教徒）。距今二十餘年前，德人夏德氏在中國之史傳中曾發見一種慣例，即對於外國人之姓氏常用「蒲」之稱謂是也。彼謂此乃阿拉伯人名字之前普通常用有Abu或Abou之故，是以吾人對於壽庚之『蒲』字，亦擬加以同樣之肯定」。已故中國交通史名家張星烺教授也說過：「陳懋仁僅記其爲西域人，未明言爲大食（即阿拉伯）人也；然吾人一翻《宋史大食傳》，宋初來中國之使者姓名，多冠有『蒲』字，壽宬及弟壽庚之爲阿拉伯人，可以斷然無疑。」（註二）桑原氏爲證明他的說法，列舉了《宋史大食傳》中使臣姓蒲的六人，但是我們不能說凡姓蒲的就是阿拉伯人。漢姓中有姓蒲的，別的外國人有更多姓蒲的來華使節，列舉於下：

注輦國	付使蒲恕	宋大中祥符八年（一〇一五）
	蒲押陁離	明道二年（一〇三三）
勃泥國	付使蒲亞里	太平興國二年（九七七）
三佛齊國	蒲蔑	北宋　下同
	蒲陁漢	
	蒲押陁羅	
	蒲押陁黎	
	蒲婆藍	
	蒲謀西	
	蒲押陀羅歇（註三）	

我們能把以上三個國家（勃泥國與三佛齊國俱今印度尼西亞，注輦國是「西天與印度也」今南印

度見宋周去非嶺外代答卷二）姓蒲的使節，都說成是阿拉伯人嗎？尤其三佛齊國其國居人多蒲姓，能說它的人民大多數是阿拉伯人嗎？這顯然是不能的。下面所舉的是占城國人姓蒲的：

蒲訶散　宋開寶五年（九七二）《宋會要稿》

蒲羅遏　雍熙三年（九八六），儋州上言，占城人蒲羅遏爲交州所逼，率其族百口來附。康熙《儋州志》卷二「即今番浦村是也」。

蒲薩陀婆　咸平三年（一〇〇〇）進貢副使。

蒲思馬應　皇祐五年（一〇五三）

蒲息陁琶　嘉祐元年（一〇五六）

以上三位與蒲訶散均北宋時占城來華使節與蒲羅遏均見《宋史占城傳》。

蒲麻勿　熙寧元年（一〇六八）

蒲薩達琶　崇寧四年（一一〇五）與蒲麻勿均見《宋會要稿》。

蒲霞辛　北宋進奉判官，見蘇轍《欒城集》卷二十八。

蒲都綱　紹興二十五年（一一五五）進奉判官。

蒲翁　與蒲都綱等同來，二人均見《宋會要稿》一九九册。

蒲姓富商　南宋時居廣州，見宋岳珂《桯史》卷十一。

蒲旦麻都　明洪武初（約一三六八）來華，見《西園聞見錄》卷六十八。

蒲盛　明蒲盛，崖州人。「以曉占城番字，授鴻臚寺司賓署序班」。見乾隆《崖州志》卷七。

以上所列或爲貢使商賈，或爲中國官民，然均爲占城人，而非阿拉伯人也。乾隆《崖州志》卷八：「番俗，本占城人。宋元間，因亂挈家汎舟而來，散泊海岸，謂之『番村』、『番蒲』。人多『蒲』姓，不食豕肉，不供祖先」。乾隆十八年（一七五三）三亞東廟碑記，「番人初本姓『蒲』，今多改易。……惟建清眞寺，白衣白帽，念經禮拜。」道光《萬州志》卷九：「番村，番本古占城人。……多『蒲』姓。番語。」現在海南島三亞穆斯林，仍多姓「蒲」。故桑原氏單憑蒲姓，就斷定蒲壽庚爲阿拉伯人，理由不足，使人難以信服。

他既然不是阿拉伯人，爲什麼又說他是占城國人呢？這是根據宋末遺民鄭思肖《心史》（註四）所說的。《心史》雜文大義略敍云：

……蒲受畊，祖南蕃人，富甲兩廣。據泉州叛。……

壽庚作受畊（畊，古文耕字）。鄭氏宋末元初連江人，與蒲壽庚同時，連江與泉州又相去不遠，他所記的，比較三、四百年後明人的說法，自然比較可信。故桑原氏亦謂《心史》爲記蒲壽庚血統之最古材料。鄭氏說：「祖南蕃人」（番、蕃兩字通），與明人所謂其先西域人者不同。但是南蕃二字含義籠統，何以一定指占城而言呢？因爲同時瓊州海口浦有「南番兵」，「南番營」可以爲證。「至元初，駙馬唆都右丞征占城時，納其國人降，並其父母妻子發海口浦安置，立營笯爲『南番兵』。立其首厤林爲總管，降四品印信，世襲。」（註五）所以當時瓊州海口浦的南番營，就是占城營，南番兵就是占城兵，由占城首領厤林管理，並且子孫可以世襲。今既明南番兩字之含義，則蒲壽庚祖先自爲占城人矣。宋末周密所說的泉南巨賈「南蕃回回佛蓮」（註六）自然也是占城穆斯林了。他有海舶八十艘，卒於癸巳歲（一二九三）。女少無子，官方沒收其家產，單是珍珠一百三十石。佛蓮和蒲壽庚是同鄉，同居泉州，同教，又同爲罕見的大富商，所以他做蒲家的女婿，實在是門當戶對。

海南島人稱占城人所遷居的地方叫「番村」、「番浦」，所講的特殊語言占城語稱爲「番語」。這同番薯（白薯）番茄（西紅柿）一樣，因爲都是外國來的，所以冠一「番」字。他們是南方來的外國人，所以鄭思肖、周密等又稱他們爲「南番人」，因爲占城國位置在中國的南方緣故。一直到清末曾廉《元書》把占城、眞臘（今柬埔寨）照舊入南蕃傳。但是桑原氏以爲阿拉伯人可稱南蕃人，因其自南方航海而來之故。我國舊史籍多以大食國列西域，因阿拉伯遠在印度洋西，不能說南。還有自南方航海而來的天竺（印度）高僧很多，何以不稱他們是南蕃僧呢？所以他把南蕃人解釋作阿拉伯人，未免牽強附會，不如說占城人直截了當。

《閩書》說：蒲壽庚的祖先「西域人。總諸番互市，居廣州。至壽庚父開，宗徙於泉」。桑原氏根據姓氏，年代，富力三方面的推測，他的祖先就是岳珂《桯史》所載十二世紀末住在廣州的蒲姓豪商，（註七）言之有理。因此我們也就更有理由證明蒲壽庚是占城人，因爲岳飛的孫子岳珂在廣州親自見到的這位富甲兩廣、「揮金如糞土」的蒲姓豪商，明明白白地說：「番人，本占城之貴人也」。他的祖先既是占城貴族，那麼蒲壽庚兄弟無疑也是占城血統了。

桑原氏雖名其書爲《蒲壽庚事迹》，而偏重考據，對於蒲氏本身之記載，反多缺略。今據弘治《八閩通志》、《閩書》（註八）稍加敍述。宋季益、廣二王，從福州行都航海幸泉州，駐蹕港口。宋宗室欲應之。蒲壽庚拒城不納，置酒延宗室，欲與議城守事，酒中盡殺之。（心史作殺數萬人，萬曆泉州府志作盡殺宗室千餘人。）上表降元。壽庚武人寡謀，其計皆出於其兄壽宬。元以壽庚歸附之功，授官平章，開平海省於泉州，富貴冠一時。壽庚曾於泉州府城東北海岸造「天風海雲樓」，以望海船。亦好風雅，嘗購定武蘭亭石刻云。其子孫多顯達，泉人避其熏炎者十餘年，元亡乃已。壽庚長子師文尤暴悍嗜殺，淮兵宗子之死，師文之力居多。次子師武，世祖末官福建行省參知政事。

壽庚之兄壽宬，宋咸淳七年（一二七一）知梅州，「在官儉，一毫無取於民。」（註九）不特廉吏，又爲詩人。所著《心泉學詩稿》今有傳本，並收入《四庫全書》中。《四庫提要》稱其詩「頗有沖澹閑遠之致，在宋元之際尤屬雅音。」《示兒》一首「少年不向學，終身成愚痴，……中夜不遑寐，作此勸學詩。」勉子讀書之心，寤寐不忘，可見其向慕中國文化之深。至其孫仲昭，果不負期望，爲元代晉江詩人，有《蒲仲昭詩集》。張以寧稱其詩「粹然無疵」。

明太祖以蒲壽庚兄弟導元傾宋，「禁蒲姓者不得讀書入仕」。故其子孫入明以後，始漸衰落。有的改姓爲吳，因爲「吳」、「蒲」閩南音相近。在死了人時，墓碑上正面寫吳某某之墓，反面暗寫蒲某某之墓。泉州南門外始吳的舊有二百餘人。也有改姓黃的，因「蒲」、「黃」都從草頭，住泉州浦口。有一部分姓蒲的，移居船上，捕魚爲生，成爲魚戶了。據解放前調查，泉州仍有奉回教的蒲姓兩戶，有一戶是永春縣遷來的，仍住泉州南較場蒲壽庚祺盤園故址附近。相傳壽庚琢巨石爲棋盤，如肉雙陸之法，以美人爲棋子。泉州修汽車站時掘出來的花盆，寫著「丞相花園」字樣，所以仍名爲花園頭。（註一〇）一九三九年在德化蒲振宗香鋪發見《蒲氏家譜》（註一一）一本。香是占城國最普遍的土產，奇南香更有名，降香之類是拿來作柴薪用的。據蒲振宗說，蒲姓「福州有一部分，永春數十戶，詔安千餘戶」。有的可能已不信伊斯蘭教了。

有一千三百年歷史的南方強國占城（唐以前稱林邑），早已成爲歷史上的名字。今其遺民散居於越南南部平順一帶，及遷至柬埔寨者不過數萬人。（註一二）當其得知中國福建與海南島有他們的同族時，（註一三）我想他們一定會驚喜交集的。

【附註】

註　一：見《學原》雜誌二卷七期。文中並提到明海瑞也可能是占城血統。

註　二：張氏《泉州訪古記》，見一九二八年《地學雜誌》。

註　三：均見《宋史》卷四百八十九。

註　四：鄭所南《心史》一書，本來無問題，記宋代亡國慘禍，字字血淚。梁啓超先生云：「啓超讀古人詩文辭多矣，未嘗有振蕩余心若此書之甚者。……此書一日在天壤，則先生之精神與中國永無盡也」。清四庫館臣爲討好主子，對於此富有民族思想之書，視爲洪水猛獸，故斥爲僞書，是別有用心的。並提出「蒲壽庚作蒲受畊，原本果思肖親書，不應錯漏至此。」桑原氏謂「《提要》以此爲《心史》僞作之一證，甚無謂。北朝万俟壽洛干，或作万俟受洛干，如此之類，多不勝舉，豈足異哉？」案壽庚之兄壽宬（萬曆泉州府志卷二十四弘治八閩通志）或作壽晟（萬姓統譜卷十三、光緒嘉應州志卷十九），或作壽宬（清全祖望琦亭集外編卷三十三），均爲一人，豈能說諸書所載不同，盡爲僞書耶？因爲他們本來是有音無字之外國人。桑原氏又說「提要列舉《心史》與史不合處，斷爲僞書，不知此不合處，反足證其不僞，余考核所得，絕無疑僞之餘地」。所言實爲有見。

註五：乾隆《瓊州府志》卷四兵制又卷八，又見咸豐《瓊山縣志》卷十一。

註六：宋周密《癸辛雜識》續集下。

註七：宋岳珂《桯史》卷十一「番禺有海獠雜居，其最豪者蒲姓，號曰（日或誤作白）番人，本占城之貴人也。紹熙壬子（一一九二）先君（指其父岳霖）帥廣，余年十歲，嘗游焉。今尙識其故處，層樓傑觀，晃蕩綿亘，……中堂有四柱，皆沉水香，高貫於棟，曲房便樹不論也。……後有窣堵波，高入雲表。……以祈南風。……他日郡以歲事勞宴之，迎導甚設。家人帷觀，余亦在。見其揮金如糞，輿皀無遺，珠璣香貝狼籍坐上，以示侈。……余後北歸，見藤守王君興翁諸郎，言其富已不如曩日，池匽皆廢云……」。此段文字，元無名氏《東南記聞》卷三所引，略有刪節。過去報上曾有人解釋以爲此爲最早來華之歐洲人，實誤。

註八：清曾廉《元書》卷五十一，柯劭忞《新元史》卷一百七十七蒲壽庚傳，乾隆《福建選志》、萬曆及乾隆《泉州府志》記蒲壽庚事，輾轉所引，多不出此二書。購定武蘭亭石刻，見周密《志雅堂雜鈔》。

註　九：光緒《嘉應州志》卷十九。

註一〇：最早注意蒲氏子孫問題者，爲張星烺教授。他任教厦門大學時，即親赴泉州調查。後來又有黃仲琴、張玉光諸先生，但他們均信桑原說，以爲阿拉伯血統。

註一一：三十年前白壽彝同志借給我抄本《蒲氏家譜》看。起初以爲必有重要資料，爲古書所不載者。仔細閱看此譜，大有問題。東拉西扯，顚倒錯亂。譜題二十一世孫德容氏謹錄，十七世奇成再墨。蒲奇成大概是明末清初人。蒲氏因爲明代受罰，吃過虧，所以做譜者竭力要證明他們的祖先是中國人，不是外國人。「天下蒲姓皆一脈」。「自虞夏、商、周，以歷漢、唐、宋，朝有名流」。把古代姓蒲的名人都抄上，並把苻堅等也拉進去。主要是根據明凌迪知《萬姓統譜》、廖用賢《尙友錄》抄錄的。凡是兩書錯誤的，也照抄不改。如譜於第七世壽晟傳，「宦蒲州。……遂於宦後居蒲州。今山西、陝西多其苗裔。」凌氏、廖氏都誤梅州爲蒲州，譜也承其誤。不知蒲州非南宋勢力所及的地方，壽晟在宋末，根本無法去黃河以北蒲州（今山西蒲縣）做官。「今山西、陝西多其苗裔」，這句話無疑更是杜撰了。譜於蒲壽庚名下只留一張空白紙，所以這本抄本家譜，實在沒有價値。

註一二：數字諸書說法不一，最多作十五、六萬，最少者作二萬五千四十四人。又或作十萬四千，或作十三萬。以上均爲第二次世界大戰前數字。最近未詳。在柬埔寨者全數爲穆斯林。住越南南部，三分之一信伊斯蘭教，三分之二信婆羅門教云

註一三：最早注意海南島回民問題者，爲德國夏德博士。他認爲海南島有阿拉伯人之居留地或殖民地之存在。德國史徒博教授說：「三亞市全體回教徒有四百戶，約二千人（解放後數字未詳。又散居儋縣、萬寧者亦未詳）。男女服裝

與中國人無異。曾受教育者能說流暢之官話，其他則操極特別之方言，其所用之數字一部屬於馬來亞源。……不與他教中國婦女結婚。……其有長形鈎鼻者爲塞米族，當無疑義。」十三世紀末馬可波羅到過占城，說「占城自有一種獨特的方言。」在我國志書上稱爲「番語」。他們的數目字，與馬來語只有一二字稍有出入。又如占城語眼möta馬來語mata。黃金，占城語möh馬來語mah，也都相同。據已故張禮千教授說：「明代占城國譯語與馬來語相同者十分之七八。」占城人種屬於馬來群島系，所以語言相同。史徒博把他們當作塞米族，就無法解決其語言相同的問題了。他所說的鼻形，與《隋書林邑傳》「其人深目高鼻，髮拳色黑」，《皇明象胥錄》說：「占城人深目昂鼻」相符合。這與「婚嫁不忌同姓，不與民俗爲婚」有關。所以在面貌上與語言上均保持原有之特色。

我國是一個多民族的國家，在五十四個兄弟民族外，還有一個兄弟占城族，素不爲人注意，外國人雖有研究，也多不正確，故略加述及。

中國與尼泊爾友誼的回顧

尼泊爾王國位於我國西南，是我們親近的鄰邦。中尼之間有長久的歷史關係。在我國史籍上它以不同的名稱出現：唐朝稱「尼婆羅」，或「尼波羅」，《元史》作「尼波羅」，或作「尼博囉」，《明史》作「尼八剌」，又有人作「尼巴辣」，均爲尼泊爾一音之轉。宋代周去非《嶺外代答》有「尼華囉國」，已故史學家張星烺教授以爲「尼華囉即尼八剌」；但他並沒有指出得名之故。我以爲這可能是由「尼華羅族」（今作尼瓦爾族）而得名。該族爲尼泊爾最早的居民，人數最多，文化較高，現在其國內的農業、手工業與商業，基本上均仍操在尼華羅人之手。清代官書稱爲「巴勒布」，係指馬拉王朝而言，大概爲「巴勒布」地名之對音。巴勒布一名「陽布」又作「颺布」也就是現在尼泊爾的首都加德滿都（舊作加德曼都）。乾隆時又稱爲「廓爾喀」或作「科而喀」，則因「廓爾喀族」而得名。

尼泊爾與我國內地因喜馬拉雅山之阻隔，交通不便；但是這座大雪山並不能阻止兩國人民的友誼。據史料所載，遠在一千五百多年前，東晉的著名旅行家法顯和尚，以七十歲的高齡，第一個訪問了尼泊爾的釋迦牟尼佛的誕生地。唐代玄奘法師又眞實地描寫了這個國家的山川、城邑、氣候、物產。過去我西藏地方的僧俗人等多赴陽布，朝禮神塔，達賴喇嘛又每年派人前往刷塔一次，數百年相傳，成爲習慣。即使現在西藏與尼泊爾雙方香客互相往來朝聖的，還是絡繹不絕。而尼泊爾的高僧佛馱跋陀羅（釋覺賢）也很早由海道來中國。他精通華語、梵文，譯出不少經典。法顯把他在印度所得的《僧祇律》梵本，請他譯成中文。所譯的佛經「妙盡文意」，他是一位翻譯大師。元初尼泊爾的藝術家阿尼哥把他本國的繪畫、塑像、鑄金等藝術，介紹到中國來。元世祖叫他修補別人無法修補的宋代的明堂針灸銅像，他就重新鑄造了一個，「關鬲脈絡皆備」。當時兩京寺觀的神像，也多出其手。他又將絕藝教給他的中國學生劉元（俗稱劉藍塑，今北京西安門內有劉藍塑胡同），因此劉元也成了元代著名的塑像家。清乾隆末尼泊爾派遣樂隊攜帶樂器來北京，傳來了所謂「廓爾喀樂舞」，清代宮廷列入宴樂中。今日我們日常喜吃的菠菜（菠稜），據《新唐書》記載，也由尼泊爾傳入（一說由波斯即今伊朗傳入）。而中國的金魚、中醫、草藥，也先後傳入其國。他們的詩人又把唐杜甫的詩篇，譯成尼泊爾文。這樣的文化交流，就豐富了兩國人民的精神和物質生活。

尼泊爾與我國西藏有一千多公里的共同邊界，因此藏尼之間的關係，自然更密切。尼泊爾北方山谷中住著一部分西藏人，他們之間仍通行藏語、藏文。而在西藏居住的尼泊爾僑商，在清代有時多至三千人。他們均屬於尼華羅族，我國舊籍稱爲「巴勒布商人」。其中有的是在西藏出生長大的，與藏族同胞和平共處，相安無事。過去西藏人民一切日用所需如：布匹、米石、銅、鐵、紙張、藥材、海螺、果品、蔗糖及裝飾品珊瑚、蜜蜡、珠子等，都由陽布等處販運而來。而由西藏運回去食鹽、麝香、及內地的絲織品、茶等。在未鑄「乾隆寶藏」銀元以前，西藏市面上交易的貨幣，主要是尼泊爾所鑄的銀元。可知藏族人民在日常經濟生活上與尼泊爾關係的一般。

我國與尼泊爾早在唐朝初年就已建立了外交關係，使節互相往來。唐太宗遣使者李義表赴印度，路過其國。國王提婆大喜，邀請他一同參觀阿番婆瀰池溫泉。貞觀二十一年（六一七）尼泊爾第一次派使者來華，送來的禮物中有波稜、酢菜、渾提葱。明初洪武、永樂（十四世紀末十五世紀初）兩次派遣大通法王智光和尚出使其國。後又派中官侯顯送給國王絨錦、紵絲。而尼泊爾在明、清兩代送來的禮物則有：金塔、佛經、大象、馬匹、象牙、犀角、孔雀、孔雀尾、珠佩、珊瑚串、槍、刀、千里鏡、藥材等。自乾隆五十七年（一七九二年）乾隆帝贈給喇納巴都爾「額爾德尼王」號後，兩國關係和諧。他們的使節照例五年一次到北京，直至清光緒末年，還是如此。

英國帝國主義者自侵占印度後無時不垂涎這個美麗富饒的山國。自一七六五年起英國侵略軍三番五次地發動進攻，均爲英勇善戰的廓爾喀軍所擊退，而使其受重創。在尼泊爾反英鬥爭中有一次曾企圖要求中國幫助它驅逐英國所派的駐尼代表。鴉片戰爭發生時，他們派遣代表到我國西藏拉薩駐藏大臣處說：他們的國家因與「里底」所屬之地相鄰，常受他們的欺侮，現在聽說里底與「京屬」戰爭，京屬屢勝，我們願意率領部隊，往攻里底的屬地「以助天討」。他們主動請求幫助我們作戰，來打擊當時兩國的共同敵人英國帝國主義，這本是求之不得的好事；但是由於清朝地方官員駐藏大臣的狂妄自大，昏庸無知，不知道「里底」就是英國，「京屬」就是廣東省，而以「蠻觸相攻，天朝向不過問」為辭，給使者潑冷水，拒絕了他們善意的幫忙，眞是可氣又可笑。後來中法戰爭緊張時，尼泊爾國王又派人到西藏，自願出兵，幫助攻打法國帝國主義。這幾次軍事合作，雖然都沒有成為事實，卻充分表現了兩國之間的深厚友誼。我們在回憶過去中尼友好關係時，是值得特別提出來的。